Franziska Seewald

Bilder vom Ende

Franziska Seewald

Bilder vom Ende

Zur Affizierung im Kino am Beispiel
des Naturkatastrophenfilms Hollywoods

Tectum Verlag

Franziska Seewald
Bilder vom Ende. Zur Affizierung im Kino am Beispiel
des Naturkatastrophenfilms Hollywoods
© Tectum Verlag Marburg, 2011
Zugl. Freie Universität Berlin, Diss. 2009, D 188
ISBN:

Umschlagabbildung: © heckenschwein | photocase.com
Umschlaggestaltung: Heike Amthor | Tectum Verlag
Druck und Bindung: Docupoint, Barleben
Printed in Germany auf fsc-Papier
Alle Rechte vorbehalten

Besuchen Sie uns im Internet
www.tectum-verlag.de

Bibliografische Informationen der Deutschen Nationalbibliothek
Die Deutsche Nationalbibliothek verzeichnet diese Publikation in der
Deutschen Nationalbibliografie; detaillierte bibliografische Angaben
sind im Internet über http://dnb.ddb.de abrufbar.

Inhalt

Einleitung 9

Erster Teil 15

Die Naturkatastrophe –
    Ein Motiv und seine theoretischen Ordnungssysteme 15
1.1   Literarische Bestandsaufnahme 15
    1.1.1   Frühe Texte: Medienkritische Diskurslinie 15
    1.1.2   Genrebestimmungen: Formale Typologisierung 18
    1.1.3   Junge Texte: Rezeptionsästhetische Profilierung 22
1.2   Filmtheoretischer Rückgriff 27
    1.2.1   Melodramatisierung 30
    1.2.2   Ästhetisierung 33
    1.2.3   Filmischer Terror 38
1.3   Begriffsbildung Spektakel 43
    1.3.1   Blockbuster: Übersteigerte Bildlichkeit 43
    1.3.2   Frühes Kino: Performanz der Attraktion 45
    1.3.3   Theatertheorie: Reflexive Darstellungsformen 46

Zweiter Teil 49

Der Affekt –
    Ein Begriff und seine medientheoretischen Varianten 49
2.1   Das strukturelle Paradigma 50
    2.1.1   Sinneseindruck und Wahrnehmungsleidenschaft:
                Von der Gestaltpsychologie zur Filmsemiotik 50
    2.1.2   Induktive Leistung und empathische Interaktion:
                Vom Neoformalismus zur Kognitionstheorie 57
    2.1.3   Multipler Erfahrungsraum und Synästhesie:
                Gegenwärtige Entwürfe der Filmwahrnehmung 62

2.2		Das somatische Paradigma	65
	2.2.1	Gefühlsprojektion und ekstatische Ansteckung: Von Ausdruckstheorie zur Montagekonzeption	65
	2.2.2	Taktile Zeiterfahrung und leiblicher Resonanzraum: Vom semiologischen Essay zur Phänomenologie	70
	2.2.3	Ästhetischer Selbstgenuss und sinnliches Verstehen: Gegenwärtige Entwürfe der Filmwahrnehmung	78
2.3		Medienphilosophische Positionen	80
	2.3.1	Walter Benjamin: Erlebnisspuren und Mimetisches Vermögen	80
	2.3.2	Alexander Kluge: Realismus und Möglichkeiten von Erfahrung	85

Zwischenfazit und Analysemodell **93**

Dritter Teil **105**

Filmanalytische Betrachtung: Fünf Detailanalysen 105

3.1	SAN FRANCISCO (W. S. van Dyke 1936) Raumphantasma und Verschmelzungstriade	105
3.2	WHEN WORLDS COLLIDE (Rudolph Mate 1951) Zeitverfall und Affekttypisierung	118
3.3	EARTHQUAKE (Mark Robson 1974) Subjekterosion und Schuldimago	129
3.4	TWISTER (Jan De Bont 1996) Leiboptimierung und Wahrnehmungsrausch	142
3.5	THE DAY AFTER TOMORROW (Roland Emmerich 2002) Topographisierung und Affektemphase	154

Vierter Teil **169**

Der Naturkatastrophenfilm – Ein distinkter Modus kinematografischer Affizierung? 169

4.1   Ästhetische Anleihen des Genrekinos 169

	4.1.1	Melodramatisierung 169
	4.1.2	Ästhetisierung..173
	4.1.3	Filmischer Terror 175
4.2	Affektpoetologischer Definitionsversuch 178
	4.2.1	Genuine Umarbeitung der Großaufnahme.............178
	4.2.2	Flexibilisierung der figürlichen Empathie..............183
	4.2.3	Bildliche Ostentation der Affektordnung................189
4.3	Kulturanthropologische Kontextualisierung 194
	4.3.1	Frühe Fiktionen: Künstliche Verzeitlichung 194
	4.3.2	Frühe Dokumente: Optische Immersion 195
4.4	Schlusswort..198
	4.4.1	Rückblick und methodische Reflexion 198
	4.4.2	Ausblick und theoretische Anschlussfelder...........200

Einleitung

> "I'm watching the earth crumble before my eyes.
> I have goose bumps, people ... Bring it on!"
>
> Charlie (Woody Harrelson) in 2012

Hollywoods Katastrophenfilm 2012 (Roland Emmerich 2009) lieferte jüngst entfesselte Bilder der Apokalypse, die sich von der Großaufnahme des Gesichts streng abkehren und stattdessen eine Vielfalt innerdiegetischer Blickzitate zu ausgestellten Tableaus der materiallen Zerstörung fügen.

Nimmt man diesen gegenwärtigen Naturkatastrophenfilm also als eine bildgewaltige Bearbeitung physiognomischer Formationen, empathischen Filmerlebens und reflexiver Darstellungspraktiken ernst, so stellt sich zunächst einmal die Frage, aus welchen genreästhetischen Zusammenhängen diese aktuellen Bildertypen genau hervorgehen und inwieweit ihnen tatsächlich auch eine sinnliche, also spezifisch affektmodulierende Funktion zukommt.

Das Motiv der Naturkatastrophe im Kinofilm ist beinah so alt wie die kinematografische Apparatur selbst, datiert es doch zurück auf frühe Kurzfilme, die mit dem Eintritt ins 20. Jahrhundert visuelle Repräsentationsformen empirischer Katastrophen sowie auch erste fiktionale Entwürfe historisch verbürgter Katastrophen auf die Höhe der aktuellen medientechnologischen Entwicklung bringen. In dieser Fluchtlinie scheint das Motiv der Naturkatastrophe fast wie ein festes Vexierbild kinematografischer Prinzipien, ein Bild, das die technologiegeschichtlichen und ästhetischen Instanzen der Apparatur von den stummen Bildern des frühen Kinos bis hin zu den entfesselten Potentialen neuester Verfahren der Digitalisierung paradigmatisch durchläuft.

Umso erstaunlicher scheint es vor dem Hintergrund dieser einleitenden Gedanken zum Bildmotiv, dass die filmwissenschaftliche Theoriebildung zum Naturkatastrophenkino ihren Gegenstand nur sehr verzögert mit den einschlägigen Filmbeispielen der siebziger Jahre aufnimmt und diesen Gegenstand erst am bildtechnologisch ambitionierten Blockbusterkino der neunziger Jahre schließlich zu ganz konkreten Hypothesen vertieft. Mit kaum einem anderen filmischen Erzählmotiv – so lässt es sich hier vorläufig sprechen – erscheint das Verhältnis von vitaler kinematografischer Praxis einerseits und zögerlich vertiefter Theoriebildung andererseits in so gespannter Divergenz wie mit dem Bild der Naturkatastrophe.

Aus diesem defizitären Zusammenhang heraus wendet sich die vorliegende Untersuchung dem Naturkatastrophenfilm zu, der – ausgehend von der Disposition westlicher Unterhaltungsindustrie sowie mit Blick auf eine globalisierte medienkulturelle Ordnung – auf die Filme Hollywoods eingegrenzt werden soll.

Da die Theorieschreibung zum Naturkatastrophenkino sich selbst in ihrer gegenwärtigen Form noch oft an narrativen Formationen oder der textlichen Verfasstheit des Korpus ausrichtet, soll die vergleichende Analyse ausgewählter Naturkatastrophenfilme des 20. Jahrhunderts im Rahmen dieser Untersuchung mit jenem Diskurs filmwissenschaftlicher Theoriebildung synchronisiert werden, der derzeit das gemeinsame Fundament unterschiedlicher Ansätze der Modellierung der Filmwahrnehmung bildet. Gemeint ist die Emotionstheorie.

Mit der zentralen emotionstheoretischen Überlegung, der breiten Beschreibung kinematografischer Akte artifizieller Generierung und zeitlich differentieller Ausgestaltung von Innerlichkeit, ist einerseits die filmanalytische Praxis auf ganz neue Objekte der Erkenntnis ausgerichtet. Andererseits ist in emotionstheoretischer Fluchtlinie der Genrebegriff von überholten Typologisierungen formaler Spezifika gelöst und schließlich schrittweise in die genuine Perspektive konvergent profilierter Angebote sinnlichen Erlebens verschoben. Diese neue Perspektive sucht den Blick auf die analytische Evidenz rezeptionsästhetischer Kongruenzen und entwirft das Genre so ihrerseits primär als ein distinktes Regulativ der künstlichen Affektsteuerung.

Die beiden zentralen Begrifflichkeiten dieses jüngeren Diskurses der Filmtheoriebildung, Emotion und Genre, erscheinen daher insgesamt nicht nur elastischer als in früheren Diskursvarianten, sondern sie sind durch den distinkten Zugriff der gegenwärtigen Emotionstheorie auch zunehmend als zwei korrespondierende Aspekte ein und derselben Perspektive angelegt.

Zentrale Zielsetzung der vorliegenden Untersuchung ist es, unter prämissenhafter Setzung des rezeptionsästhetisch perspektivierten Genrebegriffs mit einer systematischen Praxis der vergleichenden Analyse affektpoetologische Kohärenzen ausgewählter Beispiele des Naturkatastrophenkinos Hollywoods eingehend zu prüfen.

Folgender Aufbau der Untersuchung soll dabei einerseits die Anbindung hiesiger Überlegungen zum Naturkatastrophenkino an gegenwärtige emotionstheoretische Debatten (etwa deren aktuelle Begriffsbildungsprozesse) sowie andererseits die Transparenz der filmanalytischen Verifikation affektpoetologischer Kohärenzen des zunächst nur motivisch geschlossenen Korpus sichern:

Das erste Kapitel dieser Arbeit überblickt dabei zunächst die existierende Theoriebildung zum Naturkatastrophenfilm, um die literarische Bestandsaufnahme aktueller rezeptionsästhetischer Zuschreibungen zu leisten. Ein systematischer Rückgriff auf die wahrnehmungsästhetisch fundierten Schriften zum Melodram, zum jüngeren Kriegsfilm und zum postklassischen Horrorkino wendet anschließend den inhaltlich unscharfen Teil zirkulierender rezeptionsästhetischer Postulate in konkrete Hypothesen, die dann später ihrerseits als operationalisierbare Fragestellungen an die Filmbeispiele der vergleichenden Analyse zu richten sein werden. In einem ähnlichen Akt terminologischer Schärfung wird auch der Begriff des Spektakels in einem knappen Rückgriff auf fruchtbare Beiträge der gegenwärtigen Theatertheorie zu einer distinkten Variante der reflexiven Darstellung expliziert, nach welcher die ausgewählten Analysebeispiele dann später ebenfalls systematisch befragt werden können.

Das zweite Kapitel der Untersuchung widmet sich anschließend der breiten Aufarbeitung unterschiedlicher emotionstheoretischer Positionen zur Filmwahrnehmung. Vor allem affektbegriffliche Konzeptionen bilden dabei das Zentrum einer vergleichenden Vertiefung, die abseits historischer Klassifizierungsversuche oder dem kanonisierten Verständnis einschlägiger Schulen der Filmtheorieschreibung darauf zielt, kognitiv fundierte und leiblich ausgerichtete Ansätze in das genuine Verhältnis einer produktiven Korrespondenz zu setzen. Diese vergleichende Aufarbeitung macht die integrative Affektbegriffsbildung insgesamt als den archimedischen Punkt gegenwärtiger Emotionstheorie einsichtig.

Mit einem kurzen Exkurs zu den medienphilosophisch fundierten Beiträgen Walter Benjamins und Alexander Kluges sind zudem zwei Wahrnehmungsmodelle skizziert, die das dynamische Wechselverhältnis von Prozessen des Verstehens und des Empfindens nicht nur als eine rezeptionsästhetische Prämisse vermitteln, sondern dieses Verständnis jeweils exemplarisch zur Deskription eines prozessualen Wahrnehmungsentwurfs vertiefen. Die Modelle Benjamins und Kluges stellen dieser Untersuchung ein produktives Feld begrifflicher Anleihen und Zusammenhänge.

Ein Zwischenfazit rekapituliert die zentralen Gedanken der ersten beiden Kapitel und führt die forschungsliterarisch überschauten rezeptionsästhetischen Zuschreibungen an das Naturkatastrophenkino sowie eine Auswahl integrativer Entwürfe des sinnlichen Filmerlebens schließlich als analytisch operationalisierbare Fragefelder zum Modell affektpoetologischer Filmanalyse zusammen.

Es folgen fünf filmanalytische Detailstudien in deren Anschluss die Schlussbetrachtung dann einen vergleichenden Blick auf die Ergebnisse der Arbeit einnimmt. Zunächst sind die im Rückgriff auf rezeptionsästhetische Theorien dreier angrenzender Genres – Melodram, Kriegsfilm und Horrorkino – explizierten Postulate der Melodramatisierung, Ästhetisierung und des filmischen Terrors, die die existierende Theoriebildung zum Naturkatastrophenfilm ihrerseits wiederholt als rezeptionsästhetische Zuschreibungen trifft, systematisch geprüft. Keine der drei rezeptionsästhetischen Zuschreibungen wird dabei als statische, genreästhetische Anleihe einsichtig. Der filmanalytische Vergleich zeigt vielmehr, dass das Naturkatastrophenkino Hollywoods jede dieser drei rezeptionsästhetischen Tendenzen zu einem genuinen affektpoetologischen Zusammenhang umarbeitet, der auf der breiten Ergebnisgrundlage in analytischer Evidenz schließlich dezidiert je als eine genuine Modalität des sinnlichen Filmerlebens beschreibbar wird.

Mit der Abbildung dieser drei filmischen Umarbeitungen einst genrespezifischer Tendenzen zu neuen, ästhetisch eigenwertigen Funktionstypen ist der Einstieg in affektpoetologische Ordnungsmuster des Naturkatastrophenkinos vollzogen. Die vergleichende Anordnung der filmanalytischen Erkenntnisse offenbart zusätzlich drei Kohärenzfelder, die in den Überlegungen der existierenden Theoriebildung – und folglich auch durch die hiesige Verifikation ihrer drei zentralen rezeptionsästhetischen Postulate – unberührt bleiben. Denn folgende drei affektpoetologische Kohärenzfelder treten am Schluss der Untersuchung in filmanalytischer Evidenz als eigentliche ästhetische Grundform des Naturkatastrophenfilms Hollywoods hervor:

Erstens nimmt der Naturkatastrophenfilm Hollywoods sukzessive die genuine Umarbeitung der ästhetischen Eigenwertigkeit der Großaufnahme des Gesichts vom privilegierten Träger einer komplexen Ausdrucksbewegung zur spezifischen Instanz deren zeitlich differentieller Antizipation vor. In diesem Zusammenhang vollzieht sich gleichzeitig auch die ostentative Verschiebung des affektiven Potentials der Großaufnahme des Gesichts in den Raum bildlicher Repräsentationsformen der Naturkatastrophe.

Zweitens realisiert das Naturkatastrophenkino Hollywoods eine Flexibilisierung der filmisch generierten Typen des empathischen Erlebens, durch welche die figürlichen Objektbezüge psychosensorischer Akte der Ausrichtung einerseits radikal gelockert und andererseits in ein ästhetisches Selbstverhältnis des einzelnen Zuschauers gewendet sind.

Drittens bildet der Naturkatastrophenfilm Hollywoods operative Verfahren einer reflexiven Selbstbespiegelung des filmischen Bildes aus, die die je konkreten affektpoetologischen Muster eines Films in einer Übersteigung rein materieller Bezüge der einzelnen Darstellung ausstellen. Dem individuellen Wahrnehmungssubjekt ermöglichen die Varianten dieser bildlichen Praxis eine zeitliche Versenkung in musterhafte Register der künstlichen Affizierung.

Diese drei ästhetischen Funktionszusammenhänge sind somit im horizontalen Vergleich der filmanalytischen Ergebnisse als jene affektpoetologische Grundordnung des Naturkatastrophenkinos Hollywoods abgebildet, die den gewählten Filmkorpus über seine motivische Kohärenz hinaus in einer neuen Form der schlüssigen, analytisch evidenten Verbundenheit aufschlüsselt. In dieser Perspektive rezeptionsästhetischer Homogenität ist der untersuchte Filmkorpus somit zum Genre qualifiziert. Zugleich bildet diese affektpoetologische Grundordnung Anschlüsse an aktuelle Naturkatastrophenfilme wie 2012, dessen sinnliches Profil hier schließlich als in seiner genreästhetischen Genese aufgefaltet erscheint.

Ein Ausblick kontextualisiert diese konkreten filmanalytischen Einsichten schließlich auch mit Blick auf die Bildästhetik und narrativen Muster frühster kinematografischer Repräsentationsformen der Naturkatastrophe. Abschließend ist der theoretische Mehrwert dieser Untersuchung als ein produktiver Ausgangspunkt zukünftiger Studien der audiovisuellen Repräsentationsformen der Naturkatastrophe skizziert. Die vorliegende Untersuchung bildet so insgesamt den grundlegenden Schritt einer komparatistischen Medienforschung, indem sie die strukturelle Disposition einerseits und ästhetische Implikationen audiovisueller Inhalte andererseits am paradigmatischen Fall des kinematografischen Bildes für ein omnipräsentes Bildmotiv integrativ modelliert. Die im Verbund von Informations- und Unterhaltungsformaten medial vermittelten Typen des affektiven Erlebens sind im Folgenden daher nicht zuletzt auch ganz exemplarisch als das ästhetische Fundament der Ordnungen kollektiver, kultureller Sinnproduktion abgebildet.

Erster Teil

Die Naturkatastrophe – Ein Motiv und seine theoretischen Ordnungssysteme

1.1 Literarische Bestandsaufnahme

1.1.1 Frühe Texte: Medienkritische Diskurslinie

Die filmgeschichtliche Theorieschreibung assoziiert mit dem ausklingenden 19. Jahrhundert in erster Linie eine lebhafte Ursprungsemphase, welche die Erfindung der kinematografischen Apparatur im Jahr 1896 zum Objekt nimmt. Erweitert man diese technologiegeschichtliche Perspektive hier um den Blick auf soziokulturell gebundene Verschiebungen im nordamerikanischen Medienverbund, so bildet sich der Jahrhundertwechsel auch als kulturhistorische Zäsur ab: Mit dem Ende des 19. Jahrhunderts klingt in der nordamerikanischen Malerei zunächst jene Epoche aus, die im dominanten Motiv der Landschaft die Kontemplation vor der Kunst programmatisch als symbolischen Diskursraum nationaler Identität organisiert. Mit dem frühen 20. Jahrhundert bricht gleichzeitig jener Abschnitt der Moderne an, der seine lebhaft zirkulierenden Verjüngungsversprechen über die Praktiken neuer Unterhaltungsformate einlöst sowie diese stets von Neuem übersteigert, etwa in den spektakelhaften Inszenierungen diverser Katastrophenszenarien der Vergnügungsparks an den urbanen Rändern, durch die polysensuelle Erfahrungstypen immer mehr zum ästhetischem Regelfall erwachsen.

Exakt an dieser kulturhistorischen Schnittstelle – dem Umbruch von der Kontemplation vor symbolisch aufgeladener Malerei hin zur lebhaften Verkörperung audiovisueller Erfahrung – tritt die kinematografische Apparatur als medientechnologische Novität in eine veränderte Gesellschaftssphäre ein. Diese formt im multisensorischen Zugriff ganz unterschiedlicher Unterhaltungsformate den körperbasierten Erfahrungstypus zum einenden Paradigma ihrer noch jungen, vitalen Freizeitkultur aus.

An dieser Stelle nimmt die Darstellung der Naturkatastrophe im amerikanischen Film des 20. Jahrhunderts schließlich eine erkenntnistheoretisch exponierte Stellung ein. Denn das Kino nimmt die frühe Verschiebung des Bildes der Landschaft – vom privilegierten Objekt der tiefen Kontemplation zum ubiquitären Bezugspunkt der lebhaften Empfindung – in sich auf und bringt audiovisuelle Manifestationen dieser medienästhetischen Überblendung als ein analytisch beschreibbares Kontinuum hervor. Dieses Kontinuum erstreckt sich von den frühsten Bildern des stummen Kinos bis hinein in die komplexen Affektpoetologien zeitgenössischer Hollywoodfilme.

Wie also fassen existierende filmwissenschaftliche Texte derzeit den rezeptionsästhetischen Rang des Naturkatastrophenfilms und dessen Manifestationsmuster medienkultureller Konstellationen?

Eine erste geschlossene Auseinandersetzung zum Gegenstand legt 1965 Susan Sontag vor, welche sich explizit essayistisch dem Katastrophischen innerhalb des Science-Fiction Films nähert. Ausgehend von der grundlegenden Prämisse, dass die Katastrophe eines der ältesten Sujets aller Künste ist (1965, 213), entwickelt Sontag eine Typologie[1] der kinematografischen Repräsentation nuklearer, technologischer und auch extraterrestrischer Szenarien, welche sich vorrangig aus einer plotanalytischen Perspektive auf die einzelnen Filmbeispiele herleitet.

Aus dem postulierten Bruch der Filme der fünfziger Jahre mit den tradierten Mustern der Vermittlung des Katastrophischen, wie sie nach Sontag beispielsweise in den Filmen der dreißiger Jahre noch vorherrschen (1965, 215), sind die Zyklität des Genres und dessen Potential zur Reflexion gesellschaftlicher Ängste abgeleitet:

> "[Science-Fiction films] reflect powerful anxieties about the condition of the individual psyche. [They are] a popular mythology for the contemporary negative imagination of the impersonal." (1965, 220)

Die Dehumanisierung des Menschen in der Entgrenzung entweder rückschrittlicher oder fortschrittlicher Geschichtsverläufe[2] arbeitet die Autorin dabei als das zentrale, alle Filmbeispiele einende Angstmotiv heraus. Dieses Motiv problematisiert in seinem innersten Kern immer den Gegenstand der Sterblichkeit, weshalb Science-Fiction Filme, folgt man Sontag weiter, hinsichtlich ihrer gesellschaftlichen Funktion ähn-

---

[1] So sieht Sontag in den fünf Phasen "Arrival", "Confirmation", "Organization of authorities", "Further atrocities" und "Final strategy" den prototypischen Plotverlauf, der alle Filmbeispiele eint, beschrieben. Die Figur des Wissenschaftlers zerfällt in diesem Zusammenhang nach Sontag in zwei Möglichkeiten der Inszenierung, das Intellektuelle und das Satanische.

[2] Die Entgrenzung rückschrittlicher Geschichtsverläufe fasst Sontag dabei als Animalisierung des Menschen, den Extremfall fortschrittlicher Entwicklung hingegen als den Vorgang der Maschinisierung.

lich wie religiöse Mythen (von Geistern, dem Paradies und der Hölle) verortet werden müssen (1965, 223).

Der Aufsatz deutet das Science-Fiction Genre vordergründig als Reflexionsmoment seiner eigenen soziokulturellen Entstehungshintergründe. Diese Perspektive ist bis zur Entzifferung einzelner Filme als explizite Spiegelung empirischer Krisenereignisse – wie etwa dem Massentrauma der Atombombe – gesteigert.

Gleichzeitig konstatiert Sontag kritisch, dass der Katastrophenfilm sein gesellschaftlich produktivstes Moment – die aktive Gestaltung kritischer Gegenwartsdiskurse über die perpetuierende Abbildung kollektiver Traumata hinaus – versäumt (1965, 225). Obgleich Sontag eingangs im Komplex der „sinnlichen Ausführlichkeit" (1965, 212) ein zentrales Alleinstellungspotential des Kinos gegenüber der Literatur bestimmt und damit zunächst eine rezeptionsästhetische Perspektive auf den Katastrophenfilm zu öffnen scheint, löst sich dieser erste Ausblick auf die Spezifika der Filmwahrnehmung insgesamt im stark normativen Duktus des Aufsatzes vollständig auf.

Im Verweis auf die Omnipräsenz des Motivs der Katastrophe in den bildenden Künsten, jene Prämisse, die schon Sontag wählt, skizziert ein anderer Text wenig später am Beispiel fiktionaler Literatur die Apokalypse als eine motivische Überblendung von abstrahierten Vergangenheitsbildern und figurativen Vorhersagen (Kermode 1967, 5). Diese Überblendung verwirklicht sich dabei in jenen narrativen Elementen, die den Tod zum gemeinschaftlichen, ritualisierten Ereignis aufwerten (1967, 25). Obgleich kinematografische Repräsentationsformen in dieser Untersuchung nicht berücksichtigt werden, findet sich am literarischen Motiv des Katastrophischen in ersten Zügen eine rezeptionsästhetische Perspektive modelliert:

> "The apocalyptic types – empire, decadence and renovation, progress and catastrophe – are fed by history and underlie our ways of making sense of the world from where we stand, in the middest." (1967, 29)

Im wiederkehrenden Dispositiv der gedehnten Krise festigt die literarische Rezeption katastrophischer Motive ein distinktes Geschichtsverständnis, zu dem es an anderer Stelle heißt:

> "[The] belief that one's own age is transitional between two major periods turns into a belief that the transition itself becomes an age, a saeculum [...] an eternal transition, perpetual crisis [...] as a way of thinking of one's moment [...]." (1967, 101)

Trotz der gemeinsamen Ausgangsprämisse wird hier im klaren Unterschied zu Sontag die ästhetische Qualität des Motivs der Katastrophe weniger aus den formalen Prinzipien der Darstellung entwickelt, sondern in den geistesgeschichtlichen Grundlagen der Rezeption fundiert. In der theologiegeschichtlichen Herleitung der Apokalypse deutet sich hier zudem die Perspektive einer durch fiktionale Inhalte generierten sowie artifiziell stetig remodulierten Form der kollektiven Identität an.

In Anlehnung an die Ausführungen Marshall McLuhans verfällt auch dieser Text – ähnlich wie schon die Ausführungen Sontags – in eine medienskeptische Haltung, durch welche die systematische Modellierung rezeptionsästhetischer Prozesse über weite Teile der Auseinandersetzung vernachlässigt ist.

1.1.2 Genrebestimmungen: Formale Typologisierungen

Erst in den siebziger Jahren beginnen explizit filmtheoretisch angelegte Untersuchungen, das Motiv der Katastrophe begrifflich verbindlich zu fassen[3] sowie dieses in Abgrenzung zum Science-Fiction Genre auch an einen konkreten Filmkorpus zu binden (Annan 1975, Yacowar 1977). Auf plotanalytischer Basis wird dabei die Zyklität des Katastrophenfilms skizziert und das frühe Kino (Melies, Caserini und Griffith) als dessen Ursprungsmoment postuliert. Die Ausprägungen rezeptionsästhetischer Eigenheiten werden dabei oft allein dem jeweiligen Entwicklungsstand der Filmtechnologie zugeschrieben[4]. In Einzelfällen finden sich die artifizielle Lenkung und Generierung emotionaler Zustände des Zuschauers implizit als ein ästhetischer Überschuss oder sogar als ein streng dysfunktionaler Anteil der Filmerfahrung modelliert (Annan 1975). Die Essenz des Katastrophenfilms greift Yacowar (1977), der erstmals den Genrebegriff in begründeter Form gebraucht[5], zu jener Zeit wie folgt:

---

[3] Während Sontag des Motiv des Katastrophischen noch allgemein im Science-Fiction-Film greift und Kermodes literarische Analysen auf eine Definition des Apokalyptischen ausweichen, finden sich bei Annan die Begriffe "disaster movie" sowie "catastrophe picture" und bei Yacowar durchgängig die Bezeichnung "disaster film".

[4] Am Beispiel des 1974 erfundenen Soundsystems „Sensurround", das im Niedrigfrequenzbereich mit Tönen arbeitet, die sich dem Zuschauer nicht nur akustisch sondern vor allem in Form heftiger Raumvibrationen vermitteln, formuliert Annan etwa seinen energischen Vorwurf der "technique of brainwashing" bzw. des "psychological war" (1975, 45).

[5] Die Aussage, der Katastrophenfilm sei ein Genre, begründet Yacowar – in Abgrenzung zum Zyklusbegriff – einerseits mit der historischen Linie, die die Summe der Filmbeispiele bereits ausgeprägt habe sowie dem erreichten Grad der

"One might argue that the first disaster film was Melies' happy accident whereby a jammed camera transformed an ordinary autobus into a hearse. There we have the essence of the genre: a situation of normalcy erupts into a persuasive image of death." (1977, 261)

Dieser Auszug der Einleitung des Aufsatzes zeigt exemplarisch, dass Yacowars Filmanalysen auf die Plotebene sowie zentrale Bildmotive des jeweiligen Films konzentriert sind. Vereinzelte Formulierungen und Schlussfolgerungsteile der Filmanalysen scheinen dabei emotive Prozesse der Rezeption zu umkreisen.

Im Textverlauf entwickelt Yacowar ein erzählmotivisch fundiertes Kategoriensystem[6], wobei eine, die erste, von insgesamt acht Sub-Kategorien den Naturkatastrophenfilm[7] bezeichnet.

Weiterhin katalogisiert Yacowar formale Eigenheiten des Katastrophenfilms, die Repräsentationssystem, Erzählung und Figurenkonventionen betreffen. Dabei wird Yacowars Absicht einsichtig, die Beobachtungen aus einzelnen Filmanalysen zu einer Schnittmenge gemeinsamer Ausprägungen zu synthetisieren. In dieser Perspektive zeigt sich die Untersuchung immer klarer als sukzessive Ausarbeitung einer Argumentation, die systematisch den eingangs postulierten Genrestatus stützen soll. Zum Text verhält sich der Genrebegriff Yacowars daher wie eine verdeckt zirkulierende Hypothese. Zum Korpus der analytisch vertieften Filmbeispiele aber, deren Kategorisierung und Interpretation er wie ein strenges Paradigma rahmt, verhält sich der Genrebegriff wie ein vorgängiges Ordnungssystem der Theoriebildung:

Konventionalisierung der Erzählmittel (1977, 261). In selber Logik ist später postuliert, ein Filmkorpus qualifiziere sich als Genre, wenn erste Parodien auf seine eindeutigen stilistischen Konventionen entstehen. (1977, 267). Im Verlauf der Argumentation Yacowars wird deutlich, dass dessen Kategorisierungsversuche von Narration und Figuren den Katastrophenfilm vorrangig als stilistisch homogenen Filmkorpus abbilden sollen, der den einleitend ausgerufenen Genrestatus, auch analytisch legitimiert.

6   Neben dem Naturkatastrophenfilm entwirft Yacowar folgende sieben Sub-Kategorien des Katastrophengenres: "Ship of fools", "City fails", "Monster", "Survival", "War", "Historical" und "Comic". Überlappungen dieser Kategorien bzw. des Katastrophenfilms mit anderen Genres, wie sie sich hier bereits andeuten, räumt Yacowar ohne zusätzliche Ausführungen eingangs selbst ein. (Ebd. 261)

7   Innerhalb der Kategorie des Naturkatastrophenfilms unterscheidet Yacowar zwischen "animal attack", "attack by the elements" und "atomic/radioactive mutation". Die Überlappungen dieser Kategorien mit anderen, wie den zuvor definierten Kategorien "Historical", "City fails" oder "Survival" problematisiert Yacowar dabei nicht.

> "The main purpose in defining a genre is to establish a context for the approach to an individual work." (1977, 277)

Es ist schließlich dieses Ordnungssystem, das die Verortung des Zuschauers auf dessen Erwartungshaltung an kultivierte Muster der Erzählung und Figurenkonstellation verkürzt, so dass auch Yacowar, dessen breite Untersuchung bis dato eine erste systematische Auseinandersetzung mit der kinematografischen Repräsentation der Katastrophe darstellt, ästhetische Prozesse der Affizierung nicht zum inhaltlichen Schwerpunkt ausbildet.

Auch abseits rein filmanalytischer Bestimmungsversuche einer Genretypologie speisen sich die theoretischen Vertiefungen wie schon bei Sontag aus der Vorstellung vom Katastrophenfilm als ein soziales Protokoll, das anhand der Betrachtung historischer Entstehungshintergründe seiner objektiven Entzifferung zugeführt werden kann. Eingelassen in diese hermeneutische Perspektive findet jedoch in Abgrenzung zu früheren Texten eine zunehmende Spekulation über zentrale Motive und Modi der Rezeption statt:

> "Celluloid apokalypses [...] offer an ideology based on the models they supply for behaviour in the face of emergencies and crisis." (Shatzkin 1980, 139)

Vor allem die Festigung gesellschaftlicher Normen, sozialer Wertvorstellungen und einer Akzeptanz der Autoritäten sind dabei als der funktionale Kern der Rezeption von Katastrophenfilmen herauspräpariert (Shatzkin 1980). Das Wahrnehmungserleben der Katastrophenfilme durch den Zuschauer erlangt so innerhalb der Theoriebildung eine erste Aufmerksamkeit, obgleich konkrete Spezifika der Wirkungsästhetik hier noch nicht in komplexer Form abgebildet oder mit Blick auf ihre kulturellen Funktionsweisen genauer befragt werden. Die umfangreichste filmtheoretische Auseinandersetzung mit dem Katastrophenkino legt Stephen Keane (2001) vor, der die Genreperspektive mit der Frage nach zeitlichen und formalen Zyklen der Filme verbindet. Sein zentrales Erkenntnisinteresse fasst Keane in folgenden Fragestellungen:

> "The initial task, therefore, lies in distinguishing films that contain elements of disaster (biblical epics, war films and science fiction B-movies, for example) from the more specific, contemporary formulation afforded by the term 'disaster movies'. [...] Is there anything more to disaster movies than spectacular scenes of death and destruction? [...] When does a film with disaster in it become a disaster movie?" (2001, 1f)

Rückblickend auf frühere Untersuchungen zum Katastrophenfilm problematisiert Keane eingangs mögliche Kategorisierungen von Naturkatastrophenfilmen, wie beispielsweise die Yacowars, welche zuvor in einem sehr weit gefassten Filmkorpus mündete. Ein Lösungsmodell entwirft Keane zunächst unter allgemeiner Berufung auf den Stand der Genretheorie sowie im speziellen Rückgriff auf Altman (1999), welcher die Trennung der Begriffe Genre und Zyklus vorschlägt.[8] Hier deutet sich früh eine Durchmischung formaler Gesichtspunkte mit rein industriellen Faktoren an, die sich dann im Verlauf der Untersuchung zum dominanten Ansatz der Filmanalysen ausgeprägt. Denn obgleich Keane in Anlehnung an einen groben Spektakelbegriff eingangs die formale Analyse katastrophischer Schlüsselbilder vor allem in deren kontextuellen Semantiken als eigentlichen Schwerpunkt ankündigt, so kippen die theoretischen Abschnitte ebenso wie anschließend auch die exemplarischen Filmanalysen mehrheitlich in die industrielle Perspektive. Daher bleibt beispielsweise die Explikation der Katastrophenfilme der siebziger Jahre zu einem Übergangszyklus – vom ausklingenden „New Hollywood" zur ersten Welle großer Blockbusterfilme (JAWS, STAR WARS) – ohne jede rezeptionsästhetische Fundierung. Momente der kulturellen Erschütterung, wie sie etwa der Vietnamkrieg oder die Watergate-Affäre nach sich zogen, werden durch Keane stattdessen nur in ökonomischer Dimension auf westliche Unterhaltungsindustrien abgebildet. Insgesamt also verdeckt Keanes industriell geprägter Genrebegriff komplexere medienkulturelle Zusammenhänge, so dass die Analysearbeit vorrangig auf eine strukturelle Explikation des Filmkorpus gerichtet bleibt.

Keane, dessen Untersuchung eines umfangreichen Filmkorpus als ein streng technologiehistorisch geordneter Versuch der Genregeschichtsschreibung steht, zeigt in exemplarischer Form, wie die Theoriebildung des Katastrophenfilms den Genrestatus immer wieder aus dem Eindruck formaler Homogenität der Filmbeispiele herleitet, um dann

---

[8] Altmans Verständnis eines Filmzyklus bezeichnet ein studiogebundenes Produkt, das ähnlich einer Marke unter dem Aspekt der Relation von Kosten und Umsatz perfektioniert wird. Ein Genre hingegen entsteht nach Auffassung Altmans, wenn der zyklische Effekt sich fortsetzt, indem andere Studios ein Produktformat aufgreifen und dieses wahlweise kopieren oder modifizieren. Keane begrenzt sich hier jedoch auf jenen Analyseansatz, den Altman als "semantic approach" definiert und als rein deskriptives Modell gleichzeitig problematisiert bzw. daher später um den "syntactic approach" ergänzt. In seinem nur punktuellen Rückgriff auf Altman gibt Keane dessen Genrebegriff daher nur mit Auslassungen wieder. Zu einer komplexeren Sekundärbetrachtung des Genrebegriffs Altmans siehe u.a. King, Geoff. New Hollywood Cinema. An Introduction. London 2002, S. 116–146.

in der Katalogisierung formaler Spezifika eine gültige Beweisführung dieses Eindrucks vorzunehmen.

Denn zeichnet Keane auch die Zirkulations- und Variationsprozesse einzelner Erzähl- bzw. Bildmotive detailliert nach und setzt kinematografische Repräsentationsformen der Katastrophe vereinzelt in weiterführende Zusammenhänge wie beispielsweise einen Spektakelbegriff oder den Diskurs der Genre-Hybridität, so bleibt die rezeptionsästhetische Dimension der Filmbeispiele von den analytischen Operationen und theoretischen Überlegungen auch in dieser Untersuchung weitestgehend ausgeklammert.

Diese Einsicht macht den verzögerten Auftakt der rezeptionsästhetischen Theoriebildung so greifbar: Sämtliche bis an diesen Punkt rekapitulierte Studien zum Katastrophenfilm stehen als nicht verknüpfte Beobachtungen zum Genre. Diese wählen je eine industriell perspektivierte oder formalistisch geprägte Lesart und vertiefen nur vereinzelt die Perspektive der Filmwahrnehmung. In dieser Folge erscheinen die Analyseergebnisse unterschiedlicher Untersuchungen zum Teil als stark disparate Einsichten, die sich auf theoretischer Linie nur schwer zu ästhetischen oder gar kulturhistorisch dimensionierten Sinnkomplexen reihen lassen.

1.1.3 Jüngere Texte: Rezeptionsästhetische Profilierung

Während die bis zu diesem Punkt rekapitulierten Auseinandersetzungen oft die Begriffe Genre und Spektakel ohne deren terminologische Schärfung aufgreifen und mit ausgewählten Analysebeispielen konfrontierten, ist in der jüngsten Forschungsliteratur zum Katastrophenfilm zu beobachten, dass Autoren zunehmend explizit auf geistesgeschichtliche Paradigmen als Ordnungsmodelle zurückgreifen. Ausführungen und Filmanalysen sind somit strukturiert, die Vielfalt punktueller Erkenntnisse in einen gemeinsamen Diskursraum eingespeist und der theoretische Anschluss ästhetischer Exploration systematisch ausgewiesen.

So arbeitet Nessel (2000) im Rückgriff auf die Schaulust, das Paradigma der feministischen Filmtheorie, Parallelen zwischen dem klassischen Hollywood-Kino und dem Naturkatastrophenfilm der neunziger Jahre heraus: Im ersten Fall, so Nessel, verhält sich der Blick des Zuschauers zum Bild nach männlichen Prinzipien, er wohnt einem Bild im performativen Akt, also dessen Werden zum (weiblichen) Star, bei. Im Bildwerden der Frau ist damit für die Ära des klassischen Hollywoodfilms zugleich ein spezifischer Spektakelbegriff gefasst. Einen ähnlichen Akt der Performanz der Visual Effects, ihrem Werden zu

Stars, bezeugt man, so Nessel, im Naturkatastrophenfilm der neunziger Jahre. Denn der Blick des Zuschauers formt sich dabei nicht mehr in geschlechtlichen Kategorien, sondern als eine lustvolle Passivität. Die audiovisuelle Überwältigung tritt hier endgültig an die Stelle der Verführung.

Obgleich es hier als problematisch hervorzuheben ist, dass Nessel den Naturphänomenen der Katastrophenfilme kategorisch einen semantischen Eigenwert abspricht, um die Visual Effects als einander ähnliche Momente der Handlungsstrukturierung zu fassen, so leistet die Untersuchung einen breiten Rückgriff auf tradierte Modelle der Filmwahrnehmung. Dieser Rückgriff auf rezeptionsästhetische Komplexe schafft die Neudimensionierung der Theorieschreibung zum Katastrophenfilm.

In ganz ähnlicher Versuchsanordnung betrachtet Seeßlen (2001) das kinematografische Motiv der Katastrophe. Im Rückgriff auf Komplexe zeitgenössischer Genretheorie wird das Motiv der Katastrophe zunächst als mythischer Bezugspunkt der Moderne ausgemacht. In diesem Zusammenhang stellt die Katastrophe jene Medialität, in welcher sich das menschliche Leiden stets als vieldeutiges Symptom eines kollektiven Zustands vermittelt. Als zentrale rezeptionsästhetisch relevante Beobachtung rückt Seeßlen dabei die melodramatische Aufladung von Katastrophenbildern in den Vordergrund (2001, 23). Seine wirkungsästhetische Spezifik schließlich bezieht der Katastrophenfilm aus zentralen Spaltungsmomenten, wie sie Seeßlen als ursprünglich charakteristisch für das Kriegsfilmgenre[9] betont. Denn erst im Spannungszustand einer zeitlich ineinander verschachtelten Bildinszenierung von privilegiertem Blick auf die symbolische Zerstörung und der Position des Mitleidens realisiert sich die Rezeption des Katastrophenbildes als spezifisches inneres Erleben (2001, 27).

Die melodramatischen Anteile des Katastrophenfilms, wie sie Seeßlen als Nebenschauplatz der Untersuchung herausarbeitet,[10] greift ein an-

---

[9] Als zentrales Spaltungsmoment des Kriegsfilms stellt Seeßlen hier die gleichzeitige Aufarbeitung der privilegiert überblickenden Perspektive des Feldherren und der individualisierten Perspektive des leidenden Einzelnen durch die Kamera heraus.

[10] In einer späteren Gemeinschaftspublikation (Seeßlen/Metz 2002) arbeitet Seeßlen am Beispiel der Fernsehberichterstattung zu den Anschlägen auf das World Trade Center neben den Tendenzen der Militarisierung und Ästhetisierung auch die melodramatischen Anteile katastrophischer Bilder umfangreicher heraus. Das Melodramatische manifestiert sich nach Seeßlen in der Aufhebung des Widerspruches zwischen individuellem Menschenleben und symbolischer Tat. Darüber hinaus wird die Hypothese entwickelt, dass die Katastrophe und das emotionale Drama in ihren medialen Repräsentationen immer identisch strukturiert sind (2002, 73).

derer Text in systematischer Form auf (Kakoudaki, 2002). Im Rückgriff auf Steve Neales Begriff der "melodramatic narration"[11] wird für Filme der neunziger Jahre eine zentrale Erzählkonvention des Melodrams am Katastrophenfilm illustriert:

> "The flashbacks [...] allow us to gain a priviliged point of view in the films. We know why things are going on before others find out [...] this discrepancy creates the 'moving effect', which is the convergence of the two points of view that may lead to our tears." (2002, 131f.)

Ähnlich wie bereits in anderen Betrachtungen wird der Abriss sozialer Problematiken, hier vor allem jene gebunden an geschlechtliche und ethnische Differenzen, als das politische Potential des Katastrophenfilms fokussiert (2002, 135). Diese Vorstellung von einer normativen Produktivität der Filme ist aber in Teilen auch an Parameter der Rezeption gebunden:

> "The representation of the moral landscape as a natural or visible landscape [...] is equivalent to the use of flashbacks offering a psychological perspective on the characters: both render visible what is past, hidden, forgotten, or lost. Understanding this rhetorical mode thus allows for seeing the didactic aspect of disaster films, which function as a social commentary [...] What they offer in return [...] is a fantasy of interracial, intergender communication, a fantasy of union with the lost ideal of humanist community." (2002, 136)

Die Vertiefung der didaktischen Qualität der Filme legt eine Divergenz von Plotebene und sinnlichem Erleben frei. Denn während sich die Narration in der euphorischen Affirmation sozialer Bindungen auflöst und als Folge der Krise einen utopischen Horizont aufspannt, bleibt

---

durch Informationsformate herleitet, soll sie hier nicht als vordergründiger Diskussionsgegenstand dienen. Eine anderer Text (Dixon 2003) dehnt die Tendenz der Ästhetisierung, wie sie bei Seeßlen als zentrale These zu finden ist, auf die Beobachtung aus, dass sich an Filmen mit apokalyptischem Erzählmotiv der generelle Wandel hin zur schmerzfreien und ästhetisch anregenden Inszenierung des Todes in zeitgenössischen amerikanischen Filmen exemplarisch ablesen lässt. Auch diese Untersuchung soll hier nicht vertieft werden, da sie die Auseinandersetzung mit kinematografischen Repräsentationen der Apokalypse explizit aus rein industrieller Perspektive vornimmt und dabei vordergründig Produktionshintergründe bzw. die Verflechtungen von staatlichen Stellen und Hollywood exponiert.

[11] Neale (1994) zeigt am Melodram das systematische Wissensgefälle zwischen Zuschauer und Figur bzw. die sukzessive Angleichung beider Standpunkte im Verlauf der Erzählung, so dass die heftigsten Emotionsregungen des Zuschauers, so Neale, ihren Ursprung im finalen Moment der Konvergenz beider Perspektiven, in der "fantasy of union" finden.

die Phantasie vom humanistischen Gemeinschaftsideal an das Moment visueller Überwältigung geknüpft und so vom Zustand der Normalität deutlich geschieden:

> "The spectacle thus affirms a nostalgia for a lost community rather than a renewed belief in the future of people together." (2002, 142)

Ist der Spektakelbegriff hier noch in terminologischer Unschärfe aufgenommen und die Untersuchung durch Repräsentationsfragen unterschiedlicher Geschlechter und Ethnien spezifisch gerahmt, so zeichnet sich insgesamt dennoch die analytische Verknüpfung von kinematografischer Bildlichkeit der Katastrophe und kollektiven Empfindungszuständen ab. Eine breite Abbildung der Poetologien der Filmbeispiele, wie sie für eine differenzierte Systematisierung kinematografischer Wirkungsästhetik die Grundlage bildet, bleibt weiterhin offen. Insgesamt aber vollziehen jüngere Forschungsbeiträge einen Bruch mit dem texttheoretischen Genreverständnis früherer Untersuchungen sowie die systematische Hinwendung zu rezeptionsästhetischen Fragekomplexen.

Außerhalb der Filmwissenschaft sind mediale Repräsentationen des Katastrophischen jüngst vor allem im literaturwissenschaftlichen Kontext thematisiert worden. So arbeitet beispielsweise Röggla (2006) in einem Doppelessay konkrete Repräsentationstypen als Moment der gesellschaftspolitischen Funktionalisierung von Katastrophenbildern heraus. Dabei ist im Bild der Katastrophe nicht nur ein Motiv der Berichterstattung bezeichnet, sondern eine stabile Matrix der Aneignung sozialer Verhältnisse. So wendet sich das Katastrophische nach Röggla in einen Terror, da es schließlich zum unüberwindbaren Muster wird, in dem die medialen Repräsentationen von Realität sich dem Rezipienten vermitteln (2006, 33).

Im Rückgriff auf Sontags kausale Herleitung der Rezeption des Science-Fiction Kinos[12] konstruiert Röggla in psychoanalytischer Färbung die genuine Möglichkeit, individuelle hysterische Strukturen in Zusammenhänge historischer Krisen einzuweben, als das zentrale Rezeptionsmotiv für Katastrophenbilder der Gegenwart. Dem kinematografischen Reflex auf empirische Katastrophen kommt dabei eine Schlüsselfunktion zu, da gerade das Kino jene Implikationen, die durch journalistische Formen der Berichterstattung hypothetisch ins Futur rü-

---

12   Sontag hatte ursprünglich darauf verwiesen, dass die Rezeption von Science-Fiction-Filmen sich im Anti-Urbanismus, also gerade einer gewünschten Befreiung von komplexer und entfremdeter Welterfahrung und dem Eindruck der Idylle moralischer Vereinfachung begründet.

cken, in geschlossenen fiktionalen Szenarien einzulösen scheint (2006, 39).

Ein anderer literaturwissenschaftlicher Aufsatz (Wills Foote 2007) bearbeitet den Nexus von televisuellem Bild der Naturkatastrophe und Identifikationsprozessen nationaler Gemeinschaften anhand Freuds Konzeption des Unheimlichen[13]:

> "[...] the televised image of a frightful natural disaster can transform into the uncanny, and like the real event, infuse its audience with a sense of communal belonging." (2007, 135)

Der Begriff des Unheimlichen fasst hier daher eine spezifische Variante der artifiziellen Zusammenführung von individueller Emotion und kollektiver Zugehörigkeit, welche sich im Bild der Naturkatastrophe realisiert. Da die Ausführungen zur medialen Repräsentation empirischer Ereignisse hier vorbereitend der Analyse lyrischer Formate vorangestellt sind, bleibt der Versuch einer Verbindung von audiovisuellen Repräsentationsformen der Naturkatastrophe und Prozesse der Gemeinschaftsbildung auf Basis geistesgeschichtlich tradierter Modelle, hier im Rückgriff auf Teile der Psychoanalyse, nur ein knapper Exkurs.

Insgesamt lassen die angeführten zeitgenössischen Essays ebenso wie der ausgewählte Teil literaturwissenschaftlicher Studien die Bemühung um eine interdisziplinäre Forschungsperspektive auf audiovisuelle Repräsentationsformen der Naturkatastrophe einerseits sowie die rezeptionsästhetische Dimensionierung des Erkenntnisinteresses andererseits erkennbar werden. Jene hier rekapitulierten Beiträge, die nicht dem filmwissenschaftlichen Diskursraum entstammen, sind dabei in ihrer Analyse medialer Repräsentationen des Motivs der Naturkatastrophe vorrangig auf sprachgebundene Semantiken konzentriert.

Zusammenfassend zeichnen sich drei, nicht ausschließlich zeitlich bestimmte Abschnitte in der Theorieschreibung des Katastrophenfilms ab: Frühe Texte (Sontag, Kermode, Annan) sind noch nicht systematisch auf kinematografische Repräsentationsformen der Katastrophe bezogen, sondern sie reflektieren – häufig noch in terminologischer Unschärfe von Katastrophe und Apokalypse – mit Blick auf das Zeitalter der Moderne auch die Spezifika angrenzender Künste. Erste, eher

---

[13] Freud selbst führt die Erfahrung des Unheimlichen zurück auf den Kastrationskomplex, also den wiederkehrenden Befund eines individuell traumatisierten Verhältnisses zum Gesetz des Vaters. Das Unheimliche ist daher bei Freud ursprünglich nicht als Kollektivverfahren konzipiert und wird auch bei Wills Foote eher in einem experimentellen Gestus in eine Denkfigur zur Beschreibung von ganz bestimmten Gemeinschaftsprozessen übersetzt.

grobe Entwürfe der Filmwahrnehmung sind dabei normativ eingefärbt sowie insgesamt durch ein medienskeptisches Paradigma gerahmt.

Seit den späten siebziger Jahren sind die Texte im Rückgriff auf einen festen Filmkorpus auf das Kinobild der Katastrophe konzentriert (Yacowar, Shatzkin, Keane). Filmanalysen mit noch instabilem theoretischem Fundament erarbeiten in ihrer Katalogisierung formaler Spezifika schrittweise eine strukturelle Genretypologie. Diese Typologie verkürzt Aspekte der Rezeption auf die Vorstellung eines dialogisch geprägten Verhältnisses von der als Erwartungsstruktur angeeigneten Äußerlichkeit eines Genres und der konkreten formalen Gestaltung eines spezifischen Films.

Junge Texte zum Katastrophenfilm (Nessel, Seeßlen, Kakoudaki) problematisieren aktiv die fehlende theoretische Rahmung und legen ihre umfassenden Analysen im Rückgriff auf Komplexe tradierter Linien der Filmtheorie an. In ganz unterschiedlicher Perspektivierung öffnen sich diese Ansätze so einer breiten Diskussion der Rezeptionsästhetik und einem fruchtbaren Dialog mit dem Erkenntnisstand einer interdisziplinären Medientheorie. Obgleich jüngste Texte (Röggla, Wills, Foote) das Bild der Katastrophe essayistisch als ein konstitutives Element medialer Vermittlungsmuster von Realität herausarbeiten, um sich Modi der Affizierung und deren gesellschaftlichen Funktion zu nähern, zielt der Essay als ein Format der subjektiven Rede stets auch auf literarische Effekte. Essayistisch entwickelte Überlegungen zur Filmwahrnehmung lassen sich daher nur schwer in den Stand der Theorieschreibung zum Katastrophenkino einweben.

Ist in dieser Reihung der Texte zum Katastrophenfilm daher auch die wachsende Thematisierung rezeptionsästhetischer Fragen zu beobachten, so steht ein systematischer Anschluss der Theorieschreibung des Katastrophenfilms an den aktuellen Erkenntnisstand filmwissenschaftlichen Emotionsforschung vollständig aus. Gerade der Befund, dass keine der Studien zum Katastrophenfilm den Affektbegriff systematisch einführt, bezeugt die fehlende Kopplung dieser Genretheoriebildung an die breite Diskussion um artifizielle Modi der Generierung und Modulation des Gefühls, wie die Emotionsforschung sie derzeit vital führt.

1.2 Filmtheoretischer Rückgriff

Die Theorieschreibung zum Katastrophenfilm setzt gemessen am verdichteten Aufkommen der Filmbeispiele also erst mit starker Verzögerung ein. Wie eingangs herausgearbeitet, entstammt ein gravierender Teil der jüngeren Texte entweder den Formaten der Filmkritik oder ist explizit in essayistischen Strukturen angelegt. In beiden Kontexten sind Begriffs- und Hypothesenbildung nicht allein der Binnenkonsistenz eines Textes sondern oft auch einem literarischen Effekt geschuldet. In dieser Hinsicht scheint bereits der erste filmtheoretische Arbeitsgang, nämlich die systematische Integration der zentralen inhaltlichen Überlegungen in einen rein wissenschaftlichen Diskurshorizont, methodisch erschwert.

Da die vorliegende Untersuchung den systematischen Anschluss der Genretheoriebildung an die gegenwärtige Emotionsforschung sucht und in Vorbereitung der exemplarischen Filmlektüre daher zunächst grundlegende begriffliche Kategorien erarbeiten sowie diese zu filmanalytischen Hypothesen explizieren muss, sollen im nun folgenden Untersuchungsabschnitt ausgewählte theoretische Konzeptionen dreier angrenzender Genrediskussionen in deutlich begründeter Form entlehnt werden:

Die jüngeren Texte zum Katastrophenfilm, durch die gleichzeitig der Anteil komplex angelegter Untersuchungen repräsentiert ist, formulieren erste Annahmen zum ästhetischen Eigenwert der kinematografischen Repräsentation der Katastrophe sowie deren affektivem Erleben durch den einzelnen Zuschauer. Diese ersten rezeptionsästhetischen Hypothesen können zu drei übergeordneten Typen der artifiziellen Modulation von Innerlichkeit abstrahiert werden:

Der erste Typus ist definiert durch die wiederholte Beobachtung einer Melodramatisierung von Katastrophenerzählungen durch das Kino (Kakoudaki, Seeßlen), also die Überführung der Katastrophe in den ästhetischen Erfahrungsmodus des Leidens.

Der zweite Typus ist in der Tendenz der Ästhetisierung der Katastrophe als Engführung von visuellem Effekt und generiertem Affekt in der kinematografischen Bildlichkeit (Nessel, Seeßlen) bezeichnet, also der künstlichen Überführung der Katastrophe in den ästhetischen Erfahrungsmodus des sinnlichen Einschlusses qua räumlicher Immersion.

Der dritte Typus bezeichnet die essayistische Bestimmung des Katastrophischen als ein omnipräsentes Wahrnehmungsmuster (Röggla, Wills Foote), welches die Möglichkeit der Erfahrbarkeit medialer Repräsentation von Realität erst hervorbringt. Im Begriff des filmischen Terrors fasst dieser Typus also eine artifizielle Überführung der Katastrophe in den ästhetischen Erfahrungsmodus der Furcht.

Die angeführten Texte zum Katastrophenfilm umkreisen in ihren rezeptionsästhetischen Zuschreibungen zwar erkennbar drei hier zusammenfassend abstrahierte Grundformen kinematografischer Ausgestaltung von Innerlichkeit, sie greifen aber dennoch nicht systematisch auf deren vorangeschrittene Explikation innerhalb der Theorieschreibung dreier angrenzender Genrekomplexe zu. Stattdessen fungieren diese Implikationen als strukturgebende Hypothesen, die häufig ohne filmanalytische Verifikation bleiben. So entwickelt die derzeit wachsende Theorieschreibung zum Katastrophenfilm ihre ersten rezeptionsästhetischen Annahmen ohne ein solides, emotionstheoretisches Fundament. Daher gehen auch zentrale Begrifflichkeiten gegenwärtiger Emotionsforschung – obgleich diese aktuell eine eigene terminologische Dynamik durchlaufen – noch nicht in die rezeptionsästhetische Hypothesenbildung zum Katastrophenfilm ein.

Der nun folgende Untersuchungsabschnitt nimmt daher einen übergreifenden Exkurs zu den Akten der Theoriebildung dreier angrenzender Genres vor. Dabei werden die drei angeführten kinematografischen Rezeptionsmodi (das Leiden, räumliche Immersion und die Furcht), die der jüngste Theorieschreibungskomplex zum Katastrophenfilm als zentrale Attribute ästhetisch ausgestalteter Innerlichkeit impliziert, je an eine Genrediskussion geknüpft, die das Leiden, die räumliche Immersion und die Furcht bereits in emotionstheoretischer Perspektive zu distinkten Grundformen filmischer Affektmodulation vertieft haben.

Die Melodramatisierung (bzw. der Rezeptionsmodus des Leidens) soll daher anhand des Familienmelodrams, ästhetisierte Formen der Repräsentation (bzw. der Rezeptionsmodus einer räumlichen Immersion) anhand des postklassischen Kriegsfilms und der filmische Terror (bzw. der Rezeptionsmodus der Furcht) anhand des jüngeren Horrorfilms modelliert und zu drei differenzierte Beschreibungsmodelle der ästhetischen Affektlenkung gefügt werden. Diese exkursartige Anreicherung dreier Grundformen ästhetischer Modifikation von Innerlichkeit sichert an dieser Stelle einerseits die filmtheoretische Verankerung der Aufarbeitung rezeptionsästhetischer Aspekte des Naturkatastrophenkinos und andererseits die transparente Herleitung zentraler Fragekomplexe, welche diese Untersuchung später vergleichend an ausgewählte Filmbeispiele richten wird.

Da eine erschöpfende Betrachtung der kinematografischen Affektmodulation rezeptionsästhetisch verwandter Genres nicht das Erkenntnisinteresse dieser Arbeit ist, wird der Exkurs selektiv. Die explorative Befragung der Theoriebildung angrenzender Genres wird dabei zielgerichtet Überlegungen aufgreifen, die die Melodramatisierung, Ästhetisierung und den filmischen Terror in affektpoetologischer Analyseperspektive zu rezeptionsästhetischen Aussagen vertiefen.

1.2.1 Melodramatisierung

Die Filmtheorieschreibung zum Melodram, wurde – weitestgehend unter den Vorzeichen eines ideologiekritischen Diskurses – in ihrer gegenwärtigen Komplexität vor allem durch einen Aufsatz von Elsaesser (1972) in Gang gesetzt. Elsaesser setzt die Beobachtung einer ambivalenten Struktur der Filme (hier ihre Tendenz zur ideologischen Affirmation sowie die Durchbrechung selbiger im stilistischen Exzess) erstmals erkennbar in einen breiten kulturtheoretischen Zusammenhang. Die formale Struktur des Filmgenres wird dabei als verwandt mit dem Volkslied und dem romantischen Bühnenstück erfasst. In der Modellierung des Melodrams als eine spezifische kinematografische Ausdrucksform (1992, 43) lockert Elsaessers Analyse zudem Implikationen eines rein textlich verfassten Genrebegriffs. Denn der Plot, in der Regel ein Konflikt im Divergenzraum von sozialer Rolle einerseits und individueller Sehnsucht andererseits,[14] legt nach Elsaesser Akte der Bedeutungsvermittlung rudimentär an (1992, 45).

Der Plot selbst aber organisiert sich dabei symbolisch, in Anlehnung an die Realität der Psyche transportiert er die Umschwünge und Brüche der Erzählung explizit abseits ursächlicher Zusammenhänge. Der zentrale Konflikt der Protagonistin findet seine Metaphorisierung in den einzelnen Dimensionen des kinematografischen Bildes:

> "Considered as an expressive code [of cinema], melodrama might therefore be described as a particular form of dramatic Mise en Scène, characterized by a dynamic use of spatial and musical categories, as opposed to intellectual or literary ones."
> (1992, 51)

Die Verschiebung ideologischer Konflikte in den emotional aufgeladenen Raum des Privaten durch die Erzählung, also eine narrative Sub-

---

[14] Später ist dieser Befund zu weiteren Konflikten der Divergenz zweier Kollektive (beispielsweise der Familie als natürlich gewachsene Einheit und der Gesellschaft als sozial gewachsene Einheit) abstrahiert. Der narrative Schwerpunkt des Melodrams, die metaphorische Suche nach dem idealen Ehemann, Liebhaber oder Vater, fasst den Familienbund als eine soziale Institution, die den begrenzten Handlungsradius einer einzelnen Figur über die strenge Definition der individuellen Rolle bestimmt. Vgl. Schatz, Thomas. The Family Melodrama. In: Landy, Marcia (Hrsg.): Imitations of Life. A Reader on Film and Television Melodrama. Detroit 1991, S 148–167.

limierung, korrespondiert dabei, so Elsaesser, mit der Metaphorisierung des inneren Konflikts in Farbe, Dekor und Geste, also einer ikonografischen Sublimierung.[15]

Über den vergleichenden Exkurs zu den formalen Eigenheiten des Westerns ebnet Elsaesser schließlich den Weg zu ersten rezeptionsästhetischen Spezifika des Melodrams: Während der Western das Drama seiner Auflösung in der Externalisierung des zentralen Konflikts zuführt bzw. die Aktion als psychologisierte Repräsentation des Protagonisten etabliert, ersetzt das Melodrama stets die direkte (jedoch gesellschaftlich blockierte) Aktion durch die entmachtete Geste oder aber den hysterischen Ausbruch bzw. internalisiert dramatische Konflikte, speziell die Gewalt, zu einem inneren Zustand der Protagonistin (1992, 56f.). Das innerfilmische emotionale Gefälle (zwischen der Protagonistin und dem übrigen Figurensystem) evoziert so eine Partizipation des Zuschauers im Modus des Pathos (1992, 66f.). In diesem Kontext einer starken Emphase der Stilmittel des Melodrams skizziert die Betrachtung Elsaessers also ein robustes Set rezeptionsästhetischer Eigenheiten des Genres.

Nachdem die Überlegungen Elsaessers in der Forschungsliteratur zum Melodram vielfach aufgegriffen und vertieft worden waren,[16] legte Neale (1994) seinerseits einen Versuch der umfassenden theoretischen Bestimmung der Rezeptionsästhetik des Melodrams vor. Dabei modelliert Neale vor allem die artifiziell generierte Rührung des Zuschauers als das Resultat einer spezifischen Organisation der Narration: Denn das Melodrama schafft ein systematisches Wissensgefälle zwischen Zuschauer und Figur, das Publikum verinnerlicht die Divergenz beider Perspektiven und antizipiert lebhaft das finale Moment der Wiederherstellung einer Wissenskonvergenz als verzögerte Konfrontation der Figur mit deren äußerlicher Realität (1994, 148). Die Irreversibilität der Zeit vermittelt sich im Melodrama so als eine Ordnung des Wissens, deren pathetischer Effekt unauflöslich an die systematische Diffe-

---

15 Spätere Texte haben den Komplex der ikonografischen Sublimierung wiederkehrend als Sinnbild auf die Symptome der Hysterie gedeutet, die sich als Krankheitsbild wiederum durch die Summe der ins Materielle des Körpers verschobenen Ausdrücke für Verdrängtes definiert. Für eine exemplarische Vertiefung dieser Perspektive siehe: Brauerhoch, Annette. Die gute und die böse Mutter. Kino zwischen Melodrama und Horror. Marburg 1996, S. 78ff. sowie Nowell Smith, Jeffrey (1977) Minnelli and Melodrama, Screen, Vol. 18, No. 2, S. 117 ff.

16 So illustrierte Browne (1981) am Beispiel Griffiths die Nostalgie als Modus der Re-Installation des Mythos der Familie und Rodowick (1982) explizierte Elsaessers Entwurf der Mise en Scène als Komplex, der die Innerlichkeit der Figur konstituiert sowie stetig reproduziert. Beide in: Landy, Marcia (Hrsg.): Imitations of Life. A Reader on Film and Television Melodrama. Detroit 1991.

renz zweier Perspektiven bzw. deren narrativ sehr streng choreographierte Verschmelzung gebunden ist.

Die Machtposition, welche die hierarchische POV-Struktur der Erzählung dem Zuschauer gegenüber einer Figur einräumt, wird kontrastiert durch dessen Ohnmacht gegenüber dem konkreten Erzählverlauf. Da die Verständigungsprozesse über Innerlichkeit durch die Narration als Varianten des Scheiterns abgebildet sind, verweist das Melodrama implizit stets auf die Innerlichkeit des Zuschauers, also die Illusion einer möglichen Schließung der Brüche im Code durch die Lebendigkeit und starke Intensität außerfilmischer Emotion.

Dem Zuschauer konstruiert das Melodrama daher einen Ort, an dem dieser eine stabile Wunschstruktur bezüglich der Erzählung errichtet, welche im Regelfall auf die ästhetische Phantasie der symbolischen, also gerade nicht körperlichen Vereinigung eines Liebespaars gerichtet ist. Der ästhetische Genuss des Zuschauers, so Neale, erwächst dabei primär aus dem Prozess der Artikulation des Wunsches, nicht jedoch aus der offensiven Darstellung seiner Erfüllung (1994, 163). Im Weinen als Klimax der Rührung des Zuschauers drückt sich daher nicht die Machtlosigkeit gegenüber dem Ausgang der Erzählung aus, sondern das Weiterwirken des Begehrens und das rege Postulat dessen prinzipieller Erfüllbarkeit.

Während Elsaesser also in der Mise en Scène des Melodrams ikonografische Prozesse der Bedeutungsvermittlung illustriert und so – anders als klassisches Narrationsmodell und Exzessbegriff – mit dem Vorwurf des stilistischen Überschusses bricht, entwickelt Neale einen rezeptionsästhetischen Entwurf des Melodrams an der spezifisch strukturierten Vermittlung narrativer Zusammenhänge.

Obgleich die Partizipation verschiedener Genres am Modus des Melodramatischen schon illustriert ist (Williams 1998), nehmen erst jüngere Publikationen in affektpoetologischer Perspektive die komplexe Verknüpfung bildlicher und narrativer Kategorien vor. Sie konturieren das Melodrama als eine Schlüsselform kultureller Selbstäußerung (Decker 2003) und führen dessen Modi der Generierung und zeitlichen Ausgestaltung affektiver Zustände als kinematografische Grundform vor (Kappelhoff 2004). Insgesamt sind die Thesen Neales durch diese jüngeren Forschungsbeiträge filmanalytisch ergänzt und kulturtheoretisch kontextualisiert.

Die Tendenz der Melodramatisierung, wie sie die Filmtheorieschreibung des Katastrophenkinos ohne Exkurs zum Melodrama wiederholt postuliert, kann als intuitive Zuschreibung potentiell auf drei Komplexe bezogen sein: Eine Organisation des Plots im Modus psychischer

Realität, die die Plausibilität seiner Ereignisfolgen symbolisch ausformt, die ikonografische Metaphorisierung innerer Spannungszustände in dramatisierten Typen der Mise en Scène oder eine narrativ regulierte Hierarchie des Wissens, die im Zuschauerraum die Errichtung einer Struktur des Begehrens als einen die Rezeption überdauernden ästhetischen Genuss evoziert.

Filmanalytisch soll der Begriff der Melodramatisierung daher anhand der folgenden Fragestellung operationalisiert werden: Inwieweit oszillieren symbolische Register in die horizontale Organisation der Erzählung bzw. metaphorisierte Formen von Innerlichkeit in die Bildlichkeit des Naturkatastrophenfilms und inwieweit werden narrativ induzierte Wunschgefüge als zentrales Signum der konkreten Rezeptionserfahrung greifbar?

1.2.2 Ästhetisierung

Der Kriegsfilm wird im weiten Raum der filmwissenschaftlichen Theoriebildung aus einer Vielzahl analytischer Perspektiven zum Untersuchungsgegenstand gemacht. Verweisen erste rezeptionsästhetische Fragestellungen dabei noch auf die ursprüngliche Propagandafunktion früher audiovisueller Kriegseindrücke, so ist spätestens mit der evidenten Verquickung vom Bildinventar der Spielfilme und den Motiven amerikanischer Dokumentarfilmstaffeln des Zweiten Weltkriegs, wie sie in unterschiedlichen Varianten noch weit in die Ästhetik gegenwärtiger Kriegsfilme oszilliert, ein komplex angelegtes Verständnis von der affektiven Wirkung kinematografischer Kriegseindrücke begründet. Dieses Verständnis löst die Vorstellung manipulativer Ereignisentwürfe derzeit zunehmend im Begriff der historischen Erfahrung auf und bindet dessen jeweilige Medialität untrennbar an die bildlichen Repräsentationsformen des Krieges.

Im Kontext der kinematografischen Repräsentationen des Krieges nimmt die analytische Frage nach der Ästhetisierung zunächst die Verschränkung zweier konträrer Realitäten in den Blick, nämlich die genussvolle Kontemplation vor einem Gegenstand der Kunst im Angesicht dessen ostentativer Referenz auf eine empirische Katastrophe. Wie also wendet das Kriegsfilmgenre Implikationen des realweltlichen Leidens in Kategorien einer genussreichen Wahrnehmung?

Bereits im Kontext der Malerei ist der erhabene Blick auf das Geschehen einer Schlacht aus der Distanz des Feldherrnhügels als ästhetische Konvention markiert (Kirchner 1997), die ihrerseits zu filmtheoretischen Fragestellungen explizit ist (Koebner 2007). Darüber hinaus ist der Kriegsfilm – oft im vergleichenden Rückgriff auf ikonografische

Register des Westerns – bezüglich kunstvoller Landschaftsentwürfe thematisiert (Seeßlen 1989). Die Frage nach den formalen Strategien der Ästhetisierung tritt daher frühzeitig als eine ausdrückliche Facette des kinematografischen Raumdiskurses hervor. Emblematisch für eben diese Konstellation erweist sich über den genretheoretisch kanonisierten Filmkorpus hinaus der Zugriff auf frühste kinematografische Darstellungen, die filmhistorisch vor der stabilen Ausprägung des Kriegsfilmgenres liegen. Ein Beispiel ist hier die Bürgerkriegssequenz in Griffiths Epos BIRTH OF A NATION. Aber auch der analytische Blick auf gegenwärtige Hollywoodfilme, die Inszenierungen des Krieges einschließen, etwa die Trilogie THE LORD OF THE RINGS, GLADIATOR oder TROY, erfragt bildliche Inszenierungsvarianten der erhabener Blickpositionen, so dass sich der raumkompositorische Aspekt audiovisueller Kriegsdarstellungen weit über den ursprünglichen Genrekorpus hinaus verselbstständigt hat.

Mit dem Vietnamfilm erwächst in Korrespondenz zur distinkten Variante der Räumlichkeit des empirischen Krieges auch ein umfassender theoretischer Diskurs um spezifische Modi des Filmerlebens, der in der kinematografischen Rauminszenierung klar seinen inhaltlichen Schwerpunkt findet. Die Konzeption filmischer Räume durch den Vietnamfilm deutet die Forschung oft als ästhetische Manifestation außerfilmischer Funktionswandel des Krieges (Visarius 1989, 10). Den empirischen Befund geografischer Dezentralität des Krieges übersetze das Kino in eine monologische Struktur seiner Filme (Williams 1991, 24), die historisch verbürgte Niederlage wende es in ein symbolisches Korrektiv des Nacherlebens, das seinerseits als Re-Stabilisierung kultureller Entwürfe von Maskulinität einsteht (Gates 2005, 302).

Im gemeinsamen Bezug der Wahrnehmungsentgrenzung nehmen sich diese theoretischen Ausführungen die Überblendung von filmischer Fiktion und historischem Detail zum Fluchtpunkt. Erst Seeßlen entwirft im Kontext der Vietnamfilme einen konkreten Raumtypus, der sich im Modus der Negation ostentativ auf das ursprüngliche Dispositiv der Feldherrenperspektive bezieht:

> „Wie die Zeit, so ist auch der Raum zu einer ausschließlich mythisch erfahrbaren Dimension geworden; die Topographie des Vietnamfilms ist einem Arrangement von Symbolen vergleichbar. [...] Während in der klassischen Hollywood-Dramaturgie die Organisation von Raum und Zeit der Logik der Erzählung unterworfen war, so scheint sich nun die Erzählung nur als Firnis über diese rauschhafte Raum- und Zeiterfahrung zu legen." (Seeßlen, 1993, 157)

Der Vietnamfilm ist hier der zum leiblichen Szenario gewordene Verlust des privilegierten Blickes, der nur noch die Vereinzelung der Perspektive als eine letzte Gemeinsamkeit mit der geordneten Aussicht vom Hügel des Feldherren teilt. In dieser Variante der geblendeten Ohnmacht entwirft der Vietnamfilm daher ein nachträgliches Komplement: Die tastende Binnenansicht eines destruktiven Szenarios, die perspektivische Kehrseite der räumlich privilegierten Ansicht.

Dem geordneten Blick des Feldherren setzt der Vietnamfilm somit die endlos fragmentierte Visualität und Tiefe des Dschungels wie einen ausdrücklichen Bruch mit der geglätteten Zweidimensionalität romantischer Historienmalerei als Gegenstand des sinnlichen Erlebens entgegen. Auch die Empathie bindet der Vietnamfilm an individualisierte, innerdiegetische Formen gescheiterter Raumwahrnehmung.

In der Kreuzung zweier Topoi, die ihre Vertiefung vor allem außerhalb des Kriegsfilms erfahren, Wahrnehmungsverlust (Thriller) und Landgewinn (Western), nimmt der Typus „delierender Ästhetik" (Seeßlen, 1989, 143) daher die Divergenz zweier Räume, dem der Abbildung und dem der Bedeutung, in den Blick.

Vietnamfilme realisieren in dieser Perspektive keine ästhetische Korrektur empirischer Ereignisse, sondern sie konstituieren einen filmischen Raum mythischer Natur (Seeßlen, 1993, 158), der es künstlich ermöglicht, kulturelle Erlösungsphantasien nachträglich zu beherbergen und diese als eine zeitlich differentielle Ordnung sinnlich abzuschreiten. In dieser ästhetischen Flucht erscheint zunächst auch der Kriegsfilm der neunziger Jahre, hier insbesondere die formale Ausrichtung seiner Gefechtsdarstellungen auf den real leidenden Körper, als radikale Fortsetzung der subjektiven Blickperspektive bzw. eine extreme Spielart empathischer Wahrnehmungs- und Empfindungsprinzipien:

> "If PLATOON's rhetorical structure depended upon the cinematic construction of the experience of combat by drawing on the techniques of the horror film, the hit combat film of the 90s, SAVING PRIVATE RYAN, dependes on state-of-the-art technologies [...]. These played a significant part in the high-impact, visceral cinema [...], a form of cinema in which, [...] spectators are invited to experience ephemeral effects as if they were inside diegetic events." (Hammond, 2002, 69)

Der hier zirkulierende Begriff der Viszeralität ist zum zentralen Bezugspunkt der Auseinandersetzung mit dem amerikanischen Kriegsfilm der neunziger Jahre geworden. Doch dieser spezifische Kurzschluss zwischen kinematografisch entfaltetem Leidensbild und individuellem Sinnesapparat des Zuschauers gründet vor allem in einem explizit involuntären, objektbezogenen und somit erweiterten Typus von Empathie (Curtis 2003). Denn anders als im Vietnamfilm löst sich dieser Typus von der diegetischen Binnenperspektive einer konkreten Figur und macht sich den Film selbst, seine ästhetisch differentiellen Räume, Farben und Töne, zum Objekt der Empfindung.

Diese genuine Variante der Filmerfahrung fasst Robnik in seiner distinkten Anwendung des Traumabegriffes, der im Rückgriff auf Elsaesser[17] weniger eine klinische Diskurswende als vielmehr die genuine Verknüpfung von kinematografischer Rauminszenierung und affekttheoretischen Fragestellungen sucht (Robnik 2008). Denn die am Leib orientierte Vergegenwärtigung der Historie, auf welche die immersive Ästhetik des viszeralen Kinos gerichtet ist, folgt der narrativen Einbettung einer retrospektiven Zeitlogik (2002a, 16).

Die Umschließung des Zuschauers (im konkreten visuellen und akustischen Tableau des Films) ist dabei zunehmend auf nicht-lineare Formen der Raum- und Zeiterfahrung ausgerichtet. Die partikulare Erzählung tritt daher immer weniger als ein Gattungsexemplar sondern als singuläres Erlebnisdesign an (2002b, 302). Im gesteigerten Zugriff auf Register der physischen Realität des Zuschauers lässt der Kriegsfilm der jüngeren Gegenwart sein ästhetisches Programm nachdrücklich im Gestus der Simulation sinnlicher Wahrnehmungsereignisse hervortreten.

Diese Perspektive leiblich räsonierender Formen der audio-visuellen Immersion ist jüngst durch einige bildwissenschaftliche Disziplinen[18] vor allem auf Kriegsvideospiele[19] übertragen und zu Modellen der Generierung artifizieller Erregungszustände vertieft worden:

> „Die Immersion wird insbesondere durch die Reaktion des audiovisuellen Ereignisraums in Echtzeit [...] befördert. Ästhetisches Erleben resultiert mithin nicht aus dem objekthaften Ge-

---

[17] Elsaesser fasst den Traumabegriff als ein zeitgenössisches Paradigma der Repräsentation sowie gleichzeitigen Grenzfall des Performativen. Denn das postklassische Kino, so Elsaesser, stiftet ein spezifisches Verhältnis von Erinnerung und Geschichte, da seine ästhetische Textur mediale Erfahrungsformen herstellt, in denen das Affektive stetig das Bedeutende übersteigt (2001, 197ff.).

[18] So widmen sich neben der Filmwissenschaft und Kunstgeschichte auch Kulturwissenschaft und Literaturwissenschaft zunehmend digitalen interaktiven Medienformaten.

[19] Hier ist vor allem der sehr aufwendig designte First-Person-Shooter AMERICA'S ARMY – als exemplarischer Vertreter neuartiger personeller sowie finanzieller Verbindungen zwischen Unterhaltungsindustrie und Militär – Gegenstand bildwissenschaftlicher Forschungsbemühungen.

genüber eines stehenden Bildes [...], sondern findet in einem artifiziellen und polysensuellen Ereignisraum statt." (Grau, 2005, 94)

Doch die Auffassung von Immersion als genussvolles Versinken in einer sinnlich überreichhaltigen, erfüllten Gegenwart (Hamker, 2005, 190), operiert im Kontext des Kriegsvideospiels ungenau. Denn obgleich interaktive, digitale Medienformate wie das Videospiel äußerlich als polysensuelle Ansprache im multiperspektivisch dynamisierten Raum gefasst scheinen, verdeckt das Postulat der gesteigerten Immersion die genuin gewandelte Referenz auf den realweltlichen Körper des Spielers, wie sie das Videospiel in deutlicher Abgrenzung zum viszeralen Kinofilm vornimmt: Die Bewegung des fließend generierten, digitalen Bildes tritt in ein Verhältnis arbiträrer Korrespondenz mit der physischen Realität des Spielers, dessen minimale Bewegungen visuelle Elemente wie Ausschnitt oder Perspektive erst konstituieren. Der realweltliche Körper des Spielers kann in dieser Flucht nicht gleichzeitig als ungebrochener Referenzpunkt des fiktionalen Leidens fungieren wie etwa im viszeralen Kino. Stattdessen erwächst die gesteigerte Immersion erst aus der ostentativen Vermittlung der Differenz zwischen dem fiktionalen und realweltlichen Körper. In dieser Perspektive schließlich erfährt der Körper gerade nicht seine dematerialisierende Suspendierung sondern seine Dissoziation in zwei Präsenzen distinkter Natur:

> „Die Idee vom Verschwinden des Körpers unter den Bedingungen der Virtualisierung greift zu kurz. Was sich unter diesen Bedingungen vollzieht, ist nicht einfach die Auflösung des Körpers, vielmehr seine Aufspaltung in einen Leib und einen Datenkörper, seine Verdoppelung in einen physischen und einen semiotischen Körper." (Krämer, 2002, 50)

Diese Abbildung des physischen Leibes auf rein symbolische Konstruktionen von Blickwinkel und Bewegung stiftet daher kein künstliches Gegenüber. Das Illusorische liegt hier vielmehr in der Platzierung realer Objekte: der Überlagerung von Leib und Datenkörper. Doch inwieweit fügt sich so ein filmanalytisch produktiver Entwurf ästhetischen Raumerlebens?

Raumsoziologische Untersuchungen skizzieren Videospiele als die Konstitution containerhaft endlicher und semantisch neutraler, also rein materieller Raumhülsen (Funken und Löw 2002). Diese paaren zwei konträre Erfahrungsmodi – sinnliche Immersion und leibliche Distanz – und organisieren beide im Prinzip optimierter Leiblichkeit. Der ästhetische Genuss realisiert sich daher in der Engführung von immersivem Erleben ausgewählter Komponenten (wie rauschhafter

Geschwindigkeit, privilegiertem Blick) und dem physisch distanzierten Erleben anderer Komponenten (wie etwa atmosphärischer Bedrängung, körperlicher Schmerzerfahrung).

Im Rückgriff auf die breite Theorieschreibung des Kriegsfilms lässt sich der Begriff der Ästhetisierung somit innerhalb zweier grundlegender Diskurse konturieren, nämlich dem des privilegierten Blickes und dem des leidenden Körpers. Beide Diskurse konnten hier jeweils in zwei komplementären Varianten herausgearbeitet werden: Einzelne Beispiele des frühen Kinos und der Vietnamfilm entwerfen ein spezifisches Verhältnis zwischen Bild und Blick, das den privilegierten Blick als stehende, hegemoniale Ansicht entweder bejaht oder aber in den Formen der gestörten Bildlichkeit und gescheiterten Raumwahrnehmung verneint.

Das viszerale Kino der Gegenwart und interaktive Medienformate wie das Videospiel entwerfen im Modus der Simulation ein genuines Verhältnis zwischen Bild und Körper, das den leidenden Körper audiovisuell im vergegenwärtigenden Nachempfinden oder der ostentativen Distanzierung des Leibes von physischen Realitäten fasst. Beide Modi der sinnlichen Teilhabe verdichten sich dabei zunehmend zu ästhetisch kalkulierten Mischformen.

Filmanalytisch soll der Begriff der Ästhetisierung daher anhand der folgenden Fragestellung operationalisiert werden: Welche konkreten Formen der hegemonialen Blickführung oder aber dissoziierten Raumerfahrung inszenieren bildliche Operationen des Naturkatastrophenfilms und in welches rezeptionsästhetische Verhältnis treten dabei der innerdiegetisch leidende Körper und die physische Realität des Zuschauers?

1.2.3 Filmischer Terror

Auch der Horrorfilm, dessen Theorieschreibung eine lange Zeit vom psychoanalytischen Modell, vor allem der filmanalytischen Frage nach der geschlechtlichen Vorbestimmtheit einzelner Blickpositionen dominiert war, blickt hinsichtlich rezeptionsästhetisch gelagerter Untersuchungen auf eine stabile Tradition zurück.

Die Theorieschreibung zum Horrorfilm bringt zwei Linien hervor, wobei die eine Linie die dominanten Plotelemente an zentrale Begrifflichkeiten der Psychoanalyse koppelt, hier vor allem an die Schriften Sigmund Freuds,[20] und die andere Linie die jeweilige Analyse in der psychoanalytischen Filmtheorie (etwa Mulvey) bzw. wahrnehmungssemiologischen Konzeptionen (etwa Metz) verankert,[21] um affektive Anteile des Filmerlebens schließlich vorrangig anhand triebtheoretischer Annahmen zu modellieren.

Ungeachtet spezifischer Implikationen des je zugrunde liegenden Theoriemodells einer Filmanalyse wird der Terror dabei als Bedeutungskomplex vor allem im Zusammenhang der narrativen Ordnungsmuster eingeführt: Bezüglich der filmischen Erzählung arbeiten unterschiedliche Autoren zunächst heraus, dass der Horrorfilm das bedrohlich Fremde stets aus dem Inneren der Normalität hervorbringt (Telotte 1984, Moretti 2000). Den Status des Terrors erlangt das Bildliche dann im Befund narrativer Zirkularität, also einer Erzählordnung, welche in den Akten der zwanghaften Motivwiederholung die kollektive Erfahrung einer kollabierenden Zeitstruktur anlegt (Sharrett 1984).

Grundlegend arbeiten viele Forschungsbeiträge zum Horrorfilm bereits einleitend heraus, dass das Genre den Sehakt selbst als sein zentrales Sujet herausstellt, dessen Manifestation wiederum im zentralen Bildmotiv des weit geöffneten Auges eines Opfers greifbar wird:

> "It [the opening eye of horror] introduces a narrative that necessarily turns on problems of vision – seeing too little (to the point of blindness) or seeing too much (to the point of insanity) – [...] its scary project is to tease, confuse, block and threaten the spectator's own vision." (Clover, 1992, 166)

Der obige Auszug zeigt exemplarisch, dass die Theoriebildung zum Horrorfilm fließende Übergänge zwischen der analytischen Aufarbeitung zentraler Bildmotive und den ersten Annahmen über deren rezeptionsästhetische Funktionen bildet. Neben dem Motiv des weit geöffneten Auges lässt sich ein zweites zentrales Bild des Horrorfilms identifizieren, nämlich der POV der Quelle des Terrors. Dieser geht zumeist als Aufnahme einer Handkamera dem eigentlichen Übergriff auf ein Opfer als Annäherungsbewegung voraus (Dickstein 1984).

---

20   So machen Robin Wood oder Christopher Sharrett psychoanalytische Konzepte wie etwa den Hysteriebegriff filmanalytisch fruchtbar. Beide in: Grant, Barry Keith/Sharrett, Christopher: Planks of Reason. Essays on the Horror Film. Oxford [u.a.] 2004.

21   So betonen beispielsweise Linda Williams sowie auch Carol J. Clover in ihren Filmanalysen die geschlechtliche Vorbestimmtheit der durch das Horrorkino konstruierten Blickpositionen. Linda Williams in: Jancovich, Mark:: Horror. The Film Reader. London/New York 2002, S. 61–66. Carol J. Clover in: Dies.: Men, Women and Chainsaws. Gender in the Modern Horror Film. Princeton 1992, S. 166–230.

Die innerdiegetische Instanz, welcher dieser subjektive Blick zugeschrieben werden muss, ist in erkennbarer Abgrenzung zum übrigen Figurensystem häufig unterkomplex konturiert (Clover 1992). Da einem Blickzitat – ganz im Unterschied zu bildlichen Konvention des klassischen Hollywoodkinos – hier also nicht die Etablierung der sehenden Instanz voraus geht,[22] entsteht eine distinkte Variante des POV:

> "In the changing visual codes of the horror film, the prowling or creeping camera has become associated with the vision of a monster preparing to attack. It is interpreted as a POV shot. Here no monster lurks on the scene, but since the movement has come to speak a threatening presence, a monstrous overtone contaminates an ordinary [...] scene. [...] Little of significance is happening [...] the camera is placed at an unnatural distance behind objects of decor [...] creating either a visual barrier or, at the least, a distraction between the viewer and the person viewed." (Giles 1984, 43)

In der fortschreitenden Überlagerung des Filmbildes durch die potentiellen Blicke des Täters materialisieren sich hier also erste rezeptionsästhetische Implikationen. Wie aber gestaltet das Genre innere Zustände des Zuschauers genau, um Formen des filmischen Terrors zu realisieren?

Zunächst spaltet sich der Sehprozess des Zuschauers in jene zwei Positionen, welche die Theorieschreibung des Horrorkinos in unterschiedlichsten Dichotomien (aktiv und passiv, sadistisch und masochistisch, männlich und weiblich etc.) zu fassen sucht: Das Objekt des Terrors wird aus räumlicher Distanz zumeist aus der subjektiven Perspektive des Täters in den Blick genommen. Im Moment des physischen Übergriffs rückt dieser Blick aber in eine auktoriale, eher komplizenhafte Kameraposition ab (Telotte 1987, 120). Denn geschundener Körper und starrende Augen des Opfers sind aus dann einer Perspektive porträtiert, die formal an keine innerdiegetische Instanz (etwa den Blick einer Figur) gebunden sind. Doch wird diese visuelle Verschlüsselung des Blicks allein an triebtheoretische Positionen geknüpft, so verdeckt der Begriff der Schaulust jenen Modus, in welchem der Horrorfilm das Sehen reflektiert und gleichzeitig auf den emotionalen Resonanzraum des Zuschauers zugreift.

Denn führt der Bewegungshabitus der Kamera den subjektiven Blick zunehmend als hypothetischen Status eines potentiell jeden Bildes an,

---

[22]   Zur Konvention des POV im klassischen Hollywoodfilm vgl. auch Branigan, Edward. Point of View in the Cinema: A Theory of Narration and Subjectivity in Classical Film. Madison 1979.

so entwirft der Horrorfilm das Sehen insgesamt in der verstörenden Variante der zunehmenden Erosion konventioneller Korrespondenzformen von Kameraperspektive einerseits und innerdiegetischer Position andererseits.[23] Denn der Horrorfilm schafft einen Ursprung destruktiven Handelns, der nicht als Figur sondern brüchige Entität gefasst und diegetisch entgrenzt ist.[24] Der Zuschauer wird daher nicht allein von Bildern des Schreckens heimgesucht, sein visueller Wahrnehmungsapparat ist zudem von jener Perspektive penetriert, zu der diese Bilder sich verdichten: Einer furchtsamen Ordnung des Sehens.

In dieser Fluchtlinie schließlich gilt die Furcht (als primäre, das Genre rezeptionsästhetisch einende Empfindung) nicht vorrangig dem gegenständlichen Gehalt des filmischen Bildes. Eigentliches Objekt der Furcht ist angesichts subjektiv inszenierter Varianten physischer Gewalt die artifizielle Verortung des (empirischen) Selbst – qua kalkulierter Rahmung und Aktualisierung des Bildes durch die Kamera – in der Position der destruktiven Entität.

Die Negation dieser formalen Überblendung zweier Akte des Sehens, zweier kongruenter Formen visueller Wahrnehmung der materiellen Destruktion, vollzieht sich explizit über den Akt des Fühlens. Und hier lässt sich auch das lustvolle Element eines kinematografisch generierten Erlebens des Ekels oder der Furcht fernab psychoanalytischer Auslegungen identifizieren: Die im empirischen Raum als unlustvoll geltende Empfindung erhebt sich im Raum ästhetischer Erfahrung zum genussreichen Gegenstand, weil sie im Horrorfilm die zentrale Grundlage der Errettung aus der verstörenden Vision einer irreversiblen Entmachtung über die eigene Sehordnung bildet. Die furchtsame Sehordnung, wie sie das Horrorkino kontinuierlich in seinen distinkten visuellen Operationen entwirft, bringt der Zuschauer nämlich einzig und allein im selbstgewissen Empfindungsakt auf Distanz. Anders gesprochen: Exakt in der Empfindung des Ekels behauptet der Zuschauer seine Innerlichkeit – im Unterschied zur Sphäre seiner visuellen

---

[23] Jüngere Beispiele des Horrorfilms wie etwa HOSTEL oder die SAW-Reihe steigern den POV zum hypothetischen Status jeder filmischen Einstellung. Bewusst oder unbewusst teilt der Zuschauer so weite Wahrnehmungsräume des Täters. Neben den formalen Konventionen des Genres werden hier auch gesteigerte Varianten des filmischen Terrors reflektiert. Zu ästhetischen Tendenzen jüngster Horrorfilme siehe Stiglegger, Markus: Das lustvolle Schlachten. Wie gemein darf das Kino sein? Über neue Tendenzen im Horrorfilm. In: epd Film, No 3, März 2007, S. 8–9. Zu reflexiven Anteilen der Horrorkinos siehe Ott, Michaela: Monströser Genrewechsel. In: dies. u.a. Hollywood. Phantasma/Symbolische Ordnung in Zeiten des Blockbusters. München 2005, S. 155–165.

[24] Der Begriff der Entität sowie der subjektive, an sie gebundene Blick finden sich u.a. bei Steve Neale (1984) im Rahmen einer Detailanalyse von HALLOWEEN.

Wahrnehmung – als einen letzten Machtraum, in dem amoralische Implikationen der Darstellung schließlich ostentativ von der Realität des leiblichen Seins geschieden werden. Zum filmischen Terror erwächst dieser Zusammenhang, wenn die Innerlichkeit des Zuschauers durch eine systematische Disparität von kinematografisch repräsentierter Sehordnung und emotionaler Resonanz irritiert wird. Denn nicht allein die Blickzitate der destruktiven Entität, auch der auktoriale Blick auf das Objekt innerdiegetischer Gewalt stiftet eine gestörte Relation zwischen Bild und Empfindung: Die Auflösung der Blickkorrespondenz zwischen Zuschauer und innerdiegetischem Aggressor ist mit Blick auf narrativ organisierte Wissensgefälle ein Frustrationsmoment, da das Verlassen des POV der destruktiven Entität eine Blickposition aufkündigt, welche die machtvolle Dominanz über alle Figuren (bis auf eine) und somit die größtmögliche Kontrolle über den Prozess der filmischen Erzählung selbst offeriert.[25] In der spezifischen Engführung von der Furcht als Resonanz auf Blickzitate der destruktiven Entität einerseits und sekundärer Aggression (wie beispielsweise der Frustration) als Resonanz auf auktoriale Blickpositionen andererseits stiftet das Horrorkino daher eine systematisch irritierte Relation zwischen der kinematografischen Bildlichkeit und den sinnlichen Akten des Zuschauers.

Der Begriff des filmischen Terrors, wie die Theorieschreibung des Katastrophenfilms ihn wiederholt aufgenommen hat, kann daher als ästhetische Zuschreibung potentiell auf folgende Komplexe zielen: Eine Erzählung, deren oberflächliche Linearstruktur in der Zirkularität einzelner narrativer oder bildlicher Elemente zeitlich enthorizontalisiert ist, die systematische Konstruktion figürlich verrätselter oder diegetisch entgrenzter Blickpositionen als der filmische Entwurf einer gewaltsamen Ordnung des Sehens sowie die stetige Irritation der Korrespondenz von kinematografischem Bild und artifiziell generierter Empfindung.

Filmanalytisch wird der Begriff des filmischen Terrors anhand folgender Frage operationalisiert: Fügt der Naturkatastrophenfilm Formen narrativer oder bildlicher Zirkularität zur ästhetischen Erfahrung zwanghaft kollabierender Zeitstrukturen und stiftet eine furchtsame Sehordnung die künstliche Entmachtung individueller Wahrneh-

---

[25] Diesen Zusammenhang hat Neale für den Film HALLOWEEN exemplarisch illustriert: "The look of the camera, of Michael, and of the spectator are codified first as identical and then they seperate. [...] This identification and seperation generate an aggressive tension in relation to the frustration of our knowledge and, hence, of a position from which we can stably dominate the process of the text." (2004, 362)

mungssouveränität, so dass sich Prozesse des sinnlichen Filmerlebens primär in den Registern der Angstlust realisieren?

1.3 Begriffsbildung Spektakel

1.3.1 Blockbuster: Übersteigerte Bildlichkeit

Anders als die zu filmanalytischen Fragestellungen explizierten Tendenzen der Melodramatisierung, der Ästhetisierung und des filmischen Terrors ist ein weiterer stetig zirkulierender Begriff der vorhandenen Theorieschreibung des Katastrophenfilms weniger an genretheoretische Kategorien gebunden als an den Bedeutungskomplex Hollywood, genauer, an dessen kulturell, ökonomisch und technologisch interpretierbare Mechanismen der Regulation filmischer Poetologien im industriell zugespitzten Format des Blockbusters. Gemeint ist der Begriff des Spektakels.

Dieser ist über weite Strecken der Filmtheorie in dialektischer Verschränkung mit einem engen Narrationsbegriff als Negativbeispiel formaler Gestaltung aufgegriffen und im Kontext des Erzählkinos[26] als exemplarische Variante des Exzesses illustriert worden.[27] Diese pessimistische Auslegung des Spektakelbegriffes ist einer spezifisch perspektivierten Filmlektüre geschuldet: dem Rückgriff auf das Linearitäts- und Konsistenzparadigma des klassischen Erzählmodells.

Jüngere Texte zum Blockbusterkino Hollywoods aber brechen zunehmend mit dieser Perspektive bzw. dem Rivalitätsverständnis von kinematografischer Bildlichkeit und filmischer Erzählung, in welchem der energische Einspruch narrativer Dysfunktionalität letztlich gründet. So haben jüngst unterschiedliche Beiträge den Spektakelbegriff in dessen narrativen Qualitäten (King 2000 und 2002, Blanchet 2003) oder aber ausgewählte Akte der filmischen Erzählung selbst in deren punktuell spektakelhaften Prinzipien vorgeführt (Tasker 1993 und 2004), anschließend dann jedoch schwerpunktmäßig in industrieller Perspektive interpretiert. Die strenge Opposition von Narration und Spektakel scheint vor dem Hintergrund dieser jüngeren Texte zunehmend aufge-

---

26 Eine Ausnahme bildet Steve Neale, der seinen rezeptionsästhetisch bemühten Spektakelbegriff im Rahmen einer Dokumentarfilmanalyse entfaltet. Siehe Neale, Steve (1979) TRIUMPH OF THE WILL. Notes on Documentary and Spectacle, Screen, Vol 20, No 1, S. 63–86.

27 Vgl. zu dieser Auslegung der filmtheoretischen Kategorie des Exzesses (in Verbindung mit einem dem klassischen Kino entlehnten Narrationsbegriff) auch die Beiträge von Laura Mulvey, Christine Thompson und Stephen Heath.

löst. Dennoch erwächst auch zum jetzigen Zeitpunkt noch immer das Anschlussproblem komplexer, alternativer Definitionsversuche. So bleibt der Begriff des Spektakels zumindest in den filmtheoretischen Akten der Bedeutungsexplikation weiterhin entweder an Diskurse der filmischen Narration oder industrielle Parameter gebunden und selbst in diesen Konstellationen auf Synonyme für ein Spektrum heterogener Begrifflichkeiten (wie etwa Körperlichkeit, Aktion oder Ansicht) beschränkt.[28] Nur die gemeinsame Referenz auf ein sehr diffuses Moment übersteigerter kinematografischer Bildlichkeit eint an diesem Punkt die verschiedenen Explikationen des Spektakelbegriffs im Kontext der Blockbusterproduktionen Hollywoods.

Nur wenige Forschungsbeiträge streifen die rein industrielle Perspektive auf der Ebene der Filmanalyse ab und ersetzen diese durch ein explizit ästhetisch fundiertes Erkenntnisinteresse. So entwickelt Ott (2005) die visuellen Operationen des Blockbusters übergreifend als Selbstreflexion des kinematografischen Bildes. Der Spektakelbegriff bezeichnet dabei die Problematisierung des Aktes des Sehens im einzelnen filmischen Bild, genauer also die punktuelle Einschreibung eines doppelten Blickverhältnisses in die kinematografische Bildlichkeit (2005, 7). Eine ganz ähnlich wahrnehmungsästhetisch ausgerichtete Auseinandersetzung findet sich in vergleichbarer Form auch bei Stiglegger (2006), der als kinematografisches Spektakel eine spezifische Bildlichkeit des bewegten Körpers fasst und dann deren filmhistorisch variierende Ausprägungen unter dem Begriff der Seduktion zusammenführt.

Obgleich keiner beider Beiträge als definitorisch geschlossene Auseinandersetzung gelten kann, zeichnet sich der Spektakelbegriff in beiden Fällen als eine Bildstrategie ab, die gerade nicht eindeutig zwischen Realitätsillusion und visueller Phantastik verortet werden kann, sondern die in den zeitlich differentiellen Prozessen des ostentativen Changierens zwischen diesen Polen ihre ästhetische Qualität findet. Doch welche Diskursvarianten der Filmtheorie konturieren den Spektakelbegriff in genau dieser Perspektive zunächst abseits des Blockbusterformats und seinen einschlägigen industriellen wie ästhetischen Be-

---

[28] Emblematisch für diese Problematik stehen zwei jüngere Texte zum Gegenstand, deren Modelle die Auflösung der strengen Opposition zwischen Spektakel und Erzählung vorantreiben, den Spektakelbegriff jedoch so elastisch anlegen, dass er eine ganze Reihe visueller Codes unspezifisch subsumiert. Siehe Wood, Aylish (2002) Timespaces in Spectecular Cinema: Crossing the Great Divide of Spectacle versus Narrative, Screen, Vol 43, No 4, S. 370–386 sowie Keating, Patrick (2006) Emotional Curves and Linear Narratives, The Velvet Light Trap. A Critical Journal of Film and Television, No 58, S. 4–14.

stimmungen? Und sind durch diese spektakelbegrifflichen Diskussionen abseits des Blockbusters bereits affektpoetologischer Implikationen abgebildet?

1.3.2 Frühes Kino: Performanz der Attraktion

Eine frühe, definitorisch konkrete Variante des Spektakels findet sich abseits der Theorieschreibung des Blockbusters für das frühe Kinos (vor 1906) formuliert. Gunning fasst seinen Bedeutungskomplex des "cinema of attractions" wie folgt:

> "The attraction itself is aware of the viewer's gaze, is constructed to attract it. Rather than narrative development based on active characters within detailed fictional environments the cinema of attractions presented a series of curious or novel views to a spectator." (Gunning 2000, 32)

Vor dem Hintergrund einer exhibitionistischen Programmatik des frühen Kinos ist hier vor allem der filmische Entwurf subjektiv-immersiver Bildräume betont, innerhalb derer das frühe Kino die sukzessive Zurschaustellung seines illusionistischen Potentials abwickelt. Auch bei Gunning, der den Attraktionsbegriff jenem des Spektakels vorzieht, zirkuliert die dialektische Vorstellung von Attraktion und der Entfaltung der Erzählung, die in der Auseinandersetzung mit dem frühen Kino jedoch weniger den offensiven Status einer Hypothese als vielmehr immer wieder illustrative Funktionen innehält. Gunning skizziert Akte der direkten Adressierung des Zuschauers als sehendes Subjekt in der Perspektive einer ostentativen Überschreitung der Grenzen des diegetischen Raumes durch den Film selbst. Diese Überschreitung ereignet sich aber nicht punktuell, sondern die Schließung des diegetischen Raumes ist – in der Argumentation Gunnings – durch die Darstellungspraxis des frühen Films insgesamt verhindert.

Obgleich die Theorieschreibung zum frühen Kino relativiert, dass erst das Format des Blockbusters narrative Prozesse durch eine spezifische Bildlichkeit substituiert, eignet sie sich ihrerseits nur bedingt, um den Spektakelbegriff als den bereits angedeuteten Prozess des stetigen Changierens zwischen abbildlicher Illusion und reflexiver Ostentation zu explizieren. Erst Elsaesser skizziert im Rückgriff auf Gunning das Spektakel als einen performativen Modus, also die raum-zeitliche Strukturgebung des frühen Kinos (Elsaesser 1990, 4). Im Kontext des zeitgenössischen amerikanischen Kinos wählt er zudem den knappen Exkurs zu Debords politischer Philosophie,[29] um in der genuinen Eng-

---

[29] Vgl. Debord, Guy. Die Gesellschaft des Spektakels. Berlin 1996.

führung von Spektakelbegriff und dem Bedeutungskomplex der artifiziellen Erfahrung eine neue, alternative Ausrichtung der Definitionsarbeit offen zur Disposition zu stellen (Elsaesser 2002).

1.3.3 Theatertheorie: Reflexive Darstellungsformen

Diese Verbindung ist im Rahmen zeitgenössischer Theatertheorie jüngst aufgegriffen und komplex erweitert worden (Menke und Menke 2007). Über die Neulektüre des antiken Tragödienbegriffs und vor allem die Explikation des Trauerspiels als eine reflexive Praxis des Theaters[30] wird der Begriff des Spektakels als eine spezifische Variante der Imagination des Theatralen entworfen, die durch ein genuines Moment des Umschlags definiert ist:

> „Wenn im Trauerspiel das Spiel des Theaters als dasjenige erfahren wird, das alles Darstellen im Theater erst ermöglicht, so erscheint es in diesem Moment zugleich als dasjenige, in dem sich alles Darstellen, sofern es Darstellen von etwas ist, auflöst."
> (2007, 15)

In dieser Ambivalenzstruktur, dem komplexen Ineinander von Ermöglichendem einerseits und Auflösendem einer Darstellung andererseits, das hier nicht zufällig mit dem zuvor noch diffusen Begriff des Changierens korrespondiert, ist das Spektakel als das distinkte Moment einer (potentiell sogar jeden) künstlerischen Darstellung gefasst: Entkoppelt sich eine Darstellung temporär in der gesteigerten Ostentation ihrer formalen Möglichkeiten so weit vom Handlungshorizont, dass sie nur noch den Akt der Reflexion als zentralen Bezug wählen kann, sich selbst daher zum einzigen Objekt wird, so ist damit im Begriff des Spektakels eine ganz spezifische, vielleicht die radikalste Form des verselbständigten Spiels, so die Autoren, bezeichnet, ähnlich einem Überhang der Darstellung (14) also oder aber einer gedoppelten Vorstellung des dramatischen Geschehens (8).

In Anlehnung an diese konkrete Explikation lassen sich jedoch nicht allein ausgewählte Darstellungsformen des Theaters sondern auch Instanzen kinematografischer Bildlichkeit trennscharf von den exhibitionistischen oder sensationalistischen Implikationen aggressiver Zu-

---

[30] Während die Tragödie, so die Autoren, wie bereits durch Aristoteles und Goethe bzw. später u.a. auch Heidegger aufgegriffen, den Effekt ihrer Fabel ganz ohne reflexiven Überschuss, (wie etwa spielerisch verselbständigte Formen der Darstellung) als rein äußeres, freigesetztes Spiel umsetzt, lässt das Trauerspiel den Spielcharakter allen Theaters in der stetigen Ostentation seiner theatralen Rahmung hervortreten. Vgl. Menke, Bettine; Menke, Christoph.. Tragödie, Trauerspiel und Spektakel. Berlin 2007, 6ff.

schaueradressierung ablösen. Denn abseits der filmtheoretisch noch immer zirkulierenden Vorstellung einer zum Exzess gesteigerten, narrativ dysfunktionalen Bildlichkeit lässt sich der Spektakelbegriff mit dieser theoretischen Überblendung produktiv in ein komplexes Verständnis der kinematografischen Darstellung wenden.

Denn gerade der Reflexionsbegriff, den die Autoren auf theatertheoretischer Ebene als den konzentrischen Punkt sämtlicher Varianten der Spektakeldarstellung in Anschlag bringen, ist – anders als in den vielfältigen Diskursen der klassischen Ästhetik – nicht auf den Versuch einer trennscharfen Grenzziehung zwischen Kunst und Unterhaltung gerichtet. Der Reflexionsbegriff zielt hier in der konkreten Modellierung eines genuinen Darstellungstypus vielmehr auf die Möglichkeiten und Praktiken eines spezifischen analytischen Denkens, das seinerseits die ganz unterschiedlichen Erscheinungsformen reflexiver Verschachtelungen von Prozessen begrifflichen Verstehens und verkörperten Erlebens über die überholten Varianten der starren stil- oder gattungsgeschichtlichen Unterscheidung von audiovisuellen Darstellungsformaten hinweg ernst nimmt.

In dieser entwickelten Fluchtlinie schließlich beschreibt das Spektakelbild im Verständnis der vorliegenden filmanalytischen Untersuchung wie folgt einen genuin selbstbezüglichen Modus der kinematografischen Darstellung: Artikuliert sich in einer konkreten Bildlichkeit neben rein zeichenhaften Repräsentationen des Handlungshorizontes auch eine Einsicht in die zeitliche Struktur der Darstellung, hebt diese sich also punktuell gegen den diegetischen Horizont ab und formt eine ostentative Öffnung, in der Deutungsprozesse und das handlungslogische Verstehen divergieren, so liegt ein Spektakelbild vor. Dieses organisiert eine spezifische Form der ästhetischen Selbstbespiegelung des Bildes, die wie ein reflexiver Splitter ins Kontinuum rein referentieller Zeichenhaftigkeit und somit auch in die Wahrnehmungsregister des Zuschauers, genauer, das komplexe Ordnungsgefüge artifiziell generierter Affekte stößt.[31]

---

[31] Kappelhoff fasst im Rückgriff auf das Theater der Empfindsamkeit und im konkreten Bezug auf das Schauspiel des Melodrams im Begriff des „empfindsamen Gestus" einen ganz ähnlichen Verweis: „Der empfindsame Gestus [...] meint [...] keine abbildliche noch arbiträre Zeichenrelation, sondern eine Ausdrucksfiguration: Man könnte sagen, der empfindungsvolle Gestus ist ein Bild, das in der zeitlichen Spanne seines Entstehens eben dieses Entstehen als Bild fassbar macht." (2004, 89) Obgleich Kappelhoff nicht mit dem Begriff des Spektakels operiert, entwirft sein „empfindsamer Gestus" exemplarisch eine das Schauspiel betreffende Variante des hier explizierten Spektakelbegriffes. Dieser wird hier auch jene Formen kinematografischer Bildlichkeit in den Blick nehmen, welche nicht zwingend eine bildliche

Repräsentation des Schauspiels involvieren, sondern potentiell auch andere Motive (als nur das menschliche Gesicht bzw. den menschlichen Körper) zum genuinen Träger einer ostentativen Ausdrucksbewegung machen.

Zweiter Teil

Der Affekt – Ein Begriff und seine medientheoretischen Varianten

Die Auseinandersetzung mit Formen der artifiziellen Generierung und Modifikation von Innerlichkeit hat im Rahmen der Filmtheorie eine stabile Tradition, die ihrerseits beinah vollständig den historischen Existenzrahmen der Kinematografie selbst umspannt.

Von der noch frühen Filmtheorie über die sperrigen Texte der Avantgarde oder die linguistisch inspirierte Filmsemiologie, von philosophisch fundierten Konzeptionen einer Taxonomie des Kinos über neuere Versuche der kognitiven Aufschlüsselung rezeptiver Prozesse sowie die gegenwärtigen Entwürfe leiblich gebundener Filmerfahrung modellieren die Untersuchungsansätze emotive Anteile der Filmwahrnehmung in ganz unterschiedlicher Perspektivierung. Im Zusammenhang dieser heterogenen Zugriffe erfährt vor allem der Affektbegriff als eine emotionstheoretische Schlüsselkategorie vielfältige Formen der Explikation sowie seine fortwährende, unabgeschlossene Revision.

Anders als etwa ein historisch ausgerichteter Rückblick auf die filmwissenschaftliche Emotionsforschung, wie ihn verschiedene Sammelbände einleitend vollziehen, um die jeweilige Publikation in einem breiteren Kontext der Theorieschreibung zu verorten,[32] werden an dieser Stelle zunächst zwei Paradigmen entworfen. Diese zeichnen tradierte Schwerpunkte und Erkenntnisverfahren der Emotionsforschung in Form zweier komplementärer Linien nach und organisieren heterogene Ergebnisse auf diese Weise in komparatistischer Perspektive. Dabei stehen die Linien anders als historisch ausgerichtete Überblicke gerade nicht als Entwurf einer finalen Systematisierung der Theorieschreibung. Stattdessen ist im Folgenden eine flexible Variante der begrifflichen Aufarbeitung angestrebt, die zwischen heterogenen Affektkonzeptionen einen inhaltlichen Austausch herstellt. Historisch kategorisierende oder akademisch kanonisierende Perspektiven auf die dynamischen Verläufe der Theoriebildung erfahren dabei ihre ausdrückliche Lockerung. Modelliert wird insgesamt ein Ordnungssystem, das jeden einzelnen Forschungsbeitrag als eine genuine theoreti-

---

[32] Siehe hier exemplarisch die Einleitung in Brütsch, Matthias; Hediger, Vinzent u.a (Hrsg.): Kinogefühle. Emotionalität und Film. Marburg 2005.

sche Einheit fasst. Heterogene Ansätze rezeptionsästhetisch relevanter Schriften sind im Folgenden in Konstellationen der inhaltlichen Korrespondenz gesetzt, die anschließend systematisch zu einem Modell der affektpoetologischen Filmanalyse expliziert werden.

Dabei erfasst das strukturelle Paradigma jene Beiträge, die das Filmerleben primär als formal induzierten Prozess ausarbeiten, die Rezeptionsmodi also streng vom filmischen Text her und dessen apparativ gebundenen Mechanismen der Stimulation denken.

Das somatische Paradigma erfasst Forschungsbeiträge, die das Filmerleben primär als leiblich fundierten Prozess ausarbeiten, die Rezeptionsmodi also streng vom individuellen Subjekt her und dessen Grundlagen sinnlicher Wahrnehmung denken.

Dieser komplementäre Entwurf beider Paradigmen verneint das Oppositionelle als privilegiertes Ordnungsprinzip und die additive Synthese unterschiedlicher Beiträge als finalen Fluchtpunkt der affektbegrifflichen Aufarbeitung. Vielmehr wirkt an dieser Stelle die Annahme, dass beide Linien, also strukturell wie somatisch gelagerte Beiträge, bereits im Rahmen der aktuellen Filmtheorie klar eine konvergierende Bewegung vollziehen. Diese Bewegung tariert weniger den archimedischen Punkt disparater Ergebnisse aus, sondern zielt zunehmend auf ein komplexes Verständnis von zeitlich gebundenen Prozessen der artifiziellen Affizierung im Kino. Und exakt dieses inhaltliche Korrespondenzfeld, an dem aktuelle emotionstheoretische Diskurse erst zu einer Affekttheorie finden, gilt es gemäß korrespondierender Plädoyers (Lowry 1992, Casetti 2005, Shaviro 2008) im folgenden Kapitel konzentriert aufzufalten sowie schließlich zum konkreten affektpoetologischen Analysemodell dieser Untersuchung zu vertiefen.

2.1 Das strukturelle Paradigma

2.1.1 Sinneseindruck und Wahrnehmungsleidenschaft: Von der Gestaltpsychologie zur Filmsemiotik

Im Rahmen eines sehr frühen Versuches, das Kino als Kunstform und seriösen Gegenstand analytischer Bemühungen zu etablieren, formuliert zunächst Hugo Münsterberg ausgehend von konkreten Spezifika des frühen Kinos erste psychologisch dimensionierte Wirkungsannahmen. Eine ganz zentrale Stellung nimmt dabei die analytische Lesart der Kamera ein, die nach Münsterberg vermag, Modi der Psyche auszustellen, so dass innere Aktivitäten des Zuschauers sich dem Filmbild stets als eine implizite Projektion einschreiben (1996, 68).[33]

Erst Rudolf Arnheim legt wenig später einen umfassenden Ansatz zur systematischen Beschreibung konkreter Formation artifiziell generierter Sinneseindrücke vor. Prinzipiell geht Arnheims kunstkritisches Frühwerk stets von den materialbedingten Charaktereigenschaften einer Kunst aus und konfrontiert diese anschließend mit der Physiologie des menschlichen Sehens. Dem einzelnen Reiz wird seine konkrete Erlebnisqualität dann im empirischen Rückgriff auf experimentalpsychologische Studien zugeordnet. Die primär formgeleitete Aneignung der Welt qua Sinneseindruck findet sich somit klar als kulturell und historisch unabhängiger Prozess postuliert. Der individuelle Seheindruck, den Arnheim keinesfalls als abbildhaft reproduzierende sondern als eine aktiv gestaltete Ausdrucksbewegung entfaltet (1991, 166), tritt in dieser spezifischen Versuchsanordnung formal an die Stelle ästhetisch gefasster Effekttypen.

Das zuvor schon von Münsterberg angedeutete, partizipatorische Rezeptionsverständnis verlagert Arnheim auf den Stummfilm, da ihm das Kino – mehr denn jede andere Kunst – als die plastische Illustration jener Organisationsstrukturen von Wahrnehmung dient, auf die dessen formale Gestaltung ursprünglich gerichtet ist. Zum Zentrum der Auseinandersetzung werden dabei gerade beispielhafte Momente der radikalen Differenz von Wirklichkeit und Filmdarstellung, da nach Arnheim erst die Begrenztheit kreativer Mittel das Spektrum der künstlerischen Ausdrucksmöglichkeiten eines Mediums konstituiert (2002, 153ff).

Arnheims filmtheoretisches Werk ist häufig bezüglich normativ konnotierter Passagen oder aber der Gleichschaltung von Autobiografischem und der Geschichte des Kinos problematisiert worden. Die Suche nach affektbegrifflichen Synonymen aber stößt auf andere Barrieren, die zunächst in der wissenschaftlichen Sozialisation Arnheims begründet scheinen. Doch weder gestalt-psychologisches Fundament noch die empirischen Anleihen der experimentellen Studien verstellen Arnheims holistischen Entwurf eines Wahrnehmungsaktes, in dem sich Intellekt und Sinnliches untrennbar verschränken. Die emotionstheoretische Exegese ist vielmehr durch den prämissenhaften Status dieser holistischen Auffassung erschwert. Denn den individuellen Seh-

---

[33] Obgleich Münsterberg durchaus modellhaft schon eine interaktive Einbindung des Zuschauers entfaltet, bleiben seine Überlegungen zur filmischen Emotionsvermittlung doch abrisshaft sowie sehr eng an die Vorstellung einer reinen Spiegelung fiktiver Zustände gebunden (1996, 68ff).

eindruck verhandelt Arnheim als seine zentrale abhängige Variable. Deren sinnliche Anteile sind zwar keineswegs ausgeklammert, aber sie liegen dem Erkenntnisinteresse – der formalisierten Verknüpfung von empirischem Reizgehalt und objektivierbarer Erlebnisqualität – stets als Annahme zugrunde. So existieren die sinnlichen Anteile innerhalb Arnheims komplexen Wahrnehmungsbegriffs, sie sind jedoch weder konkret modelliert noch geprüft.

Diese prinzipielle Implikation des Affekts bildet die psychisch-phänomenologischen Fähigkeiten der Zuschauer so schließlich als eine frühe, umfangreiche Typologie visueller Wahrnehmung ab. Diese Typologie expliziert die perzeptive Aufnahme heterogener Darstellungsformate vorrangig psychologisch und sensorisch. Hinsichtlich ihrer ästhetischen Prägung – etwa der Errichtung spezifischer Formen von Innerlichkeit oder aber der zeitlich differentiellen Modulation affektiver Zustände – sind Arnheims musterhafte Typen perzeptiver Wahrnehmung aber nicht befragt.

Dennoch repräsentiert Arnheim die frühe Absage an das starre Rezeptionsverständnis rein abbildender Reizreproduktion, indem er das Sehen von der Vorstellung eines Aktes der Erkenntnis löst und es stattdessen zum Verstehensprozess der Sinne allegorisiert. Scheinen die Affektionen des Stummfilms dabei auch noch so offenkundig in eine Reihe Arnheims wirkungspsychologischer Diskursmomente zu oszillieren, zum systematischen Gegenstand seiner Schriften wurden sie nie.

In der Variante sprachtheoretisch fundierter Wahrnehmungsmodelle studiert später vor allem die französische Filmsemiotik das Kino sowie die formalen Regelsysteme seiner Bedeutungskonstruktion. Die Analyse formalisierter Verknüpfungen von Reiz und Wahrnehmungseindruck verschiebt sich dabei erkennbar weg vom dokumentierenden Anspruch breiter Typologien hin zur spezifischen Illustration ideologischer Potentiale. Der allgemeine Begriff der Semiotik umfasst dabei zunächst jeden Ansatz zum Studium der Kultur als Sprache. Das Initiationsmoment filmsemiotischer Beiträge ist daher die Beobachtung einer Reihe struktureller Analogien zwischen der menschlichen Sprache und dem Kino. In Erweiterung dieser stark linguistisch geprägten Perspektive verlagern einige semiotische Untersuchungen ihre Aufmerksamkeit hin zu ausgewählten Eigenschaften der Filmrezeption, welche ihrerseits ein konzeptualisiertes Verhältnis von Rede und Bedeutung zu implizieren scheinen.

Exakt diese Ausrichtung der filmsemiotischen Theorieschreibung manifestiert sich exemplarisch im Werk des Vertreters Christian Metz, der das Kino aufgrund dessen Engführung von Signifikant und Signifikat (Zeichen und Bedeutung) prämissenhaft als einen gesonderten Sprachtypus fasst.[34] Zugleich problematisiert Metz' Frage nach der kleinsten Einheit eines filmischen Bedeutungsträgers, also dem Äquivalent eines linguistischen Zeichens, die Möglichkeit einer rein sprachtheoretisch fundierten Grammatik des Kinos (1974). Auch im eigenen Theoriewerk entfernt sich Metz daraufhin von streng linguistischen Rezeptionsentwürfen, um zu simplen Analogien zwischen den Eigenschaften der menschlichen Sprache und jenen des kinematografischen Bildes auszuweichen.

Wie später durch Baudry (1975) zu einer sinnbildlichen Nähe von kinematografischem und psychischem Apparat radikalisiert, führt Metz zunächst über die systematische Integration psychoanalytischer Modellkomponenten einen komplexen Entwurf der Filmwahrnehmung in den Kosmos semiotischer Theoriebildung ein. Grundsätzlich geht Metz davon aus, dass die Kinoaktivität des einzelnen Zuschauers in dessen Wahrnehmungsleidenschaften (wie beispielsweise der Skopophilie) gründet, die ihrerseits je auf Sexualtriebe zurückgeführt werden können. Klarer Fluchtpunkt dieser theoretischen Verknüpfung ist daher die Vorstellung einer libidinösen Besetzung des Bildes, die das Verhältnis von Film und Zuschauer ausdrücklich als eine spezifische Form der Objektbeziehung situiert.

Als zentrale mentale Aktivität der Rezeption stellt Metz neben dem empathischen Erleben der diegetischen Welt (sekundäre Identifikation) vor allem die lustvolle Begegnung mit dem machtvoll positionierten Selbst (primäre Identifikation) heraus, das Erlebnis einer temporären Subjektüberhöhung also, das in der Identifikation mit jenem abwesenden Blick gründet, dem sich eine jede Szene darstellt.[35] Das Kino fun-

---

[34] Abweichend vom streng literaturwissenschaftlichen Gebrauch bezeichnet der Signifikant dabei die kinematografische Apparatur, in der Summe daher alle den Realitätseindruck produzierenden Elemente, Dieser Signifikant markiert bei Metz stets einen potentiellen Raum der Verleugnung. Der Signifikat hingegen bezeichnet jene imaginären Strukturen, die der Signifikant produziert und markiert bei Metz daher einen Raum psychologischer Realität. (2000, 91) Zeichentheoretisch fasst Metz das kinematografische Bild zudem im Rückgriff auf Saussure als eine parole ohne langue, also ein System, das Sprache nur in der Realisierung ihres konkreten Gebrauchs kennt und somit keinen Hintergrund abstrakter Regelsysteme hinter sich hat.

[35] Im Unterschied zu Baudry löst Metz diese Auffassung jedoch vom Gleichnis des Lacan'schen Spiegelstadiums ab. Lacans Spiegelstadium illustriert bei Metz die Kombination aus übersteigerter Wahrnehmung und verringerter Motorik zwar noch als Paradigma der Kinorezeption. (2000, 81ff) Ansonsten betont Metz aber vor allem Unterschiede zwischen Spiegelstadium und Kinorezeption (wie beispielsweise die Absenz des Körpers des Zuschauers in der Darstellung). Metz rückt seine

giert daher bei Metz als ein fiktionaler Raum, der perzeptuelle Illusionen als reale Objekte eines psychischen Apparats in den zeitlichen Registern der Wahrnehmung entfaltet. Betont Metz auch wiederholt einige Unterschiede zwischen den Bewusstseinsunterschieden des Zuschauers einerseits und jenen eines Träumenden andererseits, so postulieren seine Ausführungen zur Filmwahrnehmung doch zumindest ein stark asymmetrisches Verhältnis von Wissen und Glauben.

Denn in den Überlegungen Metz' begründet die illusorische Kraft des Kinos eine distinkte Form der Subjektivität, die insofern strukturell der Verleugnung gleicht, als dass die Verdrängung des Wissens um den künstlichen Status des Bildes die lustvollen Komponenten der Filmrezeption erst konstitutiv begründet. Demnach gilt nach Metz: Die genussvolle Aneignung einer filmischen Darstellung und die gleichzeitige Vergegenwärtigung ihres ontologischen Ranges schließen einander aus.

Die filmsemiotische Theorie nimmt eine Konzeptualisierung der Auslassung materiell-physischer Rezeptionskomponenten und synästhetischer Qualitäten des Kinos vor, die den Versuch affekttheoretischer Anleihen a priori erschwert. Tatsächlich erfasst Metz das Fühlen des Zuschauers durchgängig in libidinösen Strukturen, doch zugleich ist seinen Schriften eine Vorstellung filmischer Affektführung implizit. Mit dem Begriff affektive Beteiligung fasst Metz die Dynamik filmisch generierteten Selbstempfindens: Die Intensität der lebhaften Oszillation des Zuschauers zwischen traumähnlicher Illusion und Realitätseindruck (2000, 80).

Zudem scheinen auch Metz' psychoanalytische Begriffsanleihen das Kino sekundär immer als affizierende Instanz zu attribuieren: Denn wendet man den Voyeurismus begrifflich zurück in das apparative Potential einer künstlichen Inszenierung räumlicher Distanz zwischen Subjekt und Objekt sowie den Fetisch in das phantasmatische Potential einer sinnlichen Selbsttäuschung, so analogisiert Metz den Film als eine Engführung von potentiell unendlichem Aufschub der Vereinigung (von Subjekt und Objekt) und der strengen Verweigerung der Einsicht in eine Struktur der Differenz (von Realität und artifiziellem Sinneseindruck). Neben der zweifachen Sicherung einer idealisierten Objektposition, die diese Engführung vermittelt, zeichnet sich das Kino hier auch in einer Form der doppelten Affektführung ab.

Definition der Leinwand sinnbildlich in die Nähe eines Schlüssellochs bzw. die Rezeption somit in die Nähe eines kollektiven voyeuristischen Aktes. (2000, 60)

Denn Metz selbst ruft in seiner Filmsemiotik nur zwei konkrete Affektbeispiele aus: das Begehren und die Angst (2000, 64), jene also, auf deren Modifikation sich Voyeurismus und Fetischismus als psychoökonomische Strategien ursprünglich beziehen. Da jede artifiziell hergestellte Innerlichkeit hier in einer Optimierung realer libidinöser Ordnungsstrukturen gründet, erscheint das Kino in dieser Perspektive als Ort der temporär idealisierten Formation realweltlicher Affektgefüge. Ein Ort, der einerseits die Erfahrung der Unmöglichkeit des Objektverlustes stiftet und andererseits eben diese Erfahrung insistierend als das eigentlich fiktionale Potential des Films herausstellt.

Im Raum der zeichentheoretisch fundierten Filmwahrnehmung zirkulieren neben Metz zudem Modelle, welche ihrerseits die Vorstellung der strukturellen Modifikation libidinöser Relationen zu konkreten Effektvarianten des Kinos explizieren. So skizzieren sowohl Francesco Casetti als auch Laura Mulvey in unterschiedlicher theoretischer Ausrichtung die kinematografischen Modi der Zuschaueradressierung.

Casetti fasst das Kino unter dem Paradigma der Enunziation als eine spezifische Form der Rede, welcher eigene Kategorien des Ursprungs und Ziels eingeschrieben sind, so dass sich der Raum des Zuschauers durch die operative Ästhetik eines jeden Films kontinuierlich als Ort der Wahrnehmungsaktivität signiert findet.

Die Manifestation kinematografischer Gesten der Adressierung[36] erkennt Casetti dabei in verschiedenen Akten der Personalisierung wie dem Voice-Over oder dem direkten Blick in die Kamera (1998, 46). Insgesamt entfaltet Casetti daher die Vorstellung eines Zuschauers, der dem Film stetig als eine mögliche Subjektposition eingeschrieben ist, welche sich ihrerseits über eine strukturelle Analyse der jeweiligen Serie enunziativer Figurationen abbilden und je zu einem Typus des Filmerlebens abstrahieren lässt.

Das Paradigma der Enunziation und dessen zentrale Hypothese der stetigen Inskription eines implizierten Beobachters nehmen zwar ihrerseits sehr offensiv den Zuschauer als eine Instanz der Wahrnehmung in den Blick, sie produzieren jedoch einen Effektbegriff, der klar auf die Frage der Partizipation des Zuschauers an innerdiegetischen Blick-

---

36 In Anlehnung an Althusser fasst Casetti diese Gesten als Akt der Interpellation. Dieser Begriff speist sich aus der Vorstellung, dass ein Text komplementäre Formen der Rede hervorbringen kann (1998, 17ff). Die Interpellation repräsentiert ein partielles Sehen, die häufigste Variante enunziativer Konfiguration, in welcher das Filmbild einen Beobachter impliziert sowie gleichzeitig eine formale Distanz zwischen diesem und der Handlung herstellt. (1998, 66)

positionen sowie einer Teilhabe an deren jeweiligen Objektbezügen beschränkt bleibt.

Fluchtpunkt dieses Entwurfs einer zweiten Rede des filmischen Textes, die komplementär zu dessen illusionistischer Rede existiert, ist so die Struktur eines innertextlichen Wechselspiels, das einerseits stetig allegorisch auf den Zuschauer Bezug nimmt, dessen Empfindungsmodi jedoch nicht systematisch abbildet. Insgesamt reinigt Casetti einzelne Teilaspekte der semiotischen Filmtheorie von ihrer streng psychoanalytischen Fundierung und entwickelt seine Verweise auf die rezeptiven Prozesse stattdessen anhand filmimmanenter Komponenten.[37]

Eine genau umgekehrte Wahl trifft Laura Mulvey, die ihren Effektvorstellungen häufig außerfilmische Zusammenhänge als Hauptprämissen zu Grunde legt, um über die faktische Spiegelung sexueller Differenz durch das Filmbild die geschlechtliche Vorbestimmtheit der Rezeption zu erfragen. Grundsätzlich entwirft Mulvey den einzelnen Film dabei als ein mehrfach binäres Struktursystem, in dem sich eine passive, exhibitionistische, weibliche Figur dem aktiven, voyeuristischen, männlichen Blick des Zuschauers darstellt (1989, 21). Das Kino wird in dieser Perspektive als Instanz ideologischer Reproduktion ausgerufen, zu der sich die patriarchale Gesellschaftsordnung als Voraussetzung und verlebendigtes Potential zugleich verhält.

Diese wechselseitige Verstärkung von den Mustern filmischer Faszination und denen sozialer Formation führt Mulvey als ihre zentrale Effektvorstellung. Auch der Lustbegriff ist in diese prinzipielle Allianz von Kino und gesellschaftlichem Wertesystem eingebunden. Die Zuschaueraktivität ist dabei in Korrespondenz zu Metz als eine Kombination aus sadistischem Voyeurismus und fetischisierender Idealisierung angelegt, zwei Großformen, die bei Mulvey in geschlechtlicher Konnotation aufgenommen werden. Ihre Entwürfe der Filmwahrnehmung sind daher auf Formen männlich konturierter Schaulust konzentriert. Zusammengefasst stiften Mulveys Thesen ein Modell idealistischer Formationen realweltlicher Affektgefüge, wie es sich auch bei Metz abzeichnet. Geschlechtliche Zusammenhangsstrukturen treten dabei mit sozio-ideologischen Implikationen in gemeinsame Diskursräume ein.

---

[37] Gründet das individuelle Verhältnis zur kinematografischen Apparatur beispielsweise bei Metz mit dem Fetischbegriff noch in der Abwehr der Einsicht in eine Struktur der Differenz, erklärt Casetti die Identifikation mit dem Blick der Kamera bereits ohne Rückgriffe auf psychoanalytische Großformen, nämlich rein innertextlich, in diesem Fall mit dem exhibitionistischen Gestus einer ausgestellten Verbindung zwischen Produktion und Rezeption. (1998, 57)

Doch der Vorwurf der Auslassung rezeptionsästhetischer Fragekomplexe trifft die semiotische Filmtheorie nur ungenau. Denn zusammenfassend wird erkennbar, dass sowohl Metz' Dispositiv einer perzeptiven Illusion als auch Casettis linguistisch fundiertes Modell der zweifachen Rede und Mulveys feministisches Konzept einer ideologischen Reproduktion die ahistorische Abstraktion mediengenerierten Erlebens idealisierter Subjekterhöhungen zum gemeinsamen Fluchtpunkt haben. Nur tritt der Affekt in diesem Kontext ästhetischer Erfahrungsformen machtvoller Subjektpositionen als funktionsgebundener Reflex des realen psychischen Apparats und weniger als die Substanz artifiziell hergestellter Innerlichkeit in Erscheinung. Der Affekt bleibt so in erster Linie ein peripherer Teil der analogisierenden Rückgriffe auf psychoanalytische Großformen. Als Bedeutungskomplex erfährt er daher gerade keine explizit ästhetisch fundierte Aufschlüsselung durch semiotisch angelegte Entwürfe der Filmwahrnehmung.

In ihrer breit zirkulierenden Effektvorstellung einer künstlich befriedigenden Manipulation visueller Lust im Kino produziert die semiotische Filmtheorie dennoch klar erkennbar eine stabile Annahme rezeptionsästhetischer Natur. Allein die filmanalytische Verifikation dieser Annahme übersteigt – ebenso wie ihre umfangreiche Explikation zu konkreten Modi kinematografischer Affizierung – das Potential sowohl strukturalistischer als auch psychoanalytischer Modelle. Sie war andererseits auch zu keinem Zeitpunkt das ausgerufene Erkenntnisinteresse der semiotischen Filmtheoriebildung.

2.1.2. Induktive Leistung und empathische Interaktion: Vom Neoformalismus zur Kognitionstheorie

In klarer Abgrenzung von semiotischen und psychoanalytischen Modellen formiert sich die neoformalistische Filmtheorie als ein Versuch, die Aktivitäten des Zuschauers als systematischen Gegenstand der Analyse zu erfassen. Unter dem Paradigma des aktiven und souveränen Zuschauers entwirft zunächst Bordwell die Filmwahrnehmung als zielorientierten Prozess der sukzessiven Hypothesenbildung (1985, 30) und situiert die Rezeption somit insgesamt als einen konstruktivistischen Akt. Leitende Hypothese ist dabei, dass sämtliche stilistische Mittel eines Films in Korrespondenz mit der Narration auf die Gestaltung dieses Aktes ausgerichtet sind (1985, 44). Zentraler Prozess der Filmanalyse ist somit die Befragung dieser einzelnen strukturellen

Elemente auf hinsichtlich konkreter Induktionsmuster kognitiver Reaktionen.[38]

Prüft der Zuschauer seinerseits eine formal induzierte Hypothese positiv auf Kausalität und Konsistenz, so stiftet dieser Erfolg der sinnhaften Verknüpfung verschiedener Informationskomponenten die prinzipielle Lust an den Akten der Filmwahrnehmung. Auch die Generierung konkreter Emotionen ist vor diesem Hintergrund immer an einen einzelnen induktiven Schluss gebunden. In der neoformalistischen Perspektive ist jede spezifische Innerlichkeit des Zuschauers daher ausnahmslos kognitiv fundiert.

Während Bordwell den Film als eine Reizformation kognitiver Prozesse freilegt, formieren sich im späteren Gefolge weitere Versuche, den Film auch als ein Stimulussystem emotionaler Aktivitäten aufzuschlüsseln. So verknüpft etwa Ed Tan den narratologischen Ansatz Borwells mit psychologischen Modellen und entwickelt im Rückgriff auf eine ganze Reihe empirischer Rezeptionsstudien zwei zentrale Effektbegriffe des Kinos: Fiktionseffekte und Artefakteffekte. Während die Fiktionseffekte diegetische Stimuli betreffen, die den Zuschauer in einem illusionistischen Modus der Partizipation aktivieren, bezeichnen Artefakteffekte formale Details, die dem Zuschauer im Modus der Bewunderung den Film als ein artifizielles Konstrukt vermitteln (1996). Bordwells Paradigma des aktiven Zuschauers findet sich also in diesem Modell der flexiblen Pendelbewegung zwischen verschiedenen Modi der Filmwahrnehmung zu einer Vorstellung rezeptiver Souveränität erweitert.

Auch der Komplex der Emotion ist bei Tan in zwei distinkten Varianten modelliert, nämlich phasische Emotionen und tonische Emotionen. Während die phasischen Emotionen im Modus des Genießens eine kurzfristige Reaktion auf ein ganz konkretes innerdiegetisches Ereignis darstellen, formieren sich tonische Emotionen bezüglich antizipierter Gestaltungselemente im Modus des Begehrens. In beiden Varianten postuliert Tan ein striktes Verhältnis der Symmetrie zwischen der artifiziell generierten Regung und dem Inhalt der ursprünglichen Darstellung.

Tan erfasst den einzelnen Film daher wie schon Bordwell als konkrete Ausprägung eines Stimulussystems. Anders als dieser greift er dessen emotionale Effekte singularisierend als eine Sonderform kognitiv ver-

---

[38] Diese einzelnen strukturellen Elemente werden mit dem Begriff des Verfahrens gekennzeichnet, ein ihnen inhärentes, rein formales Initiationsmuster der kognitiven Aktivität hingegen wird unter dem Begriff des Cues verhandelt (Thompson 2003, 429ff).

mittelter Bedeutungsstrukturen heraus und bildet diese über empirische Messverfahren ab. Konkrete Erkenntnisse werden anschließend zu einem binärbegrifflichen Apparat abstrahiert, der seinerseits eine robuste Aufschlüsselung der dynamischen Prozesse der filmischen Emotionsgenerierung realisieren soll. Repräsentiert der Ansatz im Kontext kognitiver Filmtheorie auch einen frühen Versuch, affektbegriffliche Synonyme offensiv aufzugreifen, so bleibt dieser als Modell der filmischen Modulation von Innerlichkeit vorrangig darauf konzentriert, strukturelle Merkmale konkreter kinematografischer Formationen zu einem Ordnungssystem dichotomer Begriffspaare zu abstrahieren.

Im Anschluss an Tan erfragen verschiedene Forschungsbeiträge aus kognitiver Perspektive genauer das Verhältnis von sinnhaftem Verstehen und der emotionalen Aneignung einer filmischen Darstellung. Schwerpunkt ist dabei, kognitives und fühlendes Erfassen audiovisueller Informationen als die Kehrseite ein und desselben Wahrnehmungsaktes zu verorten, obgleich der Emotionsbegriff dabei an die Vorstellung eines kognitiv induzierten Phänomens gebunden bleibt.

Nachdem sich einige Beiträge der Streitfrage nach dem Grad der Kongruenz von dargestellter und vermittelter Innerlichkeit (Caroll 1988, Grodal 1997) widmen, entwickelt Murray Smith (1995) ein integratives Modell zentraler und azentraler Imagination, das mit einem eigenen Affektbegriff operiert und identifikatorische Prozesse zwischen Figur und Zuschauer erfragt.[39]

Der Affekt wird dabei an das Zeichensystem der Körperperipherie gebunden und für empathische Phänomene als Subklasse jener Emotionen verortet, die via des jeweils korrespondierenden Gesichtsausdrucks[40] interkulturell gelesen und verstanden werden (1995, 101).

---

[39] Smith unterscheidet zwischen den sympathischen Phänomenen "Recognition", "Alignment" und "Allegiance" als Formen azentraler, also nicht rein gespiegelter Imagination und den empathischen Phänomenen "Affective Mimicry" und "Emotional Stimulation" als Formen zentraler, also spiegelnder Imagination. (1995, 73ff.) Sympathische Phänomene sieht Smith als narrativ stimuliert an, empathische Phänomene hingegen sind je an eine konkrete Figur gebunden. Die Subklassen beider Phänomenarten repräsentieren Smiths Theorie filmischer Identifikation.

[40] Dieses Verständnis zirkuliert innerhalb der klinischen Psychologie unter dem festen Begriff des "affective interface" und betrifft vor allem die Emotionen Glück, Trauer, Angst, Ekel und Wut. Zu einer geisteswissenschaftlich perspektivierten Explikation des klinischen Affektbegriffes siehe Krause, Rainer. Gesicht – Affekt – Wahrnehmung und Interaktion. In: Koch, Gertrud (Hrsg.): Auge und Affekt. Frankfurt 1995, S. 57–74.

Die Affizierung wird dabei als ein empathischer, ausdrücklich figurbezogener Prozess der Identifikation zweistufig modelliert:

Die affektive Mimikry bezeichnet zunächst als ein involuntärer, physischer Prozess jene Form einer punktuell hergestellten Innerlichkeit, die in der mimisch-adoptiven Aneignung eines aktuell dargestellten Gesichtsausdrucks gründet.

Die emotionale Stimulation hingegen meint als ein voluntärer und psychischer Prozess jene Form einer kontinuierlich hergestellten artifiziellen Innerlichkeit, welche in der imaginären Projektion des eigenen Selbst in eine innerdiegetische Form der Subjektivität gründet. Der Prozess der kinematografischen Affizierung zerfällt hier also in zwei distinkte Dimensionen, wobei die erste als ein Typus leiblich partieller Reproduktion einer Darstellung ein eher klinisches Affektverständnis aufruft und die zweite Dimension als ein Typus der simulativen Aneignung repräsentierter Emotionen einen klaren Bezug zu Bordwells Paradigma der sukzessiven Hypothesenbildung herstellt. Smiths binäres Modell filmischer Affizierungsprozesse setzt beide entwickelten Modi in kein dynamisches Verhältnis,[41] sondern postuliert schließlich einen linearen Wirkungsverlauf, der jede Form filmisch induzierten Empfindens den Akten des Verstehens klar unterordnet.

Smiths Versuch der Erweiterung des affektbegrifflichen Repertoires sowie die strenge Unterscheidung von physischer und psychischer Wirkungsdimension bleiben so letztlich noch sehr eng an die ursprünglichen Prämissen des neoformalistischen Grundmodells nach Bordwell gebunden.

In jüngerer Zeit haben einige kognitive Forschungsbemühungen in der Erweiterung des Empathiebegriffes auch unterschiedliche Varianten der kinematografischen Affizierung in ihren Modellen theoretisch neu gefasst. So reinigt beispielsweise Wulff den Empathiebegriff von der Vorstellung eines rein figurbezogenen Phänomens bzw. Aktes der symmetrischen Abbildung darstellend repräsentierter Regungen. Stattdessen bezieht sein Entwurf der Varianten filmisch generierten Empfindens die Empathie als einen komplexen Wahrnehmungsreflex auf multikomponentale Gefüge oder aber gar den vollen Umfang formaler Ensembles der Filmgestaltung (2002, 121).

---

[41] Trotz fehlender theoretischer Verknüpfung der entwickelten Phänomene wird der affektiven Mimikry innerhalb des Modells als einziger Komponente das Potential zugesprochen, alle anderen Kategorien der Identifikation temporär zu überfluten (1995, 106). Die Tatsache, dass diese Aussage implizit Einspruch gegen die Auffassung von artifiziell generierten Emotionen als ausdrücklich kognitiv fundierte Phänomene erhebt, findet sich bei Smith jedoch nicht thematisiert.

Im Rückgriff auf kommunikationswissenschaftliche Modelle[42] entlehnt Wulff seine zentrale rezeptionsästhetische Prämisse: Der Zuschauer durchsucht das Angebot eines Films bedürfnisgerecht nach spezifischen Emotionstypen (2002, 109). Dieses Paradigma der empathischen Interaktion, dem Prozess einer explizit aktiven Moderation der eigenen Innerlichkeit, artikuliert an dieser Stelle eine Effektvorstellung, in der leibliche Kopplung, prozessuale Nachbildung intentionaler Horizonte und Evaluationsmomente der im Film dargestellten Werteräume miteinander kurzgeschlossen sind. Trotz dieser komplexen Engführung ganz unterschiedlicher rezeptionsästhetischer Komponenten sucht Wulff die begriffliche Unschärfe des Affekts produktiv aufzuheben. So bezeichnet das Affektuelle hier den spezifischen Modus, in welchem die filmische Rede ihren Inhalt als einen Gegenstand der Wahrnehmung exponiert und diesen in Form von narrativen Einheiten innerhalb des Wissenshorizontes des Zuschauers differentiell positioniert. Der Affekt hingegen meint bei Wulff den vollständigen Akt der Ausrichtung des Zuschauers auf filmische Objekte und umfasst als die dynamisch angelegte Grundfärbung der Innerlichkeit alle Momente formal induzierter Veränderung der inneren Haltung zum jeweiligen Objekt. Der Begriff der *Emotion*, folgt man Wulff weiter, bezeichnet schließlich alle reflexiven, selbstgewissen Gefühlszustände, welche vor dem Hintergrund dieser affektiven Grundfärbung als prinzipiell verbalisierbare Phänomene am individuellen Zuschauer auftreten (2006, 27ff).

Wulffs Untersuchungen systematisieren einerseits erkennbar den affekttheoretischen Begriffsapparat. Andererseits flexibilisieren sie auch den Objektbegriff des Empathiemodells als zentrale Effektkategorie kognitiver Filmtheoriebildung. Vernachlässigt man die in Teilen noch unvollständige Angleichung empirisch entlehnter Modellkomponenten an das methodische Potential ästhetisch ausgerichteter Ansätze[43]

---

[42] Wulff stützt sich primär auf Dolf Zillmanns Ansatz des Mood-Management, der seinerseits eine zeitgenössische Spielart des Uses and Gratifications Ansatzes darstellt. Der Uses and Gratifications Approach geht zurück auf jene empirischen Mediennutzungsstudien, die mit dem Postulat der omnipotenten Massenmedien brechen und sehr früh einen Paradigmenwechsel hin zum selektiven, intentional handelnden Rezipienten vollziehen. Siehe hierzu exemplarisch Palmgreen, Philip (1984) Der Uses and Gratifications Approach: Theoretische Perspektiven und praktische Relevanz, Rundfunk und Fernsehen, No 1, 1984, S. 51–62.

[43] Wulff operiert an unterschiedlichen Stellen mit theoretischen Elementen (z.B. verbalisierbaren Bedürfnisstrukturen, dem souveränen Suchbewegungen innerhalb der Textkomplexe, dem bewussten Prozess der Evaluation und Antizipation genrespezifischer Affektschlüsse etc.), die noch deutlich in der Forschungslogik empirischer Studien angelegt sind und deren Prüfung – analytisch streng genommen – das Potential geisteswissenschaftlicher Methoden übersteigt.

sowie die weiter anhaltende theoretische Bindung der Beschreibungen affektiver Rezeptionsmodi an die kognitiven Verstehensprozesse, so formiert sich die Filmwahrnehmung bei Wulff erstmals als eine komplexere Austauschbeziehung, die sich als durchlässig für formale Eingriffe von textlicher Seite sowie auch die Effekte rezeptiver Modulation durch selbstreflexive Akte der Wahrnehmung darstellt. Der Affekt fasst innerhalb dieser Vorstellung das grundlegende Dispositiv artifizieller Innerlichkeit, das der Film in künstlicher Ausgestaltung differentieller Zeitstrukturen dynamisch anlegt und vor dessen stabilem Hintergrund sich punktuell konkrete Zustandskategorien ähnlich einer zusätzlichen Dimension des Empfindungserlebens manifestieren.

Zu diesem Zeitpunkt der Auseinandersetzung lässt sich die konkrete Entwicklung der drei zentralen Postulate der kognitionstheoretischen Filmwahrnehmung wie folgt nachzeichnen: Der sinnlich aktive, narrativ induzierte Hypothesen bildende Rezipient ist zu einer Instanz der intentionalen Gratifikationssuche und der souveränen Moderation seiner eigenen Innerlichkeiten entwickelt worden. Die Emotion ist von den Konnotationen des stilistischen Überschusses oder der semantischen Dysfunktionalität abgelöst und in rezeptiv-funktionaler Perspektive als ein relationales Phänomen theoretisch etabliert worden. In diesem Zusammenhang ist der je korrespondierende Objektbegriff emotionaler Teilhabe abseits rein figürlicher Bezüge für die Gesamtheit formalästhetischer Gefüge flexibilisiert. Der Bedeutungskomplex des Affektes ist schließlich schrittweise aus dem Raum begrifflicher Unschärfe gelöst und zur Vorstellung eines hintergründig operierenden Dispositivs von Innerlichkeit erweitert. In dieser Fluchtlinie orchestriert der Affekt, ganz ähnlich einer sinnlichen Grundfärbung des kinematografischen Wahrnehmungserlebens, die Gleichzeitigkeit der verschiedenen Emotionen dynamisch zu komplexen Zustandskategorien.

2.1.3. Multipler Erfahrungsraum und Synästhesie: Gegenwärtige Entwürfe der Filmwahrnehmung

Diese drei zentralen Elemente kognitiver Filmtheorieschreibung laufen exemplarisch in einem gegenwärtigen Modell zusammen. Greg M. Smith sucht zunächst äußerlich das Paradigma aktiver Emotionssuche mit den Elementen des neoformalistischen Analysemodells (hier vorrangig dem Begriff des Cues) theoretisch zu synthetisieren (1999). Seine zentrale Hypothese ist dabei, dass erst eine redundante filmische Präsentation emotiver Cues die unterschiedlichen Stimmungen des Zuschauers generiert und genau dieser Zusammenhang den primären Effekt eines Films markiert. Der Begriff des Cues bezeichnet hier neben

Figurationen des leiblichen Ausdrucks beispielsweise auch narrative Komplexe oder Elemente der Mise en Scène, somit also potentiell jedes formale Stilmittel, das in emotionsgestaltender Funktion operiert. Zudem sucht Smiths so genannter Mood-Cue Approach auf der Ebene seiner Definitionen ähnlich wie Wulff eine begriffliche Mehrdimensionalität des Gefühls. Die Stimmung (Mood) sichert als ein spezifisches Äquivalent der Aufmerksamkeit, also die Prädisposition einer jeden emotionalen Erfahrung, die Konsistenz rezeptiver Erwartungen und mobilisiert zugleich eine verzeitlichte Antizipation bestimmter Modi von artifizieller Innerlichkeit.[44]

Die Emotion hingegen erscheint als eine temporär geschlossene, formal induzierte Zustandsausprägung. Als mehrdimensionaler Empfindungsreflex ist sie losgelöst von Prinzipien der Objektfixierung sowie rein semantischen Operationen und konfiguriert die Akte der Filmwahrnehmung ästhetisch (Smith 2003, 44f.). In diesem Modell der wechselseitigen, konstitutiven Bedingung von Stimmung und Emotion wird der Affekt (wie in angedeuteter Form zuvor bereits bei Wulff) im Wahrnehmungserleben als die lustgebundene Wertigkeit einer jeweiligen, filmisch generierten Innerlichkeit des Zuschauers verhandelt.[45]

Abseits der sich herstellenden Implikation eines selbstbezüglichen Genießens des Zuschauers wird dieser knappe Diskurs einer reflexiven Valenz des Gefühls durch Smith ausdrücklich an die unbewussten Evaluationsprozesse sinnlicher Erregung gebunden. Mit diesem Schritt löst sich der Bedeutungskomplex der Emotion dennoch klar vom Dispositiv einer kognitiven Zuschreibung, also der ursprünglichen Vorstellung kognitiver Ansätze typisierender Reflexe des Bewusstseins auf Zustände der Affizierung.

Insgesamt antizipiert hier das individuelle Subjekt der konkreten Filmwahrnehmung in Form der netzwerkartigen Verknüpfung von physiologischen Reaktionen und kognitiven Leistungen einzelne Modi kinematografisch vermittelter Innerlichkeit. Die möglichen Varianten artifiziell generierter Gefühle werden so als dynamische Reflextypen

---

[44] "A mood is a preparatory state in which one is seeking an opportunity to express a particular emotion or emotion set." (Smith 2003, 38)

[45] "Affect is a rather broad emotional state with little specificity, usually referred to as being either ‚positive' or ‚negative', which guides us to approach or withdraw from an object. Affect provides the ‚feeling tone' of emotion to the conscious mind. It is the fundamental, atomized component of the emotion system, a developmental antecedent of emotion that exists at birth and that cannot be taught to respond in any other way beside its hardwired response." (Smith 2003, 31)

auf den jeweils gegenwärtigen Zustand über die unterschiedlichen Bewusstseinsschichten hinweg vorbereitet.

Auch Smith also modelliert den primären Effekt der kinematografischen Affizierung als eine mehrschichtige Innerlichkeit, die sich längst nicht mehr in strenger Spiegelung zur filmischen Darstellung oder der illusionistisch suggerierten, psychischen Realität einer innerdiegetischen Instanz verhält. Das dynamische Wechselspiel von Prädisposition einer emotionalen Erfahrung (Mood), dem grundlegenden Dispositiv der Innerlichkeit (Affekt) und einem mehrdimensionalen Typus von Empfindungsreflex (Emotion) organisiert die Rezeption stattdessen als einen multiplen Erfahrungsraum artifiziell generierter Empfindungsmodi. Die Filmwahrnehmung findet sich hier daher vorrangig in jenen Phänomenen fundiert, welche gerade den Prozessen des reinen Verstehens oder der streng figürlich gedachten Empathie – also den ausgerufenen Schwerpunkten ursprünglicher Modelle kognitiver Filmtheorie – partiell überschüssig sind.

Ein korrespondierendes Modell der Filmwahrnehmung fundiert Carl Platinga (2004) partiell auch in leiblichen Komponenten[46] der Rezeption und öffnet es mit dem Begriff der „affektiven Kongruenz" (2004, 24) zusätzlich für synästhetische Wirkungsprinzipien des Kinos. Im erkennbaren Anschluss an Wulff und Smith räumt Platinga dabei schließlich sogar potentiell allen Komponenten des filmischen Gefüges eine operative Teilhabe an der konvergenten Generierung und Ausgestaltung spezifischer Formen von Innerlichkeit ein. Diese Perspektive je geteilter ästhetischer Fluchtpunkte der vielfältigen Glieder des formalen Apparats bildet die Prozesse der kinematografischen Affizierung somit vor allem in transsensueller Qualität ab.

Zusammenfassend zeigt sich zunächst, dass der hier überblickte Teil kognitiv fundierter Ansätze der Filmwahrnehmung die affektiven Qualitäten des Kinos – anders als semiotisch angelegte Untersuchungen oder die frühe Filmtheorie – systematisch in ganz verschiedene theoretische Modellvarianten integrieren konnte. Im Anschluss an streng kognitive Studien erfahren die konkreten Reflexionen des Affektbegriffes partiell auch eine erste leibliche Fundierung, die sich ihrerseits fortschreitend von einem rein mimetischen Verständnis des Zuschauerempfindens löst. So bricht auch der strenge Nexus von emo-

---

46 Ähnlich wie schon Murray Smith stützt Platinga sich hier auf das klinisch fundierte Modell des mimischen Feedback, welches prinzipiell postuliert, dass der konkrete körperliche Zustand seiner jeweils korrespondierenden Emotion stets vorausgeht, eine Empfindung sich somit partiell auch immer auf eine leibliche Komponente beziehen muss.

tionalem Filmerleben und rein semantischen Funktionstypen zunehmend auf. Durch die jüngsten Beiträge ist der affektive Anteil der Rezeption zudem in ersten Zügen auch als ein reflexives Objekt der Empfindung angelegt, also als potentieller Gegenstand des selbstbezüglichen Genießens perspektiviert.

2.2 Das somatische Paradigma

2.2.1 Gefühlsprojektion und ekstatische Ansteckung: Von der Ausdruckstheorie zur Montagekonzeption

Ausgehend von ausgewählten Spezifika der Wahrnehmung erfasst zunächst Bela Balázs die Wechselwirkung zwischen Filmkunst und menschlicher Empfindungsfähigkeit (1923). Das anthropomorphe Wesen der Wahrnehmung (also die Projektion des physiognomischen Prinzips auf Objekte) sowie auch die Sinngebung als Urfunktion menschlichen Bewusstseins dienen Balázs dabei als prämissenhafter Ausgangspunkt seiner theoretischen Bestimmung des Kinos und dessen realistischer Prinzipien einerseits sowie auch den punktuellen Überschreitungen der Gesetzmäßigkeiten der Alltagswahrnehmung in den spezifischen Grenzfällen des filmischen Bildes andererseits. Die Großaufnahme stellt in diesem Kontext als gesichthafte Abbildung von Objekten eine Grundform der Kinematografie, das Gebärdenspiel hingegen die poetische Substanz des Kinos dar (1961, 39ff). Im Hinblick auf das formale Zusammenspiel von Großaufnahme und Gebärde entwirft Balázs die Geste als zentrale theoretische Kategorie. Genauer bezeichnet die Geste bei Balázs stets gleichzeitig ein Produkt sowie auch den Ursprung des Affekts. Mit diesem Doppelstatus organisiert sich der Komplex der Geste hier als eine affektbegriffliche Kategorie.

Das unermessliche Potental des Kinos sieht Balázs bezogen auf den Stummfilm vor allem in der Projektion des unregistrierten Gefühls, da jede stumme Geste unmittelbar aus einem inneren Affekt geboren wird. Die Darstellung des menschlichen Gesichts ist somit in hermeneutischer Perspektive als die Ausdrucksfläche einer unregistrierten Innerlichkeit thematisiert. Die Projektion des Affekts tritt auf dieser Fläche in seiner ursprünglichen Zeitlichkeit als eine Metamorphose und weniger als sukzessive Abfolge von Ausdrücken in Erscheinung. Die theoretische Vertiefung dieses kinematografischen Potentials findet sich abschließend zu einer stark kulturtheoretisch fundierten Effektvorstellung expliziert: Balázs schreibt dem Stummfilm das Potential einer gemeinsamen Weltsprache[47] zu und attestiert die Funktion der Erschaffung eines internationalen Humanismus. Dieses Postulat stützt sich klar auf Lessings spätaufklärerische Vorstellung einer Veredelung realer Empfindungsfähigkeiten qua subjektiver Erfahrung ausgewählter Darstellungsformen des Theaters.

Balázs Theorie ist somit selbst in der Fülle ihrer Teilaspekte klar die strenge Differenz von versprachlichtem und dargestelltem Gefühl eingeschrieben: Die kinematografische Großaufnahme verhandelt den Körper als Ursprung der Sprache und produziert daher im Unterschied zur Literatur primäre Erscheinungen von Ausdrucksbewegung (1982). Als der moderne Fortsatz einer visuellen Kultur (unter diese fallen vor allem Kathedralen sowie große religiöse Kunstwerke) legt die Großaufnahme zudem in musterhaften Formen der sprach- und schriftlosen Verständigung stets eine genuine Engführung von Monumentalität und Intimität an.[48] Doch Balázs fasst die Kultur – und somit auch das Kino – als die stetige Durchgeistigung realweltlicher Materie. So sind seine Effektvorstellungen insgesamt stark anthropologisch fundiert und daher weitestgehend abseits konkretisierter Modi der kinematografischen Affizierung zum euphorischen Dispositiv einer neuen visuellen Kultur zusammengeführt.

Der Affekt verklammert in diesem Kontext zunächst das Material der Darstellung, denn er bildet den Ursprung und das Produkt der Geste. Anders als die ursprünglichen Formen der Kommunikation hebt die Großaufnahme die Intervention der Sprache auf und der Mensch wird seiner selbst ansichtig. In der Beschwörung einer Renaissance primärer Ausdrucksbewegungen bekräftigt Balázs die kinematografisch generierte Möglichkeit der Ansicht der Affekte und drängt so einerseits auf die Nobilitierung des Kinos. Andererseits attestiert er dem neuen Medium Film und dessen körperlich fundierten Darstellungsformen in kunstkomparatistischer Perspektive den direkten Zugriff auf die realen Wahrnehmungsregister des Zuschauers. In dieser Betrachtung der kinematografischen Darstellung deutet sich mit der Implikation des artifiziell generierten Gefühls die Innerlichkeit des Zuschauers als ein Feld diverser Varianten der ästhetischen Besetzung an.

---

[47] Dieser Gedanke von Mimik und Gestik als eine universelle, natürliche Sprache des Gefühls findet eine frühe geistesgeschichtliche Linie in den ersten großen Physiognomien mittelalterlicher Malerei – beispielsweise Giambattista Della Portas *De Humana Physiognomia* (1586) – die sich als künstlerische Praxis an die konkreten Überlegungen der ästhetischen Theorie zu Mimik und Gestik anschließen.

[48] Zur Vertiefung dieser genealogischen Überblendung siehe Elsaesser, Thomas; Hagener, Malte. Filmtheorie zur Einführung. Hamburg 2007, S. 78ff.

In genau dieser Perspektivierung des Kinos tritt Balázs dem Gedanken einer trennscharfen Spaltung von empirischen und illusionistischen Empfindungsräumen entschieden entgegen. Denn innerhalb seiner Vorstellung vom Film als ein faktisches Nebeneinander von streng phänomenologischer Erscheinung einerseits und den vielfältigen Formen der Latenz von Bedeutungsstrukturen andererseits bildet sich an dieser Stelle ein Affektbegriff heraus, der – fast wie eine produktive Übersteigung Balázs' ambitionierter Fürsprache – eine Art wahrnehmungstheoretischer Nahtstelle in den Blick nimmt: Einen Ort von ästhetischer Bivalenz nämlich, an dem die künstlerischen Gegenstände einer Darstellung ihren untrennbaren Zusammenschluss mit leiblichen Resonanzformen im empirischen Wahrnehmungsraum des Zuschauers vollziehen. Das Gebärdenspiel als genuinen Modus der Sichtbarmachung von unregistrierter Innerlichkeit löst wenig später Sergej Eisenstein von den Dispositiven des Realismus und siedelt es im radikalen Schauspielverständnis des radikalen Agitationstheaters und dessen faktischer Abschaffung der Produktion illusorischen Innerlichkeit an. Da in diesem ostentativen Übergang vom Individuellen zum Typischen die Ausdrucksbewegung streng von der Realität des physischen Trägers einer Darstellung (nämlich dem Körper des Schauspiels) getrennt bleibt, vollzieht sich die emotionale Aktivierung des Zuschauers im genuinen Modus der Ansteckung. Die artifiziell produzierte Regung nimmt ihren Ursprung dabei im Akt der motorischen Mimikry (Bulgakowa 1996). Der Diskurs der Emotion findet sich bei Eisenstein daher fernab identifikatorischer Empathiemodelle aufgenommen und – ebenso wie spätere Konzeptionen Eisensteins der filmischen Erregung – als eine spezifische Form der Perzeption von Bewegung konzipiert.[49] Vor allem der Komplex der filmischen Einheit erfährt in dieser formalistischen Perspektive eine konzeptionelle Revision. Denn favorisierte Balázs die Einstellung als visuelles Kontinuum und organische Totalität, betont Eisensteins Diskurs der korrelativen Reihung die Bilderfolge als form- und sinnstiftendes Moment. Folglich bezieht sich auch die Emphase der Universalität des Mediums hier nicht mehr wie noch bei Balázs auf die distinkten Prinzipien der physiognomischen Darstellung, sondern explizit auf die Muster der Generierung und Lenkung des Gefühls durch künstliche angelegte Assoziationsketten.

Eisenstein, der vor allem seine Filmpraxis auf eine analytische Durchdringung der Strukturmerkmale der Kinematografie anlegt, entwickelt

---

[49] Eine breite Aufschlüsselung Eisensteins unterschiedlicher Metaphern für den Komplex der filmischen Emotion nimmt in systematisch vergleichender Form Greg M. Smith vor (2004).

seine spezifische Vorstellung der filmischen Wirkungsmöglichkeiten in expliziter Anlehnung an experimentelle Reiz-Reaktionsmodelle.[50] Innerhalb dieser Modelle, auf die Eisenstein mehrfach verweist, findet sich der Effektbegriff mit dem Prinzip der Konditionierung bewusster und unbewusster Verknüpfungsmuster analogisiert.

Eisensteins zentrale theoretische Kategorie ist dabei die der Attraktion. Diese bezeichnet zunächst ein Element, welches als gestalterischer Komplex eine reale psychische oder emotionale Erschütterung künstlich erwirkt, die ihrerseits wiederum eine Bedingung der Aufnahme des ideellen Gehalts bildet (1974, 217ff.). Dieser gestalterische Komplex wird durch Eisenstein in Absage an die Vorstellung einer geschlossenen künstlerischen Form explizit außerhalb von Komposition und Sujet verortet. Szenische, visuelle oder akustische Attraktionen erlangen ihre gesteigerte affektive Wirkung so gerade unter der Offenlegung antinarrativer filmischer Strukturen (Schnell 1988). Die Montage der Attraktionen meint in diesem Kontext ein künstlerisches Verfahren der kalkulierten Anordnung diskreter Sinneinheiten. Im schöpferischen Prinzip der radikalen Konfrontation organisiert dieses Verfahren seine Wirkungsprinzipien erkennbar auf einen spezifischen Endeffekt hin.

Insgesamt analogisiert Eisensteins Verständnis von Kunst – nämlich ein wirkungsästhetisch kalkulierbares Konfliktpotential – die technische Perfektionierung und den Zuwachs synästhetischer Qualität eines Mediums. Das Kino beschwört Eisenstein dabei als bildlich verknüpfende anstatt einer konsistent beschreibenden Rede. In dieser Fluchtlinie ruft sein formalistisches Modell der Filmwahrnehmung im postulierten Primat der Affekterregung eine aristotelische Poetik auf. Doch die Furcht und das Mitleid, die ursprünglichen Wirkungsdimensionen aristotelischer Poetik, sind bei Eisenstein in einen ganz spezifischen Effekttypus gewendet: eine klassenbewusste Emotionalität.

In Eisensteins Spätwerk verschiebt sich dieser Zusammenhang hin zur Vorstellung einer organischen Widerspiegelung dialektischer Naturgesetzlichkeiten in der Kunst. Durch die Einführung der Begriffe des Pathos und der Ekstase ist dabei auch das bisherige Modell der Filmwahrnehmung in einer partiell transzendentalen Fundierung neu ausgerichtet: Die Montage der Attraktionen wird dabei in eine pathetische Konstruktion umgedeutet, welche als spezifische Bauform nun die Dialektik der Natur als ein realkörperliches Erlebnis herstellt. Ihr zent-

---

[50] Insbesondere Eisensteins filmtheoretisches Frühwerk verweist wiederholt auf Pawlow sowie den Theaterinnovator Meyerhold. Aus deren jeweiligen Experimentalstudien zu Mustern der Reizkonditionierung leitet Eisenstein basale Prinzipien der Wahrnehmung her und überführt diese dann in eigene Prämissen.

rales Produkt, die filmisch entsexualisierte und sozialisierte Ekstase, arbeitet Eisenstein klar als eine Sonderform der Rezeption heraus. Diese Sonderform findet im Affekt, als Aktivierungsmoment sinnlicher Aufnahme einer metaphorischen Rede, ihre genuine Initiation. Denn gerade die Reihung heterogener Assoziationen durch die Montage nimmt eine signifikante Verletzung jener sozialen Kategorien vor, durch die die unterschiedlichen, in einer konkreten kinematographischen Bildfolge verknüpfend aufgerufenen Diskurse außerfilmisch streng voneinander getrennt sind. Im Prozess der Filmrezeption transzendiert der Zuschauer, folgt man Eisenstein weiter, diese restriktiven Kategorien und somit temporär auch die Register seiner eigenen symbolischen Einbindung in die Gesellschaft. Exakt in dieser Perspektive schließlich erlangt das Pathos als die kinematografisch hergestellte Erfahrung dialektischer Naturprinzipien seine eminent politische Qualität.

Im rezeptionstheoretischen Kontext bezeichnet der Affekt als ein schockartig induzierter Wechsel der Wahrnehmungsmodi die konstitutive Vorstufe dieses ästhetischen Erlebens. Als eine begriffliche Modellkomponente tradiert der Affekt darüber hinaus exemplarisch die aufgehobene Trennung von Darstellung und Wirkung wie sie sich bereits bei Balázs im ausdruckstheoretischen Kontext am vertieften Beispiel der Großaufnahme ankündigt. Insgesamt deutet auch Eisenstein den Affekt bzw. die formalen Gesetzmäßigkeiten seiner Induktion als eine bivalente Nahtstelle von filmischer Darstellung und außerfilmischer Innerlichkeit an. Doch schlüsselt Eisensteins avantgardistische Konzeption der symbolischen Korrelation – anders als Balázs – nicht die einzelne Einstellung, sondern den vollständigen Akt kalkulierter Montage als eine ästhetisch organisierte Gleichzeitigkeit der semantischen Verallgemeinerung des Bildes und dessen pathetischen Erlebens durch den Zuschauer auf.

Eisensteins theoretische Durchmischung von revolutionärem Pathos und behavioristischem Menschenbild hebt insgesamt auf die konstruktivistische Gestaltung einer Zuschauererfahrung ab, die abseits künstlerischer Darstellungsformen nicht vergleichbar hergestellt werden kann. Das genuine Moment einer artifiziell generierten Innerlichkeit findet sich somit in exponierter Form geschieden von gängigen Gesetzmäßigkeiten und Erlebnissen der Alltagswahrnehmung. In diesem Kontext der materialistischen Konfliktmontage vollzieht Eisensteins Affektbegriff daher eine sehr frühe Variante der konzeptionellen Verknüpfung von linguistischen Prinzipien und den Registern leiblich fundierten Erlebens.

2.2.2 Taktile Zeiterfahrung und leiblicher Resonanzraum: Von semiologischen Essays zur Phänomenologie

In modelltheoretisch ganz ähnlicher Perspektive sucht auch Roland Barthes' Semiologie die Verbindung von linguistischen Prinzipien und einer korrespondierenden Körperlichkeit des je rezipierenden Subjekts. Im Rückgriff auf die Texttheorie Kristevas, die das Semiotische gerade nicht zum Bereich der Zeichen verallgemeinert, sondern als einen Ort vor jeglicher Zeichenbildung und Zeichenverwendung als einen körperlichen, von Triebenergien, Erregungen und Begehren gekreuzten Raum konzeptualisiert, befragt Barthes unterschiedliche Kunstformen im essayistischen Vorgehen. Zentral ist dabei die Fragestellung, wie die Künste Erscheinungen von Sprache konstituieren, die sich als durchlässig für die Körperlichkeit realer Subjekte zeigen. Die Kunstrezeption wird so vom Paradigma zielgerichteter Finalität abgelöst und als ein taktiler, eminent sinnlicher Akt ausgerufen (Kolesch 1997). Die zentrale Effektkategorie legt Barthes wie auch Eisenstein im Begriff der Ekstase an. Doch anders als dieser greift Barthes den Zustand des außer sich Seins nicht als die ganzheitliche Körpererfahrung pathetischer Bauformen. Barthes sucht (vor allem in Betrachtung der Fotografie) eine Engführung von Ekstase und Subjektspaltung, um im Divergenzraum von Sinnlichem und Intelligiblem den Selbstverlust als die zentrale Kategorie der Selbsterfahrung auszudeuten.

In der Untersuchung der Möglichkeiten erotischer Entfaltung, die durch symbolische Medien offeriert sind, implizieren Barthes Werkbegriff der explizit offenen, rezeptiv stetig modulierten Form sowie auch der Rezeptionsbegriff des lustvollen, realphysisch fundierten Eingriffs ins jeweilige Material in ihrem theoretischen Zusammenspiel die grundlegende Vorstellung vom Kunstgenuss als einer gemeinsamen affektiven Kultur der Gesellschaft.

Der erkennbare Bruch mit dem Filmverständnis in semiotischer Reinform setzt sich wenig später auch in Gilles Deleuzes groß angelegter Taxonomie des Kinos fort, welche die Engführung von linguistischen Prinzipien und der Vorstellung einer Verzeitlichung vorsprachlicher Bildertypen[51] vornimmt, um Erfahrungsformen eines physisch verfassten Subjekts der Rezeption zu skizzieren.

Das zentrale Attribut des Kinos sowie auch des einzelnen kinematografischen Bildes ist dabei – im deutlichen Rekurs auf Eisenstein – das

---

[51] Im Rückgriff auf Peirce expliziert Deleuze das Kino als spezifische Reaktion auf eine nicht-sprachliche Materie. Das Bild ist so bei Deleuze nie in der Funktion sprachlicher Bestimmung aufgerufen (1991, 46ff.).

der nicht räumlich kategorisierbaren Bewegung. Diese meint als ein Wechsel in der Dauer das Verhältnis von einzelnen Teilen sowie als Affektion des Ganzen auch eine Empfindungsform (1989, 22ff.). Daher steht Deleuze' Begriff der Bewegung immer in der komplexen Doppelbedeutung von Teilung und Vereinigung, da dieser einerseits als ein Ereignis zwischen Elementen (die Teilung der Dauer in Objekte) sowie andererseits als ein Medium des Ganzen[52] (die Vereinigung der Objekte in der Dauer) angeführt ist.

Deleuze entwickelt zunächst in filmhistorischer Perspektive zwei theoretische Großformen des kinematografischen Bildes, deren Spielarten ihrerseits ein spezifisches Verhältnis zum Komplex der Bewegung aufnehmen und diese rezeptionsästhetisch explizierbar machen. Das Bewegungsbild bezeichnet dabei die ältere Bildart, die die Veränderung erkennbar auf ein einheitliches System des Ganzen bezieht und qua kontinuierlicher Montageformen ein indirektes Bild der Zeit wiedergibt (1989, 83ff.). Das Zeit-Bild hingegen bezeichnet als jüngere Bildart die direkte Transzendierung der Zeit, welche sich qua diskontinuierlicher Praktiken der Montage die Bewegung unterzuordnen vermag (1991, 37ff.).

Das Affektbild thematisiert Deleuze als eine Metamorphose[53] des Bewegungsbildes. In einem definitionstheoretischen Rückgriff auf Bergson entwickelt Deleuze den Affekt als einen spezifischen Ort zwischen verwirrender Wahrnehmung und verzögerter Handlung, eine Bewegung also, die als motorische Anstrengung im Moment ihrer Absorption auf die Bedingung der Unbeweglichkeit einer rezeptiven Platte trifft (1989, 96).

Der Affekt setzt die Bewegung so in Beziehung zu einer Eigenschaft, welche durch das Subjekt der Rezeption als ein Zustand erlebt wird. Deleuze scheidet den Affekt zusätzlich in zwei Aspekte, einen seriellen und einen reflektierenden. Der serielle Aspekt bezeichnet in der äußeren Form einer Intensitätsreihe die Potentialseite des Affekts, also dessen Fähigkeit, eine Intensität qua umschlagender Qualitäten zu steigern.[54]

---

52 Der Begriff der Dauer bezeichnet als Summe der Teilrelationen eine offen angelegte Form der Ganzheit (Deleuze 1989, 24f.).
53 Das Wahrnehmungsbild und das Aktionsbild stellen darüber hinaus die zwei weiteren zentralen Spielarten des Bewegungsbildes.
54 Den seriellen Aspekt des Affekts sieht Deleuze exemplarisch in der Filmpraxis Eisensteins manifestiert.

Der reflektierende Aspekt hingegen bezeichnet in der äußeren Form einer Ausdruckseinheit die Qualitätsseite des Affekts, also dessen Fähigkeit, eine Intensität qua Entfaltung einer Kontur zu reflektieren.[55] Bildtheoretisch räumt Deleuze in Anlehnung an Vorüberlegungen Balázs' sowie auch Eisensteins ein, dass nur das Gesicht oder dessen Äquivalent der Ausdrucksträger des Affekts sein kann.[56] In der begrifflichen Korrespondenz zur Konzeption der Erstheit[57] bei Peirce artikuliert das Gesicht dabei den Affekt als die Qualität eines möglichen Reizes, Gefühls oder Ausdrucks. Nach Deleuze verwirklicht sich diese Qualität ausschließlich im außerfilmischen Raum, nämlich in der empirischen Empfindung des Zuschauers (1989, 148).

Die Krise des Aktionsbildes, die Deleuze mit dem europäischen Nachkriegskino einläutet bzw. insbesondere im italienischen Neorealismus und seinen sehr offenen, elliptischen Erzählformen manifestiert sieht, modifiziert auch den Affekt als rezeptionsästhetische Größe. Das entstehende Zeit-Bild lockert, ganz anders als das ursprüngliche Bewegungsbild, vor allem sensomotorische Verkettungen, um in rein optischen oder akustischen Situationen eine Vielfalt mentaler Relationen als die unmittelbare Erfahrung eines komplexen, kinematografischen Denkens zu entfalten (1991, 17ff.).

Da die Kategorien der Topologie und der Zeit hier die der Bewegung und des Raumes als primäre Eigenschaften des Bildes substituieren, kündigt auch der Affekt seinen ontologischen Status des Fortsatzes einer Bewegung auf. In seinem neuen wirkungsästhetischen Kontext der Vermittlung direkter Modi der Zeiterfahrung geht der Affekt seine primäre Verbindung stattdessen mit dem Komplex des Virtuellen ein.

---

[55] Dieser reflektierende Aspekt des Affekts tritt, folgt man Deleuze, zum Beispiel bei Griffiths hervor.

[56] Als einzige Sonderform der Potentialseite entwirft Deleuze den Raum als Affekt. Der Raum verliert in diesem spezifischen Fall seinen Status als reales Milieu, um Singularitäten zu einem rein geistigen Ensemble zu verbinden (1989, 53ff.). Exemplarisch ausgeprägt sieht Deleuze diese Sonderform beispielsweise in Carl Theodor Dreyers DIE PASSION DER JEANNE D'ARC (1928).

[57] Peirce entwickelt im Rahmen seiner Kategorienlehre der Erscheinung des Seins (als Grundlage seiner Zeichenlehre) die Erstheit als das Sein an sich, das ohne Bezug auf etwas als reine Möglichkeit bzw. Kategorie der Qualität existiert. Mit dem triadischen Konzept Peirces' illustriert Deleuze zusätzlich auch sein Wahrnehmungsbild als Nullheit, also eine Kategorie, welche die Wahrnehmung einer Wahrnehmung fortlaufend in Szene setzt. Analog zu dieser triadischen Ordnung sind bei Deleuze auch das Aktionsbild als Zweitheit bzw. das Relationsbild als Drittheit entworfen (1991, 47ff.).

Denn die Zeit, die das Zeit-Bild, ganz anders als noch das Bewegungsbild, nicht über eine montageabhängige Synthese einzelner Einstellungen ausdrückt, sondern in rein optischen oder akustischen Situationen als direkte Beziehungsform innerhalb des einzelnen Bildes freilegt, ordnet Deleuze ausdrücklich als einen virtuellen Gegenstand ein:

Die hergestellte direkte Erfahrung der Zeit funktioniert dabei nicht über die sukzessive Aktualisierung singulärer Momente, sondern setzt im Prinzip der Korrespondenz eine absolute, simultane Vergangenheit stetig in das korrelative Verhältnis[58] zu einer verstreichenden Gegenwart (1991, 109ff.). Der Affekt steht in diesem Kontext gerade nicht mehr für die physisch fundierte Extension einer Intensität, sondern vielmehr als das Medium einer ästhetischen Erfahrung von wechselseitiger Prägung. Denn das Zeit-Bild tritt hier im Vorgang der infiniten Verdopplung in ein spezifisches Verhältnis zu sich selbst bzw. projiziert sensomotorische Situationen ins potentiell Unendliche, die in Form rein mentaler Dispositive sinnlich erfahrbar werden.

Insgesamt nehmen Deleuzes Schriften daher in ihrer genuinen Verklammerung von umfassender begrifflicher Explikation des Affektes und einer Sammlung dominanter Bildertypen des Kinos nicht zuletzt auch eine spezifische Praxis der Filmanalyse in den Blick.

Während Deleuzes Taxonomie des Kinos den Körper des Zuschauers in strengster Absage an jegliche transzendentale Vorstellung von Wahrnehmung als eine Ganzheitlichkeit fasst, bereiten verschiedene Beiträge jüngeren Datums im produktiven Rückgriff auf Deleuzes Affektverständnis stark leiblich fundierte Konzeptionen der Filmwahrnehmung vor. Erkennbarer Fokus der Re-Lektüre ist dabei die Doppelstruktur des Deleuze'schen Affektbegriffes wie sie vor allem im Kontext des Bewegungsbildes als gespannte Engführung von intensiver Wahrnehmung und motorischer Immobilisierung freigelegt ist. Diese theoretische Konstellation findet sich nun in den aktuellen Beiträgen der filmwissenschaftlichen Emotionsforschung erneut aufgerufen. Der empirische Resonanzkörper der Rezeption ist dabei als das eigentliche Medium der filmischen Illusion herausgestellt (Bellour 2005) sowie zur komplexen Vorstellung einer osmotischen Beziehung zwischen Zuschauer und Leinwandgeschehen erweitert (Voss 2006). Insgesamt nehmen die jüngeren affektbegrifflichen Lektüren Deleuzes daher die

---

[58] Als Beispiel führt Deleuze eine Sequenz aus Orson Welles' CITIZEN KANE (1941) an, die als ein frühes, unmittelbares Zeit-Bild in mehreren Einstellungen der Tiefenschärfe und abseits einer reinen Wirklichkeitsfunktion die Bewegung des Protagonisten durch die Zeit artikuliert (1991, 141).

Konzeptualisierung des filmischen Bildes zu einer prozessualen Ordnung verschiedener Akte des Austausches vor (Schaub 2003).

Neben der Explikation der ersten Affektvariante (des Bewegungsbildes) stellen die divergenten Großformen des Filmbildes einen weiteren Schwerpunkt gegenwärtiger Beschäftigung mit der Theorie Deleuzes dar. Die Unterscheidung von Bewegungs- und Zeitbild dient dabei der Beschreibung neuartiger Brüche mit den Konventionen des klassischen Kinos (Koch 2006) und als postklassische Denkfigur ästhetischer Aufschlüsselung übergeordneter stilistischer Verfahren des Blockbuster-Kinos und nationaler Schulen (Elsaesser 2005).

Die zweite Affektvariante, die Deleuze am Zeit-Bild als Erfahrung einer infiniten Projektion mentaler Dispositive modelliert, avanciert hingegen nur in Einzelfällen zu einem Bezugspunkt der gegenwärtigen emotionstheoretischen Debatte (Brenez 1998, Walsh 2004).[59] Insgesamt favorisieren junge Rückgriffe auf die filmtheoretischen Schriften Deleuzes in ihrer zunehmenden Ausrichtung auf Konzepte der individuellen Leiblichkeit erkennbar die Affektvariante der physisch fundierten Extension einer Intensität. Zugleich affirmieren aktuelle emotionstheoretische Rückgriffe auf Deleuze dessen Zeit-Bild als eine deskriptive Kategorie des normierten Exzesses im zeitgenössischen Kino.

Streng leiblich fundierte Primärkonzeptionen der Filmwahrnehmung, wie sie sich jüngst zu einer dominanten Richtung der Emotionstheorie formieren, richten ihre Rückgriffe auf Schriften aus, die das genuine Moment der Spaltung zwischen Subjekt und Objekt bzw. Bewusstsein und Bewusstseinsinhalt erkenntnistheoretisch exponieren. Einen entsprechenden Zusammenhang zwischen Dasein und Welt bietet (ähnlich wie zuvor Husserl und Heidegger) die Phänomenologie Maurice Merleau-Pontys an, der die Verfasstheit des Subjekts jedoch nicht als Intentionalität des Bewusstseins oder das Sein als Dasein sondern in Form einer spezifischen Leiblichkeit anlegt. Merleau-Pontys Neubestimmung des Empfindungsbegriffes artikuliert in ihren Prämissen zunächst eine strenge Absage an die gestaltpsychologische Auffassung vom kontingenten Charakter der Wahrnehmung und vom Dispositiv des Sinnesapparates als translativer Reizübermittler.[60]

---

[59] Gleiches gilt für den räumlichen Affekt als Sonderform der Potentialseite, den Deleuze ursprünglich im Kontext des Bewegungsbildes am Beispiel Carl Theodor Dreyers verhandelt.

[60] Beide Elemente finden sich häufig auch zusammengefasst zur so genannten Konstanzhypothese, die die Annahme trifft, die Sinnesorgane würden den Text der objektiven Welt in eine modifizierte Form, den zu entziffernden Sinneseindruck transportieren.

Als Eigenschaft eines äußeren Objektes, das Gegenstand, nicht jedoch Element des Bewusstseins sein kann, entwickelt Merleau-Ponty den Begriff der Qualität, die zwar nie unmittelbar erlebt werden kann, ihrerseits aber einen Sinn in Form eines Ausdruckswertes (anstatt in Form einer logischen Bedeutung) einschließt (1966, 22ff.). Das Wesen der Empfindung qualifiziert sich als komplexes Phänomen daher vor allem abseits idealer Erkenntniskonstruktionen in Gestalt jener Wahrnehmungselemente, die der Summe aktuell gegebener Qualitäten formal überschüssig sind. Die konkrete Empfindung ist in dieser Perspektive (ähnlich wie eine Qualität selbst) Teil des Wesens, daher also einer äußeren Figur zugehörig. In dieser Perspektive begründet sich alles Bewusstsein stets in der Empfindung bzw. in logischer Folge kann es keine Erfahrung geben, die ihrerseits nicht Empfindung ist.

In dieser genuinen Überkreuzung der Kategorien der Empfindung und jener der Erkenntnis ist das Erlebnis der Wahrnehmung eng an eine spezifische Konzeption des Leibes gebunden. Der Leib wird dabei als eigentliches Subjekt der Empfindung eingeführt, da jede äußere Wahrnehmung einer Wahrnehmung des Leibes unmittelbar synonym ist. Das Erlebnis der Wahrnehmung und jenes des Leibes schlüsseln demnach zwei Seiten ein und desselben Aktes auf. Wenn jede Erfahrung sich – wie bereits erwähnt – in der Empfindung begründet und diese wiederum streng leiblich fundiert ist, so geht das Erlebnis des Leibes gerade nicht einer Wahrnehmung voraus. Vielmehr erscheint, folgt man Merleau-Ponty, jeder konkrete Modus der Aneignung von Welt, selbst als eine streng leibgebundene Erfahrungsweise (1966, 239ff.).

Im Kontext der Empfindung als Modalität allgemeiner Existenz, deren Urheber nicht das Selbst ist, wird der Leib hier von der Vorstellung eines trägen Milieus der Affizierung gelöst und in das zeitliche Dispositiv eines Vermögens der Synchronisierung gewendet. Die Phänomenologie skizziert den Leib somit als ein Ausdrucksmedium und den Ort der Aktualität einer per Definition stets unvollendeten Synthese sinnlicher Wahrnehmung. Entsprechend exponiert das Spätwerk Merleau-Pontys in der illustrativen Sprachfigur des Fleisches den Doppelstatus des Leibes,[61] der weder als Bewusstsein noch Objekt in Reinform zu fassen ist, sondern der einen spezifischen Raum der stetigen Oszillation des Seins herstellt.

In einem Essay postuliert Merleau-Ponty zudem, dass das Kino sich (wie die Objekte der Welt selbst) an die Fähigkeit leiblicher Koexistenz

---

[61] Zum Fleisch als Chiasmus von Leib und Welt in Abgrenzung zu einer reinen Materialität des Leibes siehe Merleau-Ponty, Maurice. Das Sichtbare und das Unsichtbare. München 1986.

wendet. Er rückt es daher ähnlich wie Deleuze an einen gemeinsamen Punkt mit der Philosophie, um im knappen Exkurs auch die Filmwahrnehmung als verzeitlichte Form der ganzheitlichen Ausrichtung des Körpers auf Existenzweisen von Objekten anzudeuten (2003, 38ff.). Insgesamt ist so nicht nur der singulären Empfindung ein leiblicher Ursprungsraum zugewiesen, sondern der Körper in ersten Verweisen auf kunsttheoretische Implikationen als genuine Matrix der Erfahrung wirklicher Räume bzw. äußerer Gegenstände der Wahrnehmung entworfen.

Eine umfassende, explizit filmwissenschaftliche Revision phänomenologischer Schriften nimmt später Vivian Sobchack im Bruch mit der okularzentrischen Perspektive vor. Ihr komplexes Modell der Filmerfahrung hebt auf die Beschreibung eines kommunikativen Systems ab, dessen Funktionsweisen vollständig in der Akten der körperlich fundierten Perzeption gründen (1992). Das Kino wird in dieser Fluchtlinie vorrangig in seiner dialektischen Natur verhandelt, da es die Erfahrung eines Anderen stets als unmittelbare Erfahrung am Selbst vermittelt. Der einzelne Film wird darüber hinaus als Instanz der perzeptiven und expressiven Performanz zum Äquivalent des Zuschauers allegorisiert.[62] Im neophänomenologischen Kontext mobilisiert der Akt des Sehens somit immer eine dialogische Struktur des kommunikativen Verfahrens zwischen zwei sehenden Subjekten, die gleichzeitig, wenn auch in materieller Differenz, als sichtbare Objekte existieren (1992, 23). Die Filmwahrnehmung bezeichnet daher die Erfahrung einer konkret ausgestalteten Engführung von intrasubjektiv dialektischem und intersubjektiv dialogischem Prinzip.

Dabei stehen Perzeption und Ausdruck als zwei komplementäre, jedoch synthetisch zur ganzheitlichen Erfahrung verflochtene Modi der Bedeutungskonstruktion. Auch Sobchack tradiert hier die Absage an das transzendentale Element der Erfahrung. Denn wie schon bei Merleau-Ponty ist der Begriff der Subjektivität als eine universelle Form der Intersubjektivität aufgegriffen sowie die Expression schließlich analog als eine objektive Modalität entwickelt bzw. von der Perzeption – einer eminent subjektiven Modalität – trennscharf unterschieden (1992, 39ff.).

Im Rückgriff auf Merleau-Pontys Verklammerung von Welterfahrung und empfindendem Leib fasst Sobchack den Körper des Zuschauers

---

[62] "The film presents an analogue of my own existence as embodied and significant. It is perceptive, expressive and always in the process of becoming that being which is the counscious and reflected experience of its own expressed history." (Sobchack 1992, 143)

als das eigentliche Medium der Bilder und den individuellen Film als eine subjektive Form der verkörperten Wahrnehmung, die jener des Zuschauers zu jedem Zeitpunkt vergleichbar ist. Das rezeptionsästhetische Sinnbild der mutualen Absorption verfährt dabei ohne die systematische Einführung des Affektes oder seiner begrifflichen Synonyme. Denn abseits der Vorstellung singulärer, lokalisierbarer Erregungsimpulse erzeugen neophänomenologische Positionen das Bild der umfassenden Koexistenz des Leibes mit den Inszenierungsformen verkörperter Wahrnehmung eines Films. Wird der Körper des Zuschauers hier auch als sichtbare Ausdrucksfläche einer spezifischen, artifiziell generierten Innerlichkeit thematisch vertieft, so gehen die affektbegrifflichen Anteile dabei vollständig im Dispositiv einer vergegenwärtigenden Selbstwahrnehmung auf.

Da die Neophänomenologie den Leib stets in der genuinen Dopplung des Subjekts der Wahrnehmung und des Objekts der Inszenierung anführt, sind konkrete affektbegriffliche Kategorien nicht genauer ausgearbeitet. Die affektiven Anteile der Filmwahrnehmung scheinen dennoch in der sinnlichen Begegnung des Zuschauers mit seinem empfindenden Selbst, wie sie Positionen neophänomenologischer Theoriebildung insistierend umkreisen, immanent eingeschlossen.

In neueren Texten, die das menschliche Denken ihrerseits in den unterschiedlichen Körperfunktionen fundieren, wird der Leib erneut als das Objekt der Affektion exponiert. Die individuelle Affizierung qua Kunsterfahrung wird dabei an vorbegriffliche Erfahrungsräume gebunden. Erste Explikationen der begleitenden Selbstwahrnehmung des empfindenden Leibes aktivieren zudem die Vorstellung eines zudem partiell auch begrifflich geleiteten Wahrnehmungsaktes (Thürnau 1996, 190).

Das theoretische Problemfeld der leiblichen Selbstbezüglichkeit, wie es im Kontext neophänomenologischer Studien mehrfach als eine zentrale Implikation angelegt ist, wird zunehmend in die konkreten Register der Wahrnehmung verfolgt. Die Dispositive der Spaltung oder Verdopplung beschwören dabei ein leibliches Selbst, das stetig unter seine eigenen Bedingungen der sinnlichen Erfahrung fällt. Denn trifft der fungierende Leib in der Gegenwart des Wahrgenommenen auf sich selbst als das Subjekt einer Empfindung, werden zwei Modi der Affektion differenzierbar: Die leiblich fundierte Erfahrung äußerer Gegenstände der Wahrnehmung, wie sie sich als die grundlegende Verfasstheit des Subjekts exemplarisch schon bei Merleau-Ponty entworfen findet, beschreibt die Fremdaffektion. Die Wahrnehmung des empfindenden Selbst, wie sie im neophänomenologischen Kontext als eine

Vorstellung von spezifischer Innerlichkeit implizit zirkuliert, beschreibt die Selbstaffektion (Waldenfels 1999, 12ff.). Beide dieser Affektionstypen sind als eine jeweils konkrete Ausprägung artifiziell generierter Körperlichkeit schließlich zu einem Modell wechselseitiger Konstitution synthetisiert. Seine klare Absage an Kategorien der Vorgängigkeit artikuliert dieser Entwurf daher in Form einer genuinen Konzeption des leiblichen Selbst: als infinite Matrix beider Affizierungstypen.

2.2.3 Ästhetischer Selbstgenuss und sinnliches Verstehen: Gegenwärtige Entwürfe der Filmwahrnehmung

In einer ähnlichen Fluchtlinie wird das Kino zunehmend in der Perspektive des Ereignisses gefasst. Die Erfahrung avanciert dabei als unmittelbar sinnliche Präsenz und retrospektiv konstruierte, zeitlich vermittelte Selbstvergewisserung zur Schlüsselkategorie der filmwissenschaftlichen Emotionsforschung. In klarer Referenz auf eine Diskurslinie der Moderne, die Substitution der Erfahrung durch das Erlebnis, erfragen entsprechende Beiträge abseits des Zusammenhangs von Erkenntnis und Wahrheit, inwieweit Filme eine Verbindung von Empfindung und Erlebnis[63] als spezifische Medialität des Bildes aufnehmen und zu Typen der ästhetischen Erfahrung gestalten (Elsaesser 2005). Innerhalb filmtheoretischer Konzeptionen, die den Leib als zentrale Modalität der Erfahrung einer artifiziell gestifteten Matrix aus Fremd- und Selbstaffektion situieren, steht das Kino seinerseits als eine paradigmatische Form kultureller Phantasiearbeit ein. In dieser Flucht einer ästhetischen Praxis erlangt die Rezeption schließlich eine entscheidende, ins außerfilmische oszillierende Funktionsbestimmung.

In dieser leiblich fundierten Perspektive bietet Christiane Voss eine Variante der noch ausstehenden Konzeption des komplexen Wechselverhältnisses von Affekt und Emotion an (2004). Das Gefühl ist prämissenhaft als vorsprachlicher Modus des Erlebens von Selbst und Welt skizziert und so in seiner phänomenalen Qualität exponiert. Als ein Typus des Gefühls repräsentiert die Emotion multikomponentale Bewusstseinsphänome, also Formen evaluativen Objektbezugs hedonistischer Tönung. Voss' zentrale Hypothese ist, dass sowohl Emotionen als auch deren subjektives Erleben immer schon narrativ strukturierte Bewusstseinsformen darstellen (2004, 185). Der Begriff des Nar-

---

[63] Elsaesser vertieft zwei Varianten der Kopplung von Empfindung und Erlebnis: Klassische Filme deuten ein ästhetisches Erlebnis retrospektiv in Erfahrung um und das postklassische Kino zersplittert die ästhetische Erfahrung in reines Erleben (2005, 420ff.).

rativen ist dabei zu einer deutenden, assoziativ verknüpfenden Bewusstseinsleistung gedehnt. Der Begriff der Erzählung hingegen meint bei Voss die sprachlichen Grundformen, in denen sich menschliche Selbst- und Weltverhältnis artikulieren. Im Modus der Erzählung also, folgt man Voss, verhält sich das Subjekt wahrnehmungsbegleitend und vor allem retrospektiv zu seinen Emotionen (2004, 211).

In der Perspektive einer psycho-physischen Gesamtkonstitution gliedert Voss den begrifflichen Komplex der Emotion nun in vier theoretische Komponenten: eine intentionale (Formen evaluativer Repräsentation), eine behaviorale (Formen expressiven Körper- und Sprachausdrucks), eine körperlich-perzeptive (Formen der Empfindung körperlicher Veränderung) sowie eine hedonistische (Empfindungsformen lustgebundener Wertigkeit).

Die hedonistische Komponente ist hier als affektive Dimension der Emotion angelegt, die in Form der subjektiv spürbaren Seite des multikomponentalen Zusammenspiels eine Emotion je erst als narrativen, einheitlich erfahrbaren Komplex[64] konstituiert (2004, 184f). Die Auffaltung dieser subjektiven Bewusstseinsform in ein emotionales Erleben (das Zusammenspiel aller vier theoretischer Komponenten) und eine auf dieses Erleben bezogene Reflexion (die dynamische Rückwirkung der hedonistischen Komponente auf das mehrgliedrige Gesamtgefüge der Emotion) nimmt die neophänomenologische Konzeption des Leibes als induzierte Matrix aus Fremd- und Selbstaffektion erneut auf. Das von Voss als dynamisch aufgeschlüsselte Wechselverhältnis, in das die intentionale Emotionskomponente zu ihren reflexiven Dimensionen der Empfindung von körperlicher Veränderung und affektiver Wertigkeit tritt, steht dabei als konkrete Modellvariante des rezeptionstheoretisch bisher abstrakt skizzierten Zusammenhangs von Fremd- und Selbstaffektion ein. Da die Emotion als Bewusstseinsform und spezifischer Typus des Gefühls in ihrem Aufbau einerseits flexibel, also nicht streng linear, sondern in den Prinzipien der zeitlichen Brechung und Oszillation angelegt ist und einzelne Emotionskomponenten andererseits auch über die Auflösung konkreter Objektfixierung hinaus wirken, impliziert dieses Modell auch ästhetische Fragestellungen der Filmwahrnehmung. Insgesamt stiftet Voss in Absage an reduktionistische Spielarten der Gefühls- und Verhal-

---

[64] In dieser Perspektive negiert Voss streng die Möglichkeit unbewusster Emotionen. Einzig die Variante der ontologischen Verkennung qua nachträglicher Zuschreibungen ist als das retrospektive Setzen narrativer Bedeutungsrahmen modelliert. Fehlt einem Subjekt aber das reflexive Bewusstsein positiver oder negativer Betroffenheit vollständig, so Voss, liegt explizit keine Emotion vor (2004, 201).

tenstheorie ein komplexes Modell der Emotion als affektive Verstehensform, das die kausale, zeitliche und semantische Verkopplung von Abfolgebeziehungen in der Selbstwahrnehmung des Subjekts ansiedelt. So bereitet dieses theoretische Ordnungssystem affektiv getönter Relationen psycho-physischer Natur insgesamt die breite analytische Beschreibung artifizieller Modifikationsformen von Innerlichkeit vor. Insgesamt führt die zeitgenössische, partiell philosophisch fundierte Emotionstheorie die sinnlichen Qualitäten des Kinos (im Rekurs auf affektbegriffliche Synonyme der früher Ausdruckstheorien und avantgardistischer Montagekonzeptionen) als eine systematisch explizierte Komponente in ihre Modelle ein. Als ausdrücklich leiblich fundierte Kategorie erfährt der Affekt in diesem Zusammenhang seine Aufwertung zum privilegierten Medium der rezeptiven Aufnahme semantischer Funktionstypen. Jüngere Beiträge konzipieren das Verhältnis von Fremd- und Selbstaffektion im Bild einer infiniten Matrix. Im ästhetischen Prinzip der wechselseitigen Konstitution von Fremd- und Selbstaffektion öffnet diese Matrix die Prozesse der Filmwahrnehmung schließlich auch für das Dispositiv eines sinnlich-reflexiven Erfahrungsraums der Synthesetypen leiblicher und begrifflicher Operationen.

2.3 Medienphilosophische Positionen

2.3.1 Walter Benjamin: Erlebnisspuren und Mimetisches Vermögen

An dieser Stelle sollen mit den Überlegungen Walter Benjamins und Alexander Kluges zwei ausgewählte medienphilosophische Positionen vorgestellt werden, die – anders als viele Beiträge der beiden zuvor entwickelten emotionstheoretischen Paradigmen – ausdrücklich das Wechselverhältnis von den Formen verkörperter Subjektivität und Manifestationen symbolischer Bedeutungstypen dynamisch konzeptualisieren. Die produktive Überführung beider Modellvarianten in klare Beschreibungsmuster filmischer Affektpoetologien hat dabei ausdrücklich Vorrang vor dem Anspruch einer umfassenden Einführung in das jeweilige Gesamtwerk.

Die umfangreichen Schriften Walter Benjamins erstrecken sich über sprachtheoretische, ästhetische, medien- und geschichtstheoretische Untersuchungen, die ihrerseits längst zum Grundinventar geisteswissenschaftlicher Diskurse avancieren konnten. Die Frage, ob der evidente Wandel der Kommunikationsbedingungen im Zeitalter der Moderne mit der Ausprägung bestimmter Typen von Erfahrung korrespondiert, umklammert dabei die Summe Benjamins breit angelegter Überlegungen. Die zentrale theoretische Konzeption der Mimesis erfasst in diesem Kontext die Bezüge zwischen Sprache und Erfahrung als ein produktives Spannungsverhältnis. Dieses Spannungsverhältnis verschiebt das Erfahrene in Form des Verlorenen oder Brüchigen zunehmend in die Sphäre des Erlebnishaften.

Die Wahrnehmung, die hier immer den vollen metaphysischen Umfang aller Sinne meint, sucht Benjamin zumeist in ihrer historisch präzisen Bestimmung (in Form des Kunstwerks) als seinen zentralen Untersuchungsgegenstand auf, so dass hier die sprachtheoretisch fundierte, vergleichende Lektüre unterschiedlicher Kunstformate das bevorzugte Erkenntnisverfahren bildet. Die von Benjamin betonte mimetische Begabung des Menschen (II, 210ff.),[65] deren phylogenetische Spur bis ins Fundament unterschiedlicher okkulter Praxen zurückreicht, findet in Form nicht signifikativer Komponenten, die am Semiotischen in Erscheinung treten, stets ihren eigenwilligen Eingang in die Sprache.[66] Produkt des Zusammenspiels der zeichenhaften und nicht signifikativen, magischen Seite der Sprache ist immer eine Ähnlichkeit, welche die sinnhaften, rein semiotischen Zusammenhänge verstellt und dabei ihrerseits ein Verhältnis von verkörperter Subjektivität und symbolischer Ordnung als spezifische Ausdrucksform stiftet.[67] Die Entzifferung dieser Ausdrucksformen als Niederschläge des mimetischen Vermögens nimmt Benjamin vergleichend an den einzelnen Sprachfiguren unterschiedlicher Kunstformen vor.

Vor diesem Hintergrund scheint es erstaunlich, dass Benjamin das Kino als Medium zwar rezeptionsästhetisch thematisiert, die Prüfung mimetisch hergestellter Ausdrucksformen dabei jedoch ein hintergründiger Aspekt bleibt, obgleich die Filmmontage dabei als Schriftform nicht zeichenhafter Natur eingeordnet wird (I, 471ff.). Benjamin, dessen medientheoretische Überlegungen stets auf eine Geschichte der

---

[65] Die Literaturverweise zum Gesamtwerk Benjamins beziehen sich im Folgenden auf die von Rolf Tiedemann und Hermann Schweppenhäuser im Jahr 1974 erstmals herausgegebenen gesammelten Schriften in acht Bänden. Die römische Ziffer in Klammern bezeichnet hier den jeweiligen Band, die ggf. von der Angabe der Seitenzahl gefolgt wird.

[66] Benjamins Sprachbegriff bezeichnet jenseits der Funktion rein prädikativer Mitteilung einen spezifischen Erkenntnisweg von den Dingen qua ihrer Versprachlichung. Das sprachliche Verhalten des Menschen und die Erkenntnis der Dinge fallen bei Benjamin daher zusammen.

[67] Benjamins mimetisch gebundener Ähnlichkeitsbegriff übersteigt daher die Vorstellung einer rein äußerlichen, unmittelbar fixierbaren Relation zwischen einer Darstellung und dem Dargestelltem.

Wahrnehmung bezogen sind, richtet seine filmtheoretischen Betrachtungen stattdessen als Fortsetzung seiner Auseinandersetzung mit der Photografie ein. Ausgehend vom Realitätseffekt des Mediums wird die Filmkamera dabei in ihrer enthüllenden Funktion erfasst: Die Kamera, so Benjamin, konfrontiert das menschliche Auge mit unregistrierten Bereichen der Wirklichkeit, so dass der Zuschauer ununterbrochen technisch hergestellte Ansichten testet. Auch die Einfühlung des Einzelnen stellt sich somit streng als eine Identifikation mit der Apparatur dar (I, 476).

An die Stelle der Möglichkeit einer tiefen Kontemplation vor dem Kunstwerk setzt der Film so die stetige Veränderung seiner Darstellung qua Bewegung, die ihrerseits einen gravierenden Eingriff in die physiologische Realität des Zuschauers realisiert (I, 503).

Dennoch exponiert Benjamin das Kino als eine funktionale Erscheinung, da der kinematografische Apparat die taktile Rezeption als einen Akt der technischen Konditionierung anleitet und somit massive Veränderungen der Apperzeption, wie sie sich im Kontext der Moderne außerhalb des Kinos längst abgezeichnet haben, produktiv begleitet.

Auffällig wird, dass Benjamins Filmtheorie eine Engführung von kollektiver Wahrnehmungsleistung und dem Stand zeitgenössisch avancierter Technik suchen,[68] die Beobachtung des mimetischen Potentials der Montage dabei jedoch nicht zu kinematografischen Formen der Überführung leiblicher Subjektivität in symbolische Ordnungsformationen vertieft ist. Diese Perspektive, die aus der Frage nach ontogenetischen Spuren des mimetischen Vermögens erwächst (II, 204ff.), liegt später Benjamins autobiografisch fundierter Textsammlung „Berliner Kindheit um 1900" zu Grunde.

Zunächst aber schlüsselt das Trauerspielbuch, das eine zentrale erkenntnistheoretische Größe im Gesamtwerk Benjamins stellt, die Konzeptionen der Sprachmagie und Mimesis exemplarisch an einer ganz konkreten Gattung auf.[69]

---

[68] Folglich fassen jüngere Lektüren des Aufsatzes „Das Kunstwerk im Zeitalter seiner technischen Reproduzierbarkeit" dessen Verknüpfung einer Analyse von technischen Herstellungsbedingungen und materieller Ästhetik als eine sehr frühe Variante der Apparatus-Theorie auf. Vgl. exemplarisch Koch, Gertrud. Kosmos im Film. Zum Raumkonzept von Benjamins „Kunstwerk"-Essay. In: Weigel, Sigrid (Hrsg.): Leib- und Bildraum. Lektüren nach Benjamin. Köln [u.a.] 1992, S. 35–48.

[69] Im Begriff der Allegorie nimmt Benjamin hier vor allem das disparate Verhältnis eines Bildbestandes und seiner jeweiligen Bedeutung in den Blick. Zu den Formen der willkürlichen Bedeutungszuweisung durch die Allegorie siehe auch Choi,

Der spätere Kindheitstext muss daher genau zwischen den programmatischen Aufsätzen und ihren theoretischen Vertiefungen an konkreten Sprachgestalten als eine Form der synthetischen Verschränkung von Narration und philosophischer Reflexion eingeordnet werden (Kramer 2003, 69). Denn die komplexe Gestaltungsintention, die sich nicht zuletzt in der sehr häufigen Umarbeitung des Textes durch Benjamin selbst dokumentiert, geht nicht vollständig im Biografischen Gehalt auf, sondern scheint diesem hier systematisch überschüssig. Denn die einzelnen Stücke und vor allem ihr konzeptioneller Zusammenhang treten vielmehr als eine reflexive Praxis der geschichtlichen Organisation von Wahrnehmung in Erscheinung (Beiküfner 2003, 15ff.).

Diese Vermittlung der philosophischen Reflexion qua einer spezifischen literarischen Praxis setzt sich dann auch weit über die konzeptionelle Reihung der Textpassagen hinweg fort. Denn in der Frage nach den konkreten Modi der Überführung leiblicher Apperzeption in gefestigte symbolische Bedeutungsformationen verortet Benjamin die Figur des Kindes nicht etwa als Subjekt der Erfahrung sondern dessen Medium. Der Blick des Kindes steht hier also weniger als ein eigenwillig perspektivierter Erinnerungsträger. Er repräsentiert vielmehr paradigmatisch das Moment, in dem die Spezifik des Benjaminschen Erfahrungsbegriffes – sprich, eine Dimension menschlicher Praxis, in der ein Weltverhältnis als Selbstverhältnis artikulierbar wird und umgekehrt – sich unter dem Fehlen kognitiver Syntheseleistungen herstellt.

Mit dem Blick des Kindes sucht Benjamins literarische Versuchsanordnung schließlich in erkennbarer Opposition zu etwa streng psychoanalytischen Positionen, eine Ordnung, in der Subjekt und Objekt bzw. psychische und materielle Realität explizit keine dichotomische Auflösung im Modell finden, sondern in jenen Namen und Bildern, die auf das ursprüngliche Erfahrungsvermögen des Kindes zurückgehen, ungeschieden bleiben (Beiküfner 2003, 19ff.). Qua retrospektiver Verschriftlichung werden diese spezifischen Sinnformationen[70] und vor allem die ihnen impliziten Überführungsmodi der verkörperten Wahrnehmung in sprachliche Ordnungsmuster anschaulich.

Als eine literarische Versenkung in die sinnlichen Wahrnehmungsregister des Kindes und dessen rege Entstellungsaktivitäten in Form nai-

---

Seong Man. Mimesis und historische Erfahrung. Untersuchungen zur Mimesistheorie Walter Benjamins. Frankfurt am Main [u.a.] 1997.

[70] Die intertextuelle Organisationsform von distinkten Sprachformen und Bildarsenalen zirkuliert innerhalb der jüngeren Sekundärliteratur zum Werk Benjamins unter dem Begriff des Vexierbildes. Vgl. dazu auch Nägele, Rainer. Literarische Vexierbilder. Drei Versuche zu einer Figur. Eggingen 2001.

ver Wortwelten fächert Benjamins „Berliner Kindheit um 1900" das Spektrum einer mimetischen Praxis exemplarisch auf. Sinnformationen, die sukzessiv angelagerte Symbolik mit einem unmittelbaren körperlichen Zugriff verkoppeln, ruft Benjamin als privilegiertes Medium dieser sprachlichen, bedeutungsbildenden Entstellungen aus: Überdeterminierte Wörter, entstellte Kinderverse und innere Bilder. Da im Kontext der „Berliner Kindheit um 1900" das Kind nur exemplarisch für die Formen chronischer Überblendung von den Objekten äußerer Realität, Strukturen der Wahrnehmung und inneren Bildwelten einsteht, nimmt Benjamin schließlich in einem Dreischritt auch die explizite Parallelisierung von kindlichen Erfahrungsmustern und einer medial vermittelten Wahrnehmung vor: Denn konfrontieren die einzelnen Textstücke ursprünglich sinnliche Erfahrungswelten (wie Schmecken, Hören, Tasten) mit ihrer je sekundären Erfahrung durch Repräsentation in Name, Stimme, Sprache und Schrift, so nimmt die horizontale Reihung der Textstücke zusätzlich immer mehr jene Relationen in den Blick, in denen technisch-apparativ vermittelte Realitätseindrücke sich ihrerseits als ein Fortsatz dieser ursprünglich rein sprachlichen Transformation sinnlicher Wahrnehmung darstellen.

Genuin perspektiviert findet sich hier daher nicht etwa die Summe massiver Wahrnehmungsumbrüche als Fluchtlinie der Moderne, sondern vor allem der Begriff des Mediums selbst. Denn dessen ontologische Genese ist in den Überlegungen Benjamins weniger an die historisch objektivierbaren Umbrüche in den Technologien des frühen 20. Jahrhunderts gebunden, sondern scheint stattdessen vielmehr in den ursprünglichen Verhältnisformen von sinnlichem Erfahrungsgehalt und dessen genuine Überführung in sprachliche Ordnungsmuster angelegt. Somit gründet Benjamins Begriff des Mediums primär im mimetischen Vermögen des Menschen und nicht in den Möglichkeiten avancierter Technologie. Denn die Transformation leiblicher Erfahrungsmuster erscheint über alle Vertiefungen medialer Darstellungsformate hinweg bei Benjamin als sinnlich-übergeschichtlich und weniger historisch-apparativ.

Die Gesamtheit der divergierenden Lektüreformen, die Benjamins „Berliner Kindheit um 1900" versammelt, läuft daher in einem mimetischen Vermögen explizit nicht imitativer Natur zusammen. Dieses Vermögen transponiert in Form vorrationaler Akte das je äußerlich stimulierte Erleben einer physischen Realität als eine Wahrnehmung auf darstellende Weise in ein anderes Medium.[71] Partiell aktiviert Ben-

---

[71] Ähnlich fasst Menninghaus seinen Mimesisbegriff im Kontext einer eigenen Explikation der Theorie der Sprachmagie Benjamins (1995, 64).

jamin daher das onomatopoetische Prinzip und verbindet dieses mit der Vorstellung einer nicht bewussten Repräsentation sinnlicher Überflutung: Das jeweilige Medium der Überführung archiviert das körperliche Wahrnehmungserlebnis zunächst sprachlich. Diese leiblichen Erlebnisspuren verdichten sich sukzessive zu notativen Bedeutungstypen, die in sprachlichen oder bildhaften Komplexen schließlich die Synchronisation von leiblicher und symbolischer Sphäre vornehmen.

In seiner Auseinandersetzung mit Baudelaire hebt Benjamin die einseitige Richtung dieser Überführung auf, um zwischen den Formen der verkörperten Subjektivität und den symbolischen Ordnungsräumen explizit ein osmotisches Austauschverhältnis einzurichten (I, 605ff.).

Benjamins Engführung von Freud'scher Erinnerungskonzeption[72] und Re-Lektüre des literarischen Symbolismus sucht daher ein Modell, in dem sensomotorisches Erleben von Wahrnehmung einerseits und dessen reflexive Fixierung in spezifischen Sinnformationen andererseits einander selbst in retrospektiver Produktivität unbegrenzt wieder und wieder aktivieren sowie erweitern können. Mit der Konzeption dieses dynamischen Wechselverhältnisses, in dem die ursprünglich sinnlichen Eindrücke durch ihre darstellende Transponierung in eine sprachliche oder bildhafte Medialität stetig leibhaft aufgerufen werden können sowie die an sie geknüpfte symbolische Ordnung ihrerseits eine sukzessive Neuanlagerung verkörperter Wahrnehmung erfährt, organisiert dieses osmotische Modell Walter Benjamins eine Reihe theoretischer Anschlussmöglichkeiten auch für jene Konstellationen von verkörperter Subjektivität und symbolischen Ordnungsräumen, die kinematografisch generiert und zu einem zeitlich differentiellen Erleben ausgestaltet sind.

2.3.2 Alexander Kluge: Realismus und Möglichkeiten von Erfahrung

Ähnlich wie Benjamins historischer Materialismus sucht auch Alexander Kluge den Komplex der Schulung der Wahrnehmungssinne an ästhetischen Formationen als zentralen Zusammenhang seiner medien-

---

[72] Benjamins Rückgriff betrifft Freuds Trennung von Wahrnehmung als Bewusstseinsleistung und Erinnerung als eine unterbewusste Leistung. Bewusstwerden und bleibende Gedächtnisspur postuliert Freud als für ein und dasselbe System miteinander unverträglich. Benjamin folgert, die Reflexion der Reizabsorption durch das Bewusstsein konstituiere Ereignisse, bleibt dieser reflexive Akt aber aus, geht ein Sinneseindruck in die Erfahrung ein. Vgl. Freud Sigmund. Jenseits des Lustprinzips. In: Ders.: Das Ich und das Es. Metapsychologische Schriften. Frankfurt am Main 1992, S. 191–250.

theoretischen Überlegungen auf. Kluge, der seit seiner ursprünglichen Rolle als Protagonist des Neuen Deutschen Films die Gebiete seiner praktischen sowie theoretischen Arbeit unentwegt vervielfacht, tritt dabei abwechselnd als Filmemacher, Schriftsteller, Philosoph sowie auch Fernsehjournalist öffentlich in Erscheinung. Die Kohärenz innerhalb dieses vielfältigen Schaffens, in welchem Medienpraxis und literarische Reflexion insistierend in das Verhältnis einer wechselseitigen Stimulation von Produktivität eintreten, stiftet zunächst die Frage, wie Geschichte, hier in der Bedeutung einer genuinen Konstellation von Vergangenheit und Gegenwart,[73] generell als sinnliche Erfahrung hergestellt werden kann, wenn gesellschaftliche Ereignisse von historischer Tragweite vorrangig außerhalb der menschlichen Nahsinne stattfinden (Kluge 1983, 313). Der theoretischen Erschließung dieser Frage geht zunächst Kluges literarisches Werk nach, das sich seinerseits im Korrespondenzfeld der drei Bedeutungskomplexe Öffentlichkeit, Erfahrung und Realismus begrifflich organisiert. Eine breite, soziologisch fundierte Organisationsanalyse von Öffentlichkeit leistet Kluge mit Oskar Negt aus kritischer Perspektive (1972). Ausgehend von der Beobachtung einer Privatisierung dominanter menschlicher Erfahrungskomplexe, welche in den massenmedial organisierten Formen von Öffentlichkeit[74] allenfalls ausschnitthaft sowie zum Abstrakten deformiert, nicht jedoch als eine Vielfalt menschlicher Zusammenhänge repräsentiert und kontextualisiert sind, ist hier über die genuine Verschiebung marxistischer Grundbegriffe[75] ein idealtypisches Modell von Öffentlichkeit konzipiert.

Dieses ist gerade nicht in den Formen staatlicher Selbstdarstellung sondern vielmehr in der Lebenserfahrung des Einzelnen verankert (Hickethier 2002, 211). Öffentlichkeit wird in dieser Variante als eine

---

[73] Auch hier sucht Kluge die Nähe zu Benjamins Bedeutungskomplexen der Jetzt-Zeit und der Urgeschichte bzw. dessen geschichtstheoretischen Überlegungen zu beider Verhältnis. Dieses Verhältnis begründet innerhalb Benjamins Reflexion der Geschichtsschreibung eine spezifische Konzeption des Historikers und legt neue Begriffe wie den der Schwelle oder der Passage als weiterführende Diskursräume an.

[74] In diesem Punkt ruft Kluge ein allgemeines Problem aller Formen von bürgerlicher Öffentlichkeit auf. Die Generalisierung und Überformung vormedialer Erfahrungen gründet daher nicht etwa in der Spezifik der Massenmedien, sondern diese formen vielmehr beispielhaft die Krise der Repräsentation von Erfahrung als das zentrale Defizit existierender Öffentlichkeiten aus. Kluges Modell lässt sich somit nicht voreilig auf eine ideologisch gelagerte Medienkritik verkürzen.

[75] So lösen Kluge und Negt den Begriff der Produktion von dem der Ware und entwickeln den Proletarier (wie den Bürgerlichen) daher nicht als klassenkonstitutive Variante des Subjekts sondern spezifischen Teil eines jeden Individuums. Der Begriff der Dialektik wird zudem als Erkenntnisverfahren abgelehnt und zur logischen Operation reduziert.

gesellschaftlich organisierte Erfahrung modelliert, die zum einzigen Träger von Subjekthaftigkeit avanciert. Folglich werden in alternativen Praktiken der Herstellung von Öffentlichkeit – im Unterschied zu massenmedialen Verkürzungen auf eindeutige Kausalmuster – die einst vormedialen Erfahrungszusammenhänge bestimmten Ausdrucksformen zugänglich und übersetzen so vor allem historische Motive in eine gesellschaftliche Gefühlskultur (Schulte 2000, 55f.). Denn die Sinnlichkeit, so Kluges späteres Werk in erkennbarer Fortsetzung, stellt gerade keine gesellschaftliche Naturerscheinung dar, sondern ist als jener privilegierter Modus der Aneignung historischen Materials zu fassen, der erst über eine spezifische operative Ästhetik der Kunst artifiziell gestiftet werden muss (Kluge 1983, 312).

Die Definition von Erfahrung gründet also hier, anders als etwa noch bei Habermas, nicht vorrangig in moralistisch-rationalistischen Komponenten, sondern sie ist in der Perspektive des einzelnen Individuums als ein Komplex irrationaler Prägung angelegt.

Die Begriffsarbeit der Gemeinschaftspublikation mit Oskar Negt führt Kluge im eigenen Werk als die Geste des expliziten Bruchs mit gängigen Formen der kulturellen Kodierung des menschlichen Wahrnehmungsapparates fort und richtet sie auf die Explikation des dritten begrifflichen Komplexes – neben Öffentlichkeit und Erfahrung – aus: Den Realismus modelliert Kluge abseits der dokumentarischen Verehrung der Erscheinungswirklichkeit als die Veröffentlichung aller Kräfte, welche im Gesamtkomplex der Erfahrungsbildung auftreten (Höhne, Kötz 1981, 49). Kluges Realismuskonzeption inkludiert somit ausdrücklich die konkrete Verarbeitungsweise der Wirklichkeit durch den menschlichen Wahrnehmungsapparat[76] (Kluge 1999, 129f.). Als dialektische Kategorie per Definition verankert Kluges Realismus in jedem einzelnen Bild gerade auch die Spuren irrationaler Verfahren der Aneignung und bildet so einen ostentativen Gegenentwurf zu den massenmedial einheitlichen Darstellungsstandards und Dramaturgien der Wahrnehmung.

Modelltheoretisch tritt das genuine Verhältnis von historisch linearer Faktizität und sinnlich regulierten Erinnerungsmustern daher an die Stelle eines ideologischen Kontrastes zwischen Wunsch und Wirklichkeit. Folglich negiert Kluges Konzeption den Realismus auch als funktionale Kategorie der Unterscheidung von Dokumentation und Fiktion. Das realistische Prinzip schöpft seine operative Ästhetik vielmehr aus jenen Formgesetzen, die weder durch kunsttheoretische Klassifi-

---

[76] Alle Komponenten dieser Verarbeitung laufen im theoretischen Werk Kluges im Begriff des Anti-Realismus zusammen.

zierungen der Relation von Form und Inhalt adäquat konturiert sind, noch in ihrer Summe in einem gemeinsamen Genretypus homogen aufgehen.

Schon die kritische Öffentlichkeitskonzeption der Gemeinschaftspublikation mit Negt, welche offensiv als ein emanzipatorisches Gegenmodell einsteht, denkt die alternativen Praktiken der Herstellung von Öffentlichkeit in einem engen Zusammenhang mit Komplexen einer ästhetischen Medientheorie. Begrifflich manifestiert sich die umfassende Überführung gesellschaftstheoretischer Überlegungen in eine spezifische Medienpraxis und an sie gebundene Rezeptionsmodelle aber erst in der genuinen Konzeption der Montage. Diese Konzeption organisiert sich im Werk Kluges vor dem Hintergrund der Fragestellung, was mediale Bilder zu leisten im Stande sind, wenn ihre reine Abbildfunktion suspendiert ist bzw. worauf sie verweisen, wenn ihr Realitätsgehalt fraglich ist (Uecker 2000, 128).

In der Auffassung vom Kino als projizierte Reproduktion der Funktionsweise des menschlichen Gehirns (Kluge 1999, 127) findet sich die Montage zur Abbildung der Formen subjektiver Wahrnehmung und ihrer begleitenden Assoziationsströme analogisiert. Da die Montage hier in ihrer anthropologisch-mimetischen Neufundierung erkennbar auf die rege Stimulation des Wahrnehmungsapparates qua seiner Nachahmung angelegt ist, mobilisiert die Reihung einzelner Einstellungen keine äußerlichen Zusammenhänge sondern primär dialogische Felder miteinander korrespondierender Erfahrungen. Im Akt der Montage grenzt sich Kluges operative Ästhetik daher vom illusionistischen Gestus des konventionellen Erzählkinos sowie von den Typen schematischer Begriffsbildung avantgardistischer Montageschulen klar ab.

Doch als ursprünglich filmtheoretische Kategorie erfährt die Montage hier eine explizite Dehnung. Denn auch beispielsweise Kluges Prosatexte[77] montieren einerseits disparate Dokumente der historischen Wahrnehmung zu fluktuierenden Varianten eines kollektiven Erfahrungsschatzes der Geschichte und entwerfen andererseits visuelle Fixpunkte, die als Kontrastmomente der eröffneten ästhetischen oder individuellen Szenarien fungieren (Bechtold 1983, 245ff.).

---

[77] Zu Kluges prosaischen Gestaltungsprinzipien siehe Seeßlen, Georg. Interview/Technik oder Archäologie des zukünftigen Wissens. Anmerkungen zu den TV-Interviews Alexander Kluges. In: Schulte, Christian; Siebers, Winfried (Hrsg.): Kluges Fernsehen. Alexander Kluges Kulturmagazine. Frankfurt am Main 2002, S. 128–137.

Kluges Montagekonzeption erfasst daher filmübergreifend jene rezeptionsästhetisch kalkulierten Techniken künstlerischer Gestaltung, mit denen intertextuelle Bruchstellen, als jeweils individuelle Anschlussstellen konnotativer Zusätze, auf eine assoziative Induktion innerer Bilderströme angelegt werden.

Die beschriebenen Leerstellen, die in ihrer ostentativen Emergenz den Ort der Emanzipation des Rezipienten bilden, stehen somit im komplexen Verbund der Medienpraktiken Kluges als eigentliche Ausdrucksform filmischen und literarischen Erzählens.[78]

Die systematische Transformation dieser äußerlich disparaten Darstellungsformen in die Beschreibung eines genuinen Modells ästhetischer Erfahrung lässt sich effektiv an Kluges televisuellen Kulturmagazinen vornehmen. Diese sind bereits Gegenstand einer ganzen Reihe medienwissenschaftlich fundierter Betrachtungen, deren Re-Lektüre hier streng auf rezeptionsästhetisch relevante Komplexe konzentriert bleiben soll.

Die Ostentation des Zwischenraums zweier Einstellungen sucht Kluges Fernsehpraxis, die grundsätzlich in das Interviewformat und einen spezifischen Typus des audiovisuellen Essays zerfällt,[79] in stilistisch unterschiedlichen Varianten wie dem Freeze-Frame oder eingeschnittenen Schwarzbildern, die als Ausdrucksformen apparative Grundbedingungen des filmischen Bewegungsbildes aufrufen (Sombroek 2005, 107).

Die so montierten Einstellungen stiften semantische Zwischenräume, die weder durch rationales noch kausalgenetisches Denken, sondern allein jene assoziativen Prinzipien zu füllen sind, in denen traditionelle Bedeutungsdramaturgien des Fernsehens künstlich aufgehoben scheinen. Und in dieser Prämisse, disparate Bilder stiften als eine begrifflich inkommensurable Engführung[80] erst die individuell-sinnliche Arbeit am Material, fundiert Kluge seine gesamte Medienpraxis. Da die ap-

---

[78] Diese Leerstellen müssen als offensive Verweise auf Eigenschaften des jeweiligen Mediums auch als praktischer Fortsatz des Einspruchs gegen den naiven Abbildrealismus gelten, da Kluge im audiovisuellen und prosaischen Werk Dokumente im Gestus medialer Selbstreferenz aufgesprengt und sie als Realitätsfiktion demaskiert. Vgl. auch Mieth, Corinna. Das Utopische in Literatur und Philosophie. Zur Ästhetik Heiner Müllers und Alexander Kluges. Tübingen 2003.

[79] Für diese Teile der Kulturmagazine kursieren auch Bezeichnungen wie die des audiovisuellen Essayismus (Schulte 2002, 65) oder die der elektronischen Ästhetik (Uecker 2000, 121f.).

[80] Die Entstehung einer neuen Bedeutungseinheit durch die begrifflich inkommensurable Reihung zweier Einstellungen legen die Texte Kluges im Phänomen der Epiphanie theoretisch an (1999).

perzeptive Fülle auf der Ebene der Darstellung keiner finalen Sinnzuschreibung unterzogen wird, tritt die rationale Erkenntnis am Material vor der Organisation individueller gesellschaftlicher Erfahrungen – nämlich durch die sinnliche Teilhabe des Einzelnen – zurück. Die konzeptionelle Versuchsanordnung der Kulturmagazine mobilisiert eine spielerische Wahrnehmungsbereitschaft, die die weiterführenden Transkriptionsleistungen des Rezipienten in den Raum des Assoziativen verschiebt und dort in sinnlichen Zusammenhängen ihr ästhetisches Potential entfaltet.

In Abgrenzung zur auktorialen Sinnproduktion, dem favorisierten Vermittlungsmodus anstaltsmäßig organisierter Fernsehformate, entwirft Kluges Medienpraxis die Rezeption als einen produktiven Prozess, in dem der Zuschauer selbst als Autor seiner Erfahrung fungiert. Es ist exakt dieser Idealtypus medial konstituierter Wahrnehmung, in dem sämtliche poetische Dimensionen der Kulturmagazine (von der thematischen Geschlossenheit über die Ablehnung des Off-Tons sowie die Bindung der Dispositive öffentlicher Ausdrucksformen an Komplexe des Empfindens in der programmatischen Verschmelzung heterogener Materialien) funktional zusammen laufen. Auch die Auffälligkeit der massiven Interviewpräsenz innerhalb der Kulturmagazine kann in dieser Perspektive rezeptionsästhetisch aufgeschlüsselt werden: Kluges eher einkreisende Fragetechnik, die zumeist auf das thematisch Abseitige als Erkenntnismöglichkeit drängt, stellt atmosphärische Gesprächsräume her, welche in ihrem Zusammenspiel mit der insistierenden Großaufnahme des Gesichts als grundsätzlich „affektive Situation(en)" (Blümlinger 2002, 109) zu fassen sind. Das Rededispositiv also entwickelt exemplarische Varianten eines assoziativen Prozesses, die ihrerseits Ansätze herstellen, an die sich Bewegungen der selbstregulierten Phantasie des Zuschauers auf der aktiven Suche nach individuellen Korrespondenzen heften können (Schulte 2000, 56f.).

Das Verhältnis von verkörperter Subjektivität und symbolischer Bedeutung formiert sich hier als eine spezifische Ordnung der Wahrnehmung: Die Pluralität der Dokumente stiftet chronisch fluktuierende Semantiken, die durch die Montage der einzelnen Einstellungen keine Aufhebung sondern ihre radikale Ostentation und Verschärfung erfahren. Das somit zwangsläufige Scheitern rein kognitiver Syntheseleistung leitet die sinnliche Verknüpfung der einzelnen Darstellungselemente als einen alternativen Prozess der Materialerschließung ein. In dieser ästhetischen Versuchsanordnung durchläuft der Rezipient Brüche mit rationalen Typen der Erkenntnis bewusst als die konstitutive

Bedingung des Zeiterlebnisses einer leibhaft fundierten Evidenz der Erfahrung.[81]

Insgesamt tritt hier das ausdrücklich sensomotorisch gebundene Wahrnehmungserleben den Akten der symbolischen Bedeutungsbildung nicht als ein strenger Antagonismus sondern als deren essentielles Medium gegenüber. Diese spezifische Art der Wahrnehmung ruft in ihrer produktiven Korrespondenz mit bestimmten Formen des zeitlichen Erlebens sowie einer neuen Wertigkeit der jeweiligen Materialen partiell einen aktuellen geisteswissenschaftlichen Diskurs auf, nämlich den der Performativität. Dieser Diskurs verschiebt seinerseits zentrale kulturtheoretische Fragestellungen in die Perspektive des Ereignisses. Abseits rein hermeneutischer Zugriffe auf ästhetische Formate werden dabei die Prinzipien der Transformation des Zuschauers in einen Akteur grundlegend am Konzept leiblicher Ko-Präsenz ausgerichtet und genauer bestimmt (Fischer-Lichte 2004).

Im Mittelpunkt der Auseinandersetzung stehen daher jene durch mediatisierte Formen der ästhetischen Erfahrung ausgelösten Affekte, welche die Möglichkeiten der reinen Reflexion, Bedeutungskonstitution sowie auch Interpretation systematisch übersteigen.[82]

Obgleich Kluges komplexe Fernsehpraxis im Diskurs der Performativität nicht vollständig aufgeht, stellt sich zumindest das in seinen Kulturmagazinen angelegte Oszillationsverhältnis von Werk und Zuschauer, als Kernstück einer genuinen Konzeption des Rezeptionsprozesses, klar in die Linie eines performativen Kulturbegriffes.

Denn im Modell der sukzessiven Abfolge von radikalem Scheitern kognitiver Syntheseleistung und assoziativ hergestellten Formen verkörperter Subjektivität, als ihre genuine, eben medienvermittelte Konstellation, stiftet der volle Umfang Kluges operativer Ästhetik den Rezeptionsakt des Zuschauens ausdrücklich als eine aktive Handlung, genauer, eine nachhaltige Teilhabe des individuellen Sinnesapparates an den Prozessen der Kulturproduktion.

---

[81] Auf der Basis dieser Beobachtung ruft die Sekundärliteratur Kluges Kulturmagazine vereinzelt auch als beispielhafte Varianten einer mnemotechnischen Praxis aus (Schulte 2000, 67).

[82] Der Diskurs der Performativität kann hier nur als ein knapper Exkurs aufgenommen und nicht in vollem Umfang rekapituliert werden. Zu einer theoretischen Konfrontation der Kategorie des Performativen mit unterschiedlichen Formen mediatisierter Erfahrung siehe exemplarisch Fischer-Lichte, Erika; Horn, Christian; Umathum, Sandra; Warstat, Matthias (Hrsg.): Wahrnehmung und Medialität. Tübingen und Basel 2001.

Zwischenfazit und Analysemodell

Das erste Kapitel der vorliegenden Untersuchung hat einleitend die filmwissenschaftliche Theorieschreibung zum Katastrophenfilm überblickt, dann deren rezeptionsästhetische Zuschreibungen vergleichend systematisiert und schließlich die zentralen Begriffe der Analyse terminologisch geschärft.

Die literarische Bestandsaufnahme legte folgende Schwerpunkte der existierenden Theoriebildung zum Katastrophenfilm offen: In den späten sechziger Jahren tritt mit der kritischen Fragestellung nach den unterschiedlichen medialen Repräsentationstypen von Realität auch das Motiv der Katastrophe in breite Diskursräume ein (Sontag 1965). Diese frühen Auseinandersetzungen mit den ästhetischen Abbildprinzipien der Katastrophe sind zunächst noch nicht streng auf die kinematografischen Repräsentationsformen konzentriert, sondern sie bewegen sich argumentativ flexibel zwischen unterschiedlichsten Formaten der Kunst und Literatur (Kermode 1967). Dabei werden die Akte artifizieller Generierung von kollektiven Empfindungszuständen systematisch mit sozialkritischen Diskursen synchronisiert und – gerahmt von einem eher medienskeptischen Paradigma – vorrangig aus der normativen Perspektive problematisiert.

Erst in den siebziger Jahren richtet sich die wachsende Anzahl wissenschaftlicher Untersuchungen fiktionaler Repräsentationsformen der Katastrophe klar auf kinematografische Darstellungen. Bereits erste umfangreichere Filmanalysen postulieren intuitiv den Status des Genres und führen den Begriff des Spektakels in den sich formierenden Prozess der Theoriebildung ein (Yacowar 1977). Im Rahmen der narrativ zentrierten Lektüre eines als kompositorisch homogen postulierten Filmkorpus werden die verschiedenen Typologien der formalen Gestaltung zu einem genretheoretischen Ordnungssystem ausgebaut, innerhalb dessen sich der Rezeptionsbegriff von sozialkritischen Diskursresten löst. An die ursprüngliche Stelle dieser Diskursreste tritt schrittweise die Auffassung einer habitualisierten und erwartungskonsistenten Filmwahrnehmung (Shatzkin 1980). Diese Katalogisierung äußerlicher Gestaltungsmerkmale behauptet bis heute eine stabile Tradition (Keane 2001), obgleich dieser strenge Fokus auf die formalen Typologien des Katastrophenfilms ästhetische Fragen und somit auch den Komplex der kinematografischen Affizierung in breiten Teilen ausklammert.

Einen Bruch mit diesem texttheoretischen Genreverständnis vollziehen erst jüngere Essays (Nessel 2000) sowie vereinzelt feuilletonistische

Formate der gegenwärtigen Filmkritik. Dabei suchen deren Schwerpunkte zunehmend die Fragestellung nach komplexen Beziehungstypen von kinematografischer Bildlichkeit und der Mobilisierung kollektiver Empfindungszustände. In dieser Perspektive scheint der explizit rezeptionsästhetische Zugriff auf das Naturkatastrophenkino schließlich initiiert. Über die aktive Problematisierung der fehlenden theoretischen Rahmung dieser affektzentrierten Fragestellung entwickeln einige zeitgenössische essayistische Formate terminologische Anschlüsse an ausgewählte Bausteine tradierter geistesgeschichtlicher Linien (Wills Foote 2007), um schließlich in den Komplexen der Melodramatisierung, der Ästhetisierung und des filmischen Terrors explorativ die dominanten ästhetischen Tendenzen des Naturkatastrophenkinos zu skizzieren (Seeßlen 2001, Röggla 2006).

Manifestiert sich innerhalb der gegenwärtigen Theorieschreibung zum Naturkatastrophenfilm daher auch erkennbar ein erster Erkenntnisstand zur Filmwahrnehmung, so suchen die postulierten ästhetischen Tendenzen erst noch ihre umfassende Verifikation in der filmanalytischen Arbeit. Zusätzlich steht vor allem der systematische Anschluss dieser ersten rezeptionsästhetischen Überlegungen an ambitionierte Modelle der zeitgenössischen Emotionsforschung – als eine sehr produktive Verbindung von fortgeschrittener Analysepraxis einerseits und kulturtheoretischer Neufundierung zuvor texttheoretischer Perspektiven andererseits – zum gegenwärtigen Zeitpunkt noch vollständig aus.

Als forschungsstrategische Konsequenz aus den einerseits zwar konsistenten, andererseits jedoch analytisch-explorativ generierten Annahmen innerhalb der gegenwärtigen Theorieschreibung zur rezeptionsästhetischen Qualität des Naturkatastrophenfilms ist im weiteren Verlauf des ersten Kapitels daher ein produktiver Rückgriff auf drei Genrekomplexe vorgenommen. Im Rahmen dieser ausgewählten Genrekomplexe sind die drei rezeptionsästhetischen Attribute der Melodramatisierung, der Ästhetisierung und des filmischen Terrors bereits filmanalytisch aufgeschlüsselt und auf der Ebene konzentrierter Theoriebildung zu Grundformen der kinematografischen Affektmodellierung vertieft. Im Zuge dieser begründeten, zielgerichteten Hinwendung zum Melodram, Kriegsfilm und Horrorfilm sind die drei rezeptionsästhetischen Zuschreibungen, welche die junge Theorieschreibung zum Naturkatastrophenkino zunächst explorativ generiert, je systematisch in ganz konkrete, filmanalytisch operationalisierbare Fragestellungen überführt.

Zusätzlich ist anschließend im Rückgriff auf jene Beiträge, die die Frage nach den filmischen Poetologien des Blockbusterformats nicht in strategischer Ausrichtung auf ökonomische Mechanismen sondern in ästhetischen Annahmen fundieren sowie ausgewählte Diskurse der gegenwärtigen Theatertheorie der Spektakelbegriff zum selbstbezüglichen Modus kinematografischer Bildlichkeit expliziert. Dieser organisiert im Bruch mit den Prinzipien rein referentieller Zeichenhaftigkeit Einsichten in die zeitliche Struktur einer Darstellung, welche punktuell eine ostentative Divergenz zwischen den interpretierenden Deutungsprozessen und dem rein handlungslogischen Verstehen stiften. Im konkreten Verständnis dieser filmanalytischen Untersuchung organisiert das Spektakelbild daher als genuiner Darstellungstypus im reflexiven Überhang seiner gegenständlichen Bezüge einen geschlossenen Akt der zeitlichen Versenkung in die künstlichen Register des Bildes. Dabei sind die Objekte dieser reflexiven Selbstbespiegelung einer Darstellung flexibel angelegt, sie reichen von Beispielen der visuellen Spreizung zeitlicher Tempi (als bildliche Evidenz eines artifiziell modulierten Zeiterlebens) über die Möglichkeiten der punktuellen Ostentation ästhetischer Bedarfsstrukturen bis hin zur Variante bildlich manifester Verweise auf den affektdramaturgischen Rang einer spezifischen Darstellung. In dieser Definition ist so neben den bereits konkretisierten Formen genreästhetischer Anleihen vorbereitend auch das Spektakelbild zum filmanalytisch operatonalisierbaren Komplex entwickelt.

Da die Frage nach den kinematografischen Modi der Generierung von Innerlichkeit im Rahmen der Filmtheorie eine sehr stabile Tradition behauptet, die sich neben einer starken Pluralität der Untersuchungsansätze auch in einem stetig fluktuierenden Affektbegriff niederschlägt, entwickelt das zweite Kapitel dieser Untersuchung eine produktive Absage[83] an Versuche der streng oppositionellen Anordnung der Modellvarianten und die damit verbundene Ambition einer geschlossenen Systematisierung der Theorieschreibung: In der Skizzierung zweier komplementärer Paradigmen, die eine Auswahl verschiedener Forschungsansätze vorübergehend aus dem bereits kanonisierten Verständnis der für sie ursprünglich konstitutiven Schulen löst und jeden einzelnen dieser Ansätze als genuine emotionstheoretische Einheit fasst, wurde hier ein flexibles Ordnungssystem gebildet, das zwischen den heterogenen Affektbegriffen rezeptionsästhetisch relevanter

---

[83] Dieses Erkenntnisverfahren gründet im Gegensatz zu oppositionellen Anordnungen oder geistesgeschichtlichen Systematisierungsversuchen unterschiedlicher Affektbegriffe in einem ausdrücklichen Interesse an Mustern inhaltlicher Korrespondenz, Überlappung sowie Verschiebung.

Schriften bewusst ein inhaltliches Resonanzverhältnis herstellt. Dabei organisierte das strukturelle Paradigma zunächst jene Ansätze, die das Filmerleben schwerpunktmäßig als einen formal induzierten Prozess ausarbeiten bzw. diesen vom filmischen Text her und dessen apparativ gebundenen Mechanismen der Stimulation denken. Ergänzend fügte das somatische Paradigma jene Ansätze, die das Filmerleben vordergründig als leiblich fundierten Prozess ausarbeiten bzw. diesen vom individuellen Subjekt der Rezeption her und dessen Grundlagen sinnlicher Wahrnehmung denken.

Unter dem strukturellen Paradigma reihen sich daher ausgewählte Beiträge der Gestalttheorie (Arnheim), der französischen Filmsemiotik (Metz) mit ihrer linguistischen Explikation im Konzept der Enunziation (Casetti) bzw. ihrer feministischen Vertiefung im Konzept der Schaulust (Mulvey), neoformalistische Positionen (Bordwell und Thompson), kognitive Empathiemodelle (Tan und M. Smith) sowie gegenwärtige Versuche deren Erweiterung zu komplexen Entwürfen der Filmwahrnehmung (Wulff, G. M. Smith, Platinga). Durchläuft der Affektbegriff auf dieser ersten kumulativ geführten Linie ganz unterschiedliche konzeptionelle Varianten, so schließt das strukturelle Paradigma in seinen gegenwärtigen Beiträgen vorläufig mit einem distinkten Affektbegriff, der die kognitiven, leiblichen und emotionalen Komplexe zur spezifischen Vorstellung einer fundamentalen, stabilen Färbung von Innerlichkeit koppelt, vor deren Hintergrund sich punktuelle Emotionsregungen vollziehen. Das artifiziell generierte und modulierte Empfinden des Zuschauers ist somit als ein multipler Erfahrungsraum sinnlicher Aktivität sowie auch ein potentielles Objekt reflexiver Wahrnehmung angelegt.

Unter dem somatischen Paradigma reihen sich ergänzend Beiträge der Ausdruckstheorie (Balázs), avantgardistische Montagekonzeptionen (Eisenstein), semiologisch fundierte Essays (Barthes), umfassende Bildertaxonomien (Deleuze), phänomenologische Positionen (Merleau-Ponty), deren filmtheoretische Re-Lektüre (Sobchack) sowie auch ihre leiblich-responsive Wendung durch Diskurslinien der Philosophie (Waldenfels) und Emotionstheorie (Voss). Durchläuft der Affektbegriff auch in dieser Kumulation konzeptionell ganz unterschiedliche Varianten, so schließt das somatische Paradigma in den jüngsten Beiträgen vorläufig mit einem Affektbegriff, der als genuine Verstehensform kausaler, zeitlicher und semantischer Relationen im Prinzip des Leibes die zentrale Modalität des Erlebens äußerer sowie selbstbezüglicher Wahrnehmung konzeptualisiert. Diese spezifische Vorstellung vom Kino als ein Erfahrungsraum verschiedener Synthesetypen sinnlicher und begrifflicher Ordnungen perspektiviert die Filmrezeption somit zunehmend als eine ästhetische Praxis.

Die Aufarbeitung emotionstheoretischer Untersuchungen zeigt mit formalem Blick auf die Diskursverläufe zunächst, dass das inhaltliche Wechselverhältnis der affektbegrifflichen Varianten untereinander sich im Vergleich beider Paradigmen verschieden organisiert. Denn während die lebhafte Zirkulation des Affektbegriffes innerhalb des strukturellen Paradigmas eine sehr breite Vielfalt inhaltlicher Bedeutungen deckt und diese terminologische Unschärfe erst in der späten expliziten Vertiefung des Begriffes umfassend aufgehoben ist, deckt umgekehrt das somatische Paradigma die eingeschränkte Zirkulation des Affektbegriffs im aktiven Entwurf von Synonymen, um im substitutiven Prinzip der terminologischen Vielfalt den Affekt bereits innerhalb der frühen Theorieschreibung konzeptionell zu differenzieren.

Daraus ergibt sich als zweite Erkenntnis dieser Aufarbeitung affektbegrifflicher Varianten, dass beide kumulativ geführten Linien den Affekt gerade nicht als verfügbare Ordnung stabiler Terminologien entfalten, sondern die begriffliche Arbeit am Affekt vielmehr als ein vitales und ungeschlossenes Fragefeld ausrichten bzw. dieses stetig aktiv problematisierten. In genau dieser Perspektive löst der Theorieteil dieser Untersuchung die Realität der filmwissenschaftlichen Emotionstheorie von der Vorstellung eines affektbegrifflichen Inventars und konturiert die Prozesse gegenwärtiger Affekttheoriebildung stattdessen als einen Diskursraum sich lebhaft kreuzender Hypothesen.

Beide Paradigmen – so schließlich eine dritte Erkenntnis der affektbegrifflichen Bestandsaufnahme – schließen trotz ihrer heterogenen Prinzipien der Begriffsbildung und einer wachsenden Zahl zur Disposition stehender emotionstheoretischer Annahmen aus inhaltlich vergleichender Perspektive mit jeweils komplexen Affektbegriffen, die gerade nicht vordergründig in Opposition treten, sondern sich in folgenden Punkten erkennbar überlagern:

Die ursprüngliche Dichotomie von rationaler Erkenntnis und sinnlichem Wahrnehmen ist explizit in ein dynamisches Wechselverhältnis überführt und der einzelne Film als synästhetische Ansprache gefasst. Der Affekt organisiert die jeweils prinzipielle Färbung einer ästhetisch generierten Innerlichkeit, faltet vor deren Hintergrund multiple Erfahrungsräume des Empfindens auf und mobilisiert diese auch als ein potentielles Objekt sinnlicher Selbstbezüge, um sie den reflexiven Formen der Wahrnehmung zugänglich zu machen. Während die Beiträge des strukturellen Paradigmas innerhalb dieser inhaltlichen Korrespondenzfelder eher auf die jeweiligen Prädispositionen, also die Modi der vorbewussten Antizipation emotionaler Erfahrung konzentriert sind, exponieren die Beiträge des somatischen Paradigmas vor allem die Akte selbstbezüglicher Wahrnehmung des sinnlich empfindenden Subjekts als einen spezifischen Gegenstand des ästhetischen Genießens.

Obgleich beide Paradigmen ihren Schwerpunkt zunehmend in die Perspektive eines ästhetisch generierten Zusammenspiels der verkörperten Formen von Subjektivität mit den Manifestationen semantischer Bedeutungstypen rücken, findet sich dieses in keinem der beiden Paradigmen modellhaft als ein spezifisches Wechselverhältnis vertieft.

Aus diesem Grund fragt das zweite Kapitel der Untersuchung im Anschluss an die affektbegriffliche Revision filmtheoretischer Positionen nach ergänzenden Modellierungen des Wechselspiels von Prozessen des begrifflichen Verstehens und jenen sinnlicher Teilhabe. Schließlich sind zwei ausgewählte medienphilosophische Standpunkte vertieft, die – je fundiert in einem Typus der reflexiven Medienpraxis – das angeführte Wechselverhältnis in einer konkreten Modellvariante reflektieren und so theoretisch anschaulich werden lassen.

Zunächst ist dabei Walter Benjamins Fragestellung nach der Korrespondenz des Wandels der Kommunikationsbedingungen mit signifikanten Brüchen in den Erfahrungstypen der Moderne aufgenommen und kurz als sprachtheoretisch fundierte Position des historischen Materialismus aufgefaltet. Im Begriff der Ähnlichkeit ist dabei jenes Konzept aufgespürt, das Benjamin als die privilegierte Ausdrucksform etwaiger Wechselverhältnisse von verkörperter Subjektivität und den symbolischen Ordnungsräumen anlegt, deren systematische Entzifferung dann primär am Beispiel rein sprachlicher Medien vorgenommen ist. So steht Benjamins autobiografisch fundierte Textsammlung „Berliner Kindheit um 1900" erkennbar als eine reflexive Praxis der geschichtlichen Organisation von Wahrnehmung ein, welche die Anschaulichkeit spezifischer Typen der Überführung verkörperter Wahrnehmung in sprachliche Ordnungsmuster im Versuch einer retrospektiven Verschriftlichung kindlicher Sinnformationen herzustellen sucht. Anhand der sprachlichen Aneignungstypen körperlichen Erlebens skizziert diese literarische Versenkung in sinnliche Wahrnehmungsregister exemplarisch einige Varianten des vorrationalen Aktes der darstellenden Transponierung äußerer Wahrnehmung in andere Medialitäten. Notative Bedeutungstypen, ganz gleich ob sprachlicher oder bildlicher Natur, nehmen in Benjamins Perspektive die Archivierung körperlichen Erlebens in Form einer genuinen, explizit dynamischen Synchronisation von leiblicher und symbolischer Sphäre vor.

Benjamins spätere Lektüre Baudelaires vertieft diese Konzeption zu einem osmotischen Modell, in dem sich die Relation von Formen verkörperter Subjektivität und den Räumen symbolischer Ordnung als retrospektives Potential wechselseitiger Aktivierung darstellt: Sprachliche oder bildhafte Notationen von Bedeutung können das ursprünglich körperliche Erleben auch rückwirkend aufrufen, ebenso bleiben die symbolischen Register ihrerseits ungeschlossene Systeme, da sich darstellende Transponierungen zukünftiger leiblich evidenter Wahrnehmung anlagern können.

Im punktuellen Anschluss an Benjamins Position des historischen Materialismus umkreist auch das vielfältige Werk Alexander Kluges die Frage, wie Geschichte in den Modi ihrer medialen Vermittlung als eine sinnliche Erfahrung hergestellt werden kann. Aus kritischer Perspektive konzipiert Kluge den Idealtypus von Öffentlichkeit zunächst als Träger von Subjekthaftigkeit bzw. den einer Medienpraxis als die erkennbare Überführung vormedialer Zusammenhänge in sinnlich erfahrbare Ausdrucksformen. Zudem konzeptualisiert Kluges Begriff des Realismus in der Variante der Ostentation irrationaler Verfahren der Materialaneignung den Bruch mit massenmedial vereinheitlichten Darstellungsstandards und auch einem Teil kultureller Codierungen des menschlichen Wahrnehmungsapparates.

Im Begriff der Montage ist die Vielfalt Kluges theoretischer Überlegungen schließlich in konkrete ästhetische Operationen überführt, die anhand der Fernsehpraxis Kluges zum spezifischen Verhältnis von verkörperter Subjektivität und symbolischen Ordnungsräumen expliziert werden können: Die Kulturmagazine stellen über die distinkte Reihung ihrer Einstellungen semantische Zwischenräume her, welche sich nicht in den Prinzipien kausaler Logik, sondern nur über assoziative Prozesse zu Sinneinheiten schließen lassen. Die Kulturmagazine suchen daher neben dem künstlichen Bruch mit tradierten Bedeutungsdramaturgien – wie sie eine auktoriale Sinnproduktion gewöhnlich verfügbar macht – die begrifflich inkommensurable Engführung der Darstellungen, um die individuelle sinnliche Arbeit am Material zu stimulieren. Da diese apperzeptive Fülle Möglichkeiten rationaler Erkenntnis am Gegenstand systematisch übersteigt, sind die fluktuierenden Semantiken im assoziativen Raum dezidiert über das Zeiterleben leibhaft fundierter Evidenz der Erfahrung synchronisiert. Die Summe der sensomotorisch gebundenen Empfindungen ist daher stetig als privilegierte Medialität symbolischer Bedeutungsformen her- und ausgestellt.

Während das osmotische Modell Benjamins die wechselseitige Aktivierung von leiblicher Wahrnehmung und den diskursiven Formationstypen in der ästhetischen Erfahrung erkennbar als einen alternierenden Dualismus anlegt, entfaltet Kluges serielles Modell der sinnlichen Erfahrungsevidenz das ästhetisch gestiftete Scheitern kognitiver Syntheseleistungen selbst als die spezifische Realisierung sinnlicher Wahrnehmungsoperationen.

Die Elemente des hiesigen filmanalytischen Modells treten hier langsam zusammen. Denn aus der vorgenommenen Bestandsaufnahme und Systematisierung filmwissenschaftlicher Auseinandersetzung mit dem Naturkatastrophenkino, dem anschließend begründeten Rückgriff auf drei angrenzende Genretheorien, der Revision ästhetisch ausgerichteter Spektakelvarianten in den theoretischen Modellierungen reflexiver Praktiken des Theaters durch das erste Kapitel der Arbeit sowie der affektbegrifflichen Bestandsaufnahme und den ausgewählten medienphilosophischen Exkursen durch das zweite Kapitel der Arbeit ergibt sich folgende Konstellation theoretischer Komplexe als ein robuster Umriss des filmanalytischen Modells: Die formale Filmanalyse muss die kompositorischen Ordnungsmuster des audiovisuellen Materials zunächst in systematischer Form erfassen und diese anschließend auf die drei Tendenzen der Melodramatisierung, Ästhetisierung und des filmischen Terrors hin prüfen. Die kinematografische Bildlichkeit ist zudem hinsichtlich reflexiver Darstellungstypen, wie sie der theoretische Entwurf des Spektakelbegriffes präzisiert, zu befragen. Schließlich sollen die herausgearbeiteten formalen Spezifika in ihren ästhetischen Verhältnisformen beschrieben und abschließend zum affektpoetologischen Ordnungssystem, welches diese ausbilden, abstrahiert werden.

Das affektpoetologische Analysemodell muss an dieser Stelle daher den Entwurf eines transparenten Konzepts der formalen Filmanalyse leisten, die konkrete Operationalisierung der genreästhetischen Anleihen ergänzen und schließlich die Explikation des Spektakelbegriffs sowie die Zusammenstellung ausgewählter Instanzen des affektbegrifflichen Komplexes vornehmen. Aus der Summe dieser notwendigen Ergänzungen formiert sich hier abschließend das affektpoetologische Filmanalysemodell dieser Untersuchung, das sich seinerseits in Form dreier trennscharfer Untersuchungsabschnitte beschreiben lässt:

Als erster Untersuchungsabschnitt erfasst dabei eine formale Analyse der Filmgestaltung das Repräsentationssystem, die Narration, das Figurensystem und die dominanten Muster der filmischen Bildlichkeit: Im Abschnitt des Repräsentationssystems wird die äußerliche Organisation von Raum und Zeitlichkeit als die primäre Grundlegung diegetischer Kohärenz erarbeitet. Der Abschnitt der Narration identifiziert danach die differentielle Entfaltung der Erzählung in dieser äußerlichen Zeitlichkeit und der Abschnitt des Figurensystems schlüsselt dann innerdiegetische Manifestationen von spezifischen Daseinsweisen sowie deren ästhetische Ausgestaltung in den Registern des Schauspiels auf. Der zusätzliche Komplex der kinematografischen Bildlichkeit zeichnet als transkategoriale Dimension der formalen Analyse zudem omnipräsente Kompositionsmuster der filmischen Darstellung nach.

In einem zweiten Untersuchungsabschnitt werden die in aktuellen Forschungsbeiträgen zirkulierenden Zuschreibungen an das Naturkatastrophenkino und dessen rezeptionsästhetische Spezifika dann dem ausstehenden Versuch ihrer filmanalytischen Verifikation unterzogen: Die Summe der formalen Erkenntnisse wird anhand filmanalytisch explizierter Fragestellungen auf die Tendenzen der Melodramatisierung, Ästhetisierung und des filmischen Terrors hin geprüft. Die Tendenz der Melodramatisierung erfragt dabei, inwieweit symbolische Register in die horizontale Organisation der Erzählung bzw. metaphorisierte Formen von Innerlichkeit in die Bildlichkeit des Naturkatastrophenfilms oszillieren und ob narrativ induzierte Begehrensstrukturen als die zentrale Modalität der Rezeptionserfahrung greifbar werden. Die Tendenz der Ästhetisierung erfragt dann, welche Formen hegemonialer Blickführung oder dissoziierter Raumerfahrung inszeniert sind und ob die formale Ausgestaltung fiktionaler Leidensgehalte einerseits und leibliche Sphäre des Zuschauers andererseits in axiomatisierte Verhältnisformen treten. Die Tendenz des filmischen Terrors prüft schließlich, ob Formen der narrativen Zirkularität zur ästhetischen Erfahrung kollabierender Zeit organisiert sind, ob Variationen der Angstlust existieren und diese deutlich zum filmischen Entwurf einer furchtsamen Ordnung des Sehens verdichtet sind. In dieser analytischen Perspektive kann jede der drei rezeptionsästhetischen Zuschreibungen als konkrete Ausprägung der Negation, Variation oder Tradierung genreästhetischer Prinzipien abgebildet sowie im Anschluss an die fünf Detailanalysen vergleichend beschrieben werden.

Da existierende Forschungsbeiträge zum Naturkatastrophenkino Hollywoods auch den Spektakelbegriff terminologisch unscharf aufgreifen, befragt der Untersuchungsabschnitt der analytischen Verifikation – neben den genreästhetischen Anleihen – zusätzlich die filmischen Darstellungsmuster in der Perspektive der erfolgten theatertheoretischen Schärfung des Spektakelbildes. Dabei werden Formen der filmischen Darstellung gekennzeichnet, die komplexe Ausdrucksbewegungen realisieren und im punktuellen Bruch mit rein referentieller Zeichenhaftigkeit ostentative Einsichten in die zeitliche Struktur des Bildes generieren. Zusätzlich zu den genreästhetischen Anleihen werden daher auch die bildlich-reflexiven Manifestationen affektdramaturgischer Komplexe systematisch der filmanalytischen Verifikation sowie später der vergleichenden Betrachtung unterzogen.

In einem dritten Untersuchungsabschnitt schließlich werden die Ergebnisse der formalen Analyse einerseits sowie der filmanalytischen Verifikation der theoretisch postulierten, rezeptionsästhetischen Spezifika andererseits gemäß der Fragestellung dieser Untersuchung perspektiviert. In der analytischen Fluchtlinie filmischer Generierung und Modulation artifizieller Empfindungszustände werden daher die audiovisuellen Kompositionsmuster in ihre jeweils rezeptionsästhetischen Implikationen gewendet sowie schließlich zum affektpoetologischen Ordnungssystem des Films abstrahiert. Der umfassenden deskriptiven Identifikation dieser Ordnung dienen dabei ausgewählte Instanzen der im theoretischen Teil entwickelten affektbegrifflichen Linien, auf die im Anschluss an die formalästhetische Analyse eines Filmbeispiels flexibel als eine differentielle Beschreibungsformen der affektpoetologischen Zusammenhangsstrukturen zurückgegriffen werden kann.

In der strukturell gelagerten Dimension des affektbegrifflichen Komplexes beispielsweise erfasst Wulffs theoretischer Entwurf des Affektuellen unterschiedliche Typen einer kinematografischen Selbstbezüglichkeit als jene Modi, in denen die filmische Rede selbst ihren Inhalt als Wahrnehmungsgegenstand exponiert. In Anlehnung an Smiths Mood-Cue-Ansatz lassen sich die formal angelegten Varianten der Antizipation emotionaler Erfahrung ergänzend in einem komplexen Wechselspiel beschreiben, dessen Muster jenen eines rein rationalen Verstehens oder empathischen Erlebens systematisch überschüssig sind. Platingas theoretische Konzeption der affektiven Kongruenz ermöglicht schließlich auf komplexe Weise eine deskriptive Modellierung der dynamischen Kopplung von der Grundfärbung ästhetisch generierter Innerlichkeit, zeitlich aufgefalteten Antizipationsprozessen konkreter Typen emotionaler Erfahrung und den punktuellen Empfindungsreflexen, die zudem auch hinsichtlich transsensueller Potentiale, also den synästhetischen Effektprinzipien formaler Elemente der Filmgestaltung, eine Qualifizierung audiovisueller Formationen vornimmt. In der somatisch gelagerten Dimension des affektpoetologischen Komplexes beispielsweise erfasst Waldenfels' Theorieentwurf der Selbstaffektion (in je wechselseitiger Konstitution mit den Typen der ästhetisch generierten Fremdaffektion) jene selbstbezüglichen Modi, in denen die filmische Rede den individuellen Leib der Rezeption als Objekt der Empfindung situiert. Im Rückgriff auf Sobchacks Begriff der verkörperten Wahrnehmung lässt sich die leibliche Sphäre der Rezeption zudem ganzheitlich als primäres Medium des Filmbildes perspektivieren, das die unterschiedlichen ästhetischen Ordnungen explizit in Form ästhetisch differentieller Wahrnehmungs- und Selbstempfindungsrealitäten des Leibes vermittelt. Voss' theoretischer Entwurf narrativ strukturierter Bewusstseinsformen entwickelt zudem produktive Beschreibungskategorien für die hedonistischen Anteile eines zeitgebundenen, reflexiven Erlebens spezifischer Gefühlstypen, die das ästhetische Gefüge von vorsprachlichem Erleben, evaluativen Objektbezügen und einer vorbewussten Reflexion deren jeweiliger Valenz eng an die komplexe Vorstellung stetig fluktuierender, psychophysischer Bewusstseinsrelationen binden.

Anschließend werden die begrifflichen Bedeutungsdramaturgien und Formen verkörperter Subjektivität, wie sie der affektpoetologische Analysekomplex für jedes Filmbeispiel aufschlüsselt, nach ihrem jeweiligen Wechselverhältnis befragt. Modelliert werden soll dabei primär, wie die semiotischen Operationen der Bedeutungsbildung einerseits und die Prozesse leiblich evidenten Zeiterlebens andererseits ineinander verschoben sind und in ihren je dynamischen Relationen schließlich genuin das affektive Feld eines Films bilden. Die Summe der rezeptionsästhetischen Implikationen sowie die umfassende Beschreibung affektpoetologischer Ordnungsmuster eines Films können anschließend unter dem Abschnitt der Zuschauerpositionierung als ein Typus der ästhetisch modulierten Einsicht in innerdiegetische Empfindungswelten – mit seinen je korrespondierenden Modalitäten zeitlich aufgefalteter Akte der sinnlichen Partizipation – zusammengefasst sowie zur distinkten Form künstlich generierter Innerlichkeit abstrahiert werden. Bis an diesen Punkt der Modellexplikation sind umfassend jene Untersuchungsabschnitte aufgeschlüsselt, die für jedes einzelne filmanalytische Beispiel zu vollziehen sind. Im unmittelbaren Anschluss an die Gesamtheit der fünf Filmanalysen nimmt diese Untersuchung zusätzlich einen komparatistisch ausgerichteten Blick auf die Summe der analytischen Erkenntnisse ein. Dabei werden die an den konkreten Filmbeispielen ermittelten Affektordnungen explizit zurück auf die Ebene der Theoriebildung getragen und dort in die ästhetische Perspektive einer kinematografischen Organisation der sinnlichen Teilhabe an verschiedenen Aspekten des Gemeinschaftlichen gerückt. Die in analytischer Evidenz ermittelten Typen künstlich ausgerichteter Innerlichkeit, Formen affektiver Selbstbezüglichkeit sowie deren ästhetische Ausgestaltung zu einem spezifischen Zeiterleben sind dabei in außerfilmischen Verhältnissen, etwa den Mustern der kulturellen Identitätsbildung, zu spiegeln. Dieses Vorgehen zielt ganz explizit darauf, das Naturkatastrophenkino Hollywoods auch hinsichtlich seiner kulturellen Funktionstypen kompakt zu skizzieren und diesen Entwurf dann zum Ende der Untersuchung ausblickhaft zur Disposition zu stellen. Diese vergleichende Perspektive sucht jedoch ausdrücklich keine diskursanalytische Lesart der einzelnen Filme, sondern stattdessen das distinkte Verständnis vom Kino als ein spezifischer Erfahrungsraum der Bestimmungen und Verhältnisse sozialer Realität, ein filmanalytisches Denken also, das die vielfältigen Verfahren der kinematografischen Affizierung immer auch als ein völlig genuines Moment der ästhetischen Konstitution sinnlicher Anschaulichkeit sowie auch leibgebundener Evidenz diskursiver Formationen fasst. Im Anschluss an die fünf Detailanalysen nimmt sich daher die systematische Vergleichsarbeit der formalen, filmanalytischen Einzelerkenntnisse die außerfilmische Spiegelung dominanter affektpoetologischer Prinzipien (ähnlich einer Praxis konkreter Funktionsbestimmung des Ästhetischen) zum finalen Fluchtpunkt. In diesem Kontext ermöglicht schließlich die bewusste Dehnung des analysierten Filmkorpus über weite Teile des 20. und frühen 21. Jahrhunderts den deskriptiven Zugriff auf kulturgeschichtliche Konstellationen und Umbrüche. Mit diesem genealogischen Blick auf den äußerlich zunächst rein motivisch gebundenen Filmkorpus steht die Untersuchung in ihrer gewählten Ordnung insgesamt als der Versuch einer ambitionierten Verschiebung überholter Genrebegriffe ein. Denn in der strengen Funktion einer Hypothese ist der Begriff des Genres im Rahmen dieser Untersuchung abseits seiner rein stil- oder motivgeschichtlichen Varianten ganz explizit in eine ästhetische Perspektive überführt, nämlich den möglichen Analysebefund der affektpoetologischen Kohärenz. Ein Befund, der seinerseits einen Filmkorpus erst als Genre qualifiziert.[34]

---

[84] Das filmanalytische Modell der vorliegenden Untersuchung vertieft im Kern eine theoretische Konzeption, die bereits Hermann Kappelhoff im Anschluss an eine breite, kulturhistorisch fundierte Auseinandersetzung mit dem Melodram sowie schwerpunktmäßig dessen distinkten Herstellungsformen einer affektiven Selbstbezüglichkeit (2004) als ein potentielles filmanalytisches Untersuchungsmodell zur Disposition stellt (2006). Die im dortigen Zusammenhang entwickelten fünf Axiome der distinkten Dramaturgie, Bildlichkeit, Schauspielkonzeption, Zuschauerpositionierung sowie auch einer Funktionsbestimmung des Ästhetischen – letztere in einer gesonderten Studie vertieft (2008) – finden sich als filmanalytische Grundlegung im Modell der vorliegenden Untersuchung bewusst aufgenommen und vor dem Hintergrund eines inhaltlich leicht abgewandelten Erkenntnisinteresses produktiv analogisiert.

Dritter Teil

Filmanalytische Betrachtung: Fünf Detailanalysen

3.1 SAN FRANCISCO (W. S. van Dyke 1936) Raumphantasma und Verschmelzungstriade

Der Film SAN FRANCISCO (1936) erzählt von dem Verlauf der gescheiterten Romanze zwischen Blackie Norton, dem Betreiber eines Varieté, und der aufstrebenden Sängerin Mary Blake als Vorgeschichte eines schweren Erdbebens, welches weite Teile der Stadt San Francisco zerstört und ein Großfeuer entfacht. Am Ende des Bebens finden Blackie und Mary schließlich im Kreis der Überlebenden als Liebespaar zueinander.

Die vollständige Handlung des Films ist in der Stadt San Francisco angesiedelt, die in Form einer Studionachbildung repräsentiert ist. Innerhalb dieser sehr strengen Logik des Schauplatzes, die sich aus einer radikalen Personifizierung der Stadt zur sündigen, korrupten und selbstherrlichen Entität speist,[85] gliedert der Film eine Vielfalt von Innenräumen wie Kirche, Boxring, Varieté, Oper, Garderoben und unterschiedliche Wohnräume auf. Diese Innenräume sind untereinander durch eine komplexe Montage der Auf- und Abgänge oder die fließende Bewegung der Kamera und der damit je korrespondierenden Dynamisierung des Bildkaders verknüpft. Die visuelle Reihung von unterschiedlichen Außenräumen hingegen realisiert sich streng im Mittel der Überblendung. Vertieft ist diese axiomatische Grundlegung der formalen Organisation des äußeren Handlungsraumes zudem in einer innerfilmischen Parallelisierung: Neben den Reihungen von Außenräumen arbeitet vor allem auch die längere Sequenz der Opernaufführung sehr intensiv mit dem Mittel der Überblendung. Innerer Raum der Leidenschaft und äußerer Raum der Natur sind in dieser spezifischen Analogisierung früh als Orte nicht vorhersehbarer und tief symbolischer Anschlüsse gekennzeichnet. Der Rhythmus des stetigen Wechsels zwischen Innen- und Außenräumen verlangsamt sich im Handlungsverlauf zunehmend und erreicht im Hauptteil des Films zunächst einen massiven Überhang an Interieurs. Im letzten Erzählab-

---

[85] Im Wechselspiel dieser amoralischen Konnotationen ist die Stadt San Francisco daher stringent als eine personifizierte Instanz der Abwertung christlicher Normen sowie auch der Entehrung des nordamerikanischen Pilgererbes konstruiert.

schnitt, dem Ausbruch des Erdbebens, schlägt dieser formal etablierte Überhang schließlich in eine massive Präsenz von äußeren Schauplätzen um. Dieser plötzliche Umbruch in den räumlichen Registern der filmischen Repräsentationssystem bildet so eine dem narrativen Gehalt des Bebens analoge Bewegung der stilistischen Eruption.

Die zeitliche Dimension der Handlung nimmt ihren Auftakt am Silvesterabend 1905 und erstreckt sich über acht, nicht explizit konsekutive Tage. Denn zu Beginn des Films leitet ein Vorspann in die Erzählung ein und erklärt in poetischer Mehrdeutigkeit eine exakte Uhrzeit am Morgen des 18. April 1906 zum zukünftigen Zeitpunkt einer Katastrophe. Nach dem Silvesterabend sind die einzelnen Tage nicht mehr durch Einblendungen konkretisiert, so dass die Ankunft der projizierten Zerstörung zeitlich unbestimmt bleibt. Die Kennzeichnung der exakten Tageszeit erfolgt über die jeweilige Modalität einer der zahlreichen Gesangseinlagen, die ihrerseits entweder pompös als abendliche Bühnendarbietung oder abseits der Bühne zwanglos als morgendliche Probe angelegt sind. Die übergeordnete Sicherung zeitlicher Kohärenz hingegen ist in einer spezifischen Struktur fundiert, die äußerlich den alttestamentarischen Schöpfungsverlauf in umgekehrter Form spiegelt: Über sechs Tage hinweg steuert die steigende Handlung streng auf die Zerstörung der Stadt San Francisco zu, um am siebten Tag das Erdbebenszenario als den Kontrapunkt des Schöpfungsaktes und somit Klimax der biblischen Reversion zu entfalten. Am achten Tag ist schließlich mit der Vereinigung von Mann und Frau sowie dem Wiederaufbau der Stadt ausblickhaft ein neuer Kreislauf des gemeinschaftlichen Ursprungs initiiert.

Äußerlich formalisiert das filmische Repräsentationssystem daher in seiner räumlichen Dimension das Prinzip der Divergenz. Denn mit dem Mittel der Überblendung heterogener Außenschauplätze sind wiederkehrend Einsichten in die Prozesse der künstlichen Konstruktion und symbolischen Organisation eines räumlichen Kontinuums gestiftet, das sich seinerseits – im strengen Kontrast zu den alltäglichen Kohärenzprinzipien räumlicher Realität – der vorfilmischen Faktizität des Geografischen entzieht.

In seiner zeitlichen Dimension hingegen formalisiert das filmische Repräsentationssystem das Prinzip der Kohärenz. Denn in ihrer strukturellen Nähe zur biblischen Großform der Genesis ist die filmische Zeitlichkeit homogen gefügt. Zusätzlich ist damit bereits in der äußerlichen Grundlegung der Erzählung eine spezifische Lesart sämtlicher narrativer Formationen aktiviert. Zusammenfassend gesprochen, nimmt das filmische Repräsentationssystem in der systematischen

Engführung von räumlichem Divergenzprinzip einerseits sowie zeitlicher Homogenität andererseits die distinkte Konfiguration des diegetischen Raumes, also jeglicher äußerer Ordnungsparameter der Narration vor.

Die filmische Erzählung gliedert sich ihrerseits in acht Abschnitte, die jeweils erkennbar durch eine Abblende voneinander getrennt sind. Die ersten sechs Abschnitte treten in ihrem Zusammenspiel zunächst als ein eigenständiger Komplex hervor, der die steigende Handlung sowie mit der Kopplung von fulminanter Opernsequenz und dem Heiratsantrag den Höhepunkt und anschließend auch die fallende Handlung in sich organisiert. Innerhalb jedes einzelnen dieser sechs Erzählabschnitte finden sich jeweils einmal das Motiv der Vereinigung der Liebenden sowie auch das Motiv ihrer Trennung in konkreter Ausprägung variiert. Zudem steht jeder der sechs ersten Erzählabschnitte auch für eine distinkte Etappe der konventionellen Liebesbeziehung: die förmliche Begegnung, den gemeinsamen Tanz, den ersten Kuss, den Heiratsantrag, die Phase der Zweisamkeit und schließlich deren Scheitern im Moment der finalen Trennung.

Im direkten Anschluss an die ersten sechs Erzählabschnitte ist der Verlauf des Plots durch einen kurzen reflexiven Erzählabschnitt unterbrochen: In einem Gespräch offenbart die Mutter des Opernmanagers Jack Burley der jungen Mary zwei konträre Modelle der Ehe: ein destruktives, das der individuellen Regung der Leidenschaft entspricht sowie ein produktives, das der Ratio der sozialen Rolle Rechnung trägt. Das empfindungsgemäße Handeln und der Vernunftgehalt einer persönlichen Entscheidung treten hier in eine exponierte, für die Protagonistin Mary unauflösbare Opposition.

An dieses genuine Moment innerer Ohnmacht der Protagonistin und äußerlich ruhender Handlung fügt sich der achte Abschnitt als zeitlich umfangreichster, in sich geschlossener Erzählkomplex, in dem sich der Plot mit dem Erdbeben und der korrespondierenden Brandkatastrophe dramatisch verdichtet sowie schließlich in der finalen Vereinigung des Liebespaares auflöst. Auch dieser letzte Abschnitt der filmischen Erzählung vertieft – wie alle vorherigen narrativen Etappen – das Trennungsmotiv der Liebenden, jedoch hier schließlich in der radikal gesteigerten Form des hypothetisch projizierten Sterbens der Protagonistin, als der orientierungslose Protagonist am Morgen des Erdbebens die gewaltsame Trennung zahlreicher Liebespaare durch den Tod bezeugt.

Liefert der Vorspann des Films auch den exakten Zeitpunkt der zukünftigen Katastrophe als einen formalen Wissensvorsprung des Zuschauers, so vermitteln sich die konkreten Details der Erzählung – vor allem der Verbleib der Protagonistin während des zerstörerischen Erdbebens – dem männlichen Protagonisten Blackie und dem Zuschauer absolut gleichzeitig. Die Gewissheit um die Katastrophe, deren Natur durch den Vorspann ostentativ in Unschärfe verbleibt, konstituiert daher gerade kein narratives Ultimatum, welches etwa sukzessiv seine zeitliche Entfaltung findet. Der formale Wissensvorsprung des Vorspanns realisiert vielmehr die opake Projektion eines Verlustes, die automatisch sämtliche narrative Formationen wie auch jegliche Verschiebung innerhalb der Relationen des Figurensystems dramatisiert.

In Vertiefung dieses äußeren Dramatisierungsprinzips ist das Figurensystem vollständig dichotomisiert: Als das exponierte Gegensatzpaar fungieren die beiden männlichen Protagonisten, der Varietébetreiber Blackie Norton und der Opernmanager Jack Burley, die über die Differenz von Unterhaltung und Kultur beruflich, über ihren stürmischen Wahlkampf um ein öffentliches Amt politisch und die Konkurrenz im Werben um die Gunst der Protagonistin Mary Blake auch privat in Opposition gebracht sind. Obgleich Mary ihr Pendant in einer berechnenden Aristokratin, der Mutter Jack Burleys bzw. der Priester Tim Mullon seines in einem skrupellosen Anwalt findet, sind beide über ihr affirmatives Bekenntnis zur christlichen Religion in eine übergeordnete Stellung zur Gesamtheit aller übrigen Figuren gebracht. Am Ende des Films, wenn die Naturkatastrophe gebannt ist, wird schließlich auch Blackie im Moment seiner ersten aufrichtigen Anrufung Gottes als geläuterte Figur in diese idealisierte Sphäre überführt.

In dieser Fluchtlinie entfaltet sich auch die Logik der Emergenz von Großaufnahme und subjektiver Einstellung als je spezifisches Mittel der filmischen Inszenierung einer Figur. Denn neben der allegorischen Großaufnahme einer Turmuhr, deren Ziffernblatt als erste Einstellung des Films exakt eine Minute vor Zwölf anzeigt, ist zunächst allein Marys Gesicht in Form einer Großaufnahme abgebildet. Es stiftet daher über weite Strecken des Films ein eindimensionales Identifikationsangebot und steht gleichzeitig als das ausschließliche Objekt empathischer Potentiale ein. Auch das Gesicht des von Blackie verprügelten Priesters ist auf der Hälfte des Films einmalig als Großaufnahme aufbereitet. Die mimisch differentielle Physiognomie des Protagonisten selbst hingegen wird erst in einer späten Einstellung des Films als Großaufnahme ansichtig: Im Moment seines ersten Gebets. Die Großaufnahme sichert hier daher die idealisierende Überhöhung einer einzelnen Figur und entwirft den christlich geläuterten Varietébetreiber Blackie über eine ganze Reihe bildlicher Stationen schlussendlich als einzigen potentiellen Ehepartner der frommen Protagonistin.

Die subjektive Darstellung aus der Blickperspektive einer innerdiegetischen Instanz ist fast vollständig an den Gesang in Varieté und Oper geknüpft. Bereits Marys erster Gesang ist als Blackies POV-Shot aufbereitet, es folgen in weiteren Gesangssequenzen wiederholt Blickzitate seiner männlichen Angestellten sowie auch Geschäftskollegen, welche anschließend jeweils in die kollektive Blickperspektive eines breiteren Publikums gedehnt sind. Erst ein kirchliches Orgelkonzert entfaltet das stehende Bild der andächtig singenden Mary aus auktorialer Position. In gekehrter Spiegelung dieser Sequenz sind Marys folgende Gesangssequenzen wieder als Blickzitate Burleys und des männlichen Publikums aufbereitet. So entwirft der Film seine Protagonistin über eine Reihe subjektiver Einstellungen nicht nur wiederholt als ein reduziertes Objekt des männlichen Blickes, sondern stiftet im Gesang auch die erste Instanz einer fortschreitenden Institutionalisierung des weiblichen Subjekts, wie sie dann später im Frauenbild der Vernunftehe kulminieren wird. Außerhalb der zahlreichen Gesangssequenzen ist nur eine einzige Einstellung als singulärer POV-Shot auffällig ausgestellt: Im direkten Anschluss an die Katastrophe bezeugen der verzweifelt nach Mary suchende Blackie und die bereits um ihren Sohn trauernde Witwe Burley gemeinsam die Sprengung der Villa der Burleys.

Während die Großaufnahme also der idealisierenden Überhöhung einzelner Figuren dient sowie vereinzelt auch der allegorischen Projektion der Bedrohung, realisiert die subjektive Einstellung vordergründig Formen der Degradierung einzelner Figuren sowie punktuell die symbolische Rahmung diegetisch gegenwärtiger Verluste. Insgesamt fügen sich daher die subjektive Ansicht und Großaufnahme im Verhältnis ästhetischer Komplementarität.

Im Kontext dieser stets ostentativen Engführung von individueller Apotheose und sozialem Leidensweg der Protagonistin, wie sie im Wechselspiel von Großaufnahme und subjektiver Einstellung formalisiert ist, tradiert der Film eine ganze Reihe ästhetischer Figurationen des Melodrams. Neben der durch den Vorspann konstituierten Wissensdivergenz zwischen Figuren und Zuschauer situieren auch zahlreiche narrative Anschlussaktivitäten Mary am untersten Ende multipler Informationsgefälle. Denn weder um das Werben seriöser Kulturinstitutionen um ihr Gesangstalent noch vom drohenden Boykott gegen ihr gefeiertes Operndebüt weiß sie ganz im Unterschied zum übrigen Figurenensemble. In dieser Perspektive stiftet bereits die binnendiegetische Hierarchie des Wissens jene symbolische Vereinzelung der Protagonistin, deren gegenständliche Dimension die filmische Erzählung über die unterschiedlichen Konfliktstationen von gesellschaftlicher Rolle und individueller Sehnsucht zeitlich differentiell entfaltet.

Der Gesang übersteigt hier den sentimentalen Typus, markiert er doch die streng reglementierte Sphäre des gefühlvollen Ausdrucks der Protagonistin in exakt drei gesellschaftlich normierten Ausprägungen, die als eine Reihe defizitärer Identitätsmodelle sukzessive durchlaufen werden: In der Kirche ist der Gesang als Praxis der frommen Andacht konturiert, welche ihrerseits jede sexualgeschlechtliche Realität nivelliert, im Varieté als Moment der obszönen Zerstreuung, welches stetig die Selbstachtung des zur Schau gestellten Individuums unterläuft und in der Oper schließlich als die Kontemplation vor dem Kunstwerk, deren aristokratische Ratio die lebendige Sehnsucht als irrationalen Rest des Daseins aufkündigt. Es sind diese gesellschaftlich normierten, in sich jeweils defizitären Sphären des Gesangs, welche die zahlreichen Variationen eines binären Wahlmotivs als unvereinbar vorbereiten: das erzwungene Abwiegen der häuslichen Realität der Liebesgemeinschaft gegen die Kunstprofession, physischen Temperaments gegen die christliche Moral oder der Vernunftehe gegen die leidenschaftliche Regung.

Der stetig wachsende Zustand innerer Spannung der Protagonistin ist durch die Innenräume auch metaphorisch aufgenommen. Denn das erdrückende Interieur der Wohnräume beider männlicher Protagonisten – sowohl Blackies Apartment als auch die Villa der Familie Burley sind ausgestattet mit schweren Vorhängen, einem unruhigen Dekor der Wände sowie unzähligen Bögen, Fenstern und Türen – realisiert schließlich ostentativ eine ikonografische Sublimierung psychischer Konflikte.

Mit der vorgezogenen Ankündigung und späteren Darstellung der Katastrophe ist das Moment der Synchronisation zweier inkongruenter Positionen des Wissens, jener des Zuschauers und jener der Figuren, schließlich maximal exponiert sowie mit einem Sprung des Protagonisten über den klaffenden Abgrund zugleich bildlich reflexiv harmonisiert. Auch die Dramatisierung der Irreversibilität artifiziell erfahrener Zeitlichkeit ist als ein zentrales Signum des Melodrams in dieser genuinen Einstellung darstellend vertieft. In dieser Fluchtlinie tritt daher die Naturkatastrophe als das ursprüngliche Klammermotiv der filmischen Erzählung zunehmend auch in der formalen Organisation seiner Einbindung in einen genrespezifischen Funktionsapparat hervor, hier also der Vitalisierung tradierter melodramatischer Effekttypen: Denn die Naturkatastrophe fungiert einerseits als radikaler Fall bildlicher Metaphorisierung gespannter Innerlichkeit und andererseits als die effektive Instanz lebhafter Potenzierung des narrativ induzierter Schlüsselbegehrens einer libidinös gereinigten Verschmelzung der Geschlechter.

Entsprechend ist vor allem die spezifische Bildlichkeit der Naturkatastrophe subtil in das Pathos der unbestimmt aufgeschobenen Vereinigung beider Liebender eingewoben. Das Erdbeben gliedert sich formal in drei chronologische Etappen: die Erschütterung der Architektur, das Aufbrechen der Erdoberfläche und den Ausbruch eines Großbrandes. Die Bildlichkeit der ersten Welle der Naturkatastrophe dissoziiert die verschiedenen Interieurs im Moment ihrer Verwüstung, um die Erfahrung einer gescheiterten Raumwahrnehmung, die über die verstrichene Laufzeit der filmischen Erzählung bereits durch räumlich diskontinuierliche Anschlussbewegungen und das symbolische Potenzial der Überblendungen vorbereitet ist, zu vertiefen. Dabei nimmt die Auftaktphase des Erdbebens auch eine spezifische Konkretisierung der visuellen Metaphorisierung innerer Spannungszustände vor, denn vor allem die feineren Glieder der Bildkomposition nehmen die Katastrophe in eindeutig femininer Konnotation auf.[86]

---

[86] Diese weibliche Konnotation des Bildes der Naturkatastrophe realisiert sich unter dem Paradigma des Hysterischen, wobei das Hysterische hier weder die stilistischen Überschüsse noch die Brüche in den narrativen Operationen bezeichnet, sondern eine genuine Subjektivierung des filmischen Bildes. Diese Subjektivierung entfaltet in den visuellen Registern der bewegten Darstellung eine zeitliche Struktur der Wahrnehmung, welche mit den jeweils aktuellen narrativen Konstellationen wechselseitig räsoniert und für den Auftakt der hiesigen Naturkatastrophensequenz wie folgt konkret beschrieben werden kann: Ähnlich einem hysterischen Anfall, der eine rezente Wunsch- oder Phantasiestruktur als deren komplex entstellte Übersetzung ins Motorische verschiebt, realisiert sich das ekstatische Schauspiel der Protagonistin als eine verschlüsselte Äußerung der wieder belebten Leidenschaft. Denn während ihr Arm im Verlassen des Varietés an der Seite ihres Verlobten zwar nach dem Mantel greift, stößt ihr Mund einen Schrei nach dem unrechtmäßig Geliebten aus, eine diskrepante Verdichtung, die das psychoanalytische Profil der Hysterie unter dem Phänomen der mehrfachen Identifizierung führt. Jener Ausruf nach Blackie ist gefolgt vom Ohnmachtsanfall der Protagonistin, woraufhin Burley, ihr rechtmäßig Verlobter, sie schließlich fort trägt. Diese äußere Reversion der eigentlich ersehnten Ereignisfolge wiederum fasst die Psychoanalyse unter dem Phänomen der umgekehrten Zeitfolge. Die tatsächliche Wunschstruktur erscheint hier somit als Verweis auf das erfüllungslose Ende einer Chronologie, die längst Teil der verstrichenen Erzählung ist, denn dem Eheversprechen gegenüber Burley folgte eine tiefe Ohnmacht und schließlich der stumme Ruf nach dem unrechtmäßig Geliebten. Zur einer exemplarischen psychoanalytischen Vertiefung der weiblichen Hysterie vgl. Freud, Sigmund. Allgemeines über den hysterischen Anfall. In: Ders.: Schriften zur Krankheitslehre der Psychoanalyse. Frankfurt am Main 1997, S. 139ff.

So ostentativ der erste Abschnitt der Katastrophe daher über psychoanalytische Referenzen in der Perspektive einer weiblichen Disposition der filmischen Darstellung entfaltet ist, so eindeutig nimmt die zweite visuelle Etappe des Erdbebens in Form streng subjektiver Bildlichkeit die Depotenzierung der geschlechtlichen und sozialen Dominanz des Protagonisten vor. Denn die vielen POVs kollabierender Häuserzeilen verdichten sich hier zu einer männlichen Ohnmachtserfahrung des bezeugten Schmerzes der Sterbenden. Diese Erfahrung verortet den Protagonisten Blackie gegenüber der destruktiven Natur exemplarisch als eine passive Entität bzw. entmachtete Instanz des Blickes.

Die ersten beiden Abschnitte der Naturkatastrophe sind in ihrer geschlechtlichen Konnotation somit als Komplementärstruktur angelegt, welche die symbolische Vereinigung der Liebenden erkennbar vorbereitet. Erst die dritte visuelle Etappe, der Großbrand, schlüsselt die Naturkatastrophensequenz in einer breiteren, relationalen Bildlogik auf: Denn während die Erschütterung der Architektur in einem Überhang immersiver Darstellungen die Erfahrung des dissoziierten Raumes stiftet, paart das Aufbrechen der Erde in subjektiven Einstellungen die perspektivische Nähe bereits mit topografischer Distanz. Die Bildlichkeit des Großfeuers, des dritten und letzten Abschnittes der Naturkatastrophe, entfaltet schließlich in zentralperspektivisch stehenden Ansichten der Skyline eine hegemoniale Blickführung. Im Horizontalverlauf der bildlichen Repräsentation der Naturkatastrophe finden sich daher – ähnlich zu den Etappen eines religiösen Erkenntnisweges – immersive Bildtypen systematisch ausgedünnt, privilegierte Ansichten hingegen sukzessive vertieft.[87]

Mit diesen drei Formationen, der audiovisuellen Immersion, dem subjektiven Blickzitat und der zentralperspektivischen Ansicht, sind daher jene Blicktypen bezeichnet, über deren trennscharfe filmische Reihung der Zuschauer die Katastrophe sukzessive in Form dreier distinkter Wahrnehmungsstadien abschreitet. Doch die Konstellation der Blicktypen zielt hier nicht etwa auf die zeitliche Genese einer furchtsamen Sehordnung oder eine fortschreitende Penetration alltäglicher Wahrnehmungsmodalitäten. Vielmehr lotet die lineare Aufhebung des Dissoziativen früh ein individuelles Schuldbekenntnis aus, das die letzte Sequenz des Films später auf die Erfahrung einer kollektiven Läute-

---

[87] Ergänzend verringert sich auch die zunächst erhöhte Schnittfrequenz im Verlauf der filmischen Repräsentation des Erbebens. Neben der genuinen Relation verschiedener Bildertypen innerhalb der Sequenz der Katastrophe – die schrittweise zur Kontemplation vor einer stehenden, zentralperspektivischen Ansicht der zerstörten Stadt führt – grenzt die bildliche Ordnung diegetische Schmerzgehalte systematisch aus.

rung hin überschreiten wird. Denn in der ruhenden Ansicht der brennenden Skyline der Stadt kommt nicht nur das bewegte Tableau der Zerstörung zum finalen Stillstand, sondern diese Einsicht der Sterblichkeit korrigiert vor allem Blackies blasphemisch fundierte Egozentrik. In der sukzessiven Entstehung eines geordneten Blickes auf die Naturkatastrophe realisiert sich daher nicht etwa die rege Angstlust diegetisch entgrenzter Perspektivität, sondern vielmehr eine spezifische semantische Verdichtung, die sich über diese zeitlich differentielle Genese einer auktorialen Blickposition erst nachhaltig vermittelt.

Abseits dieser kalkulierten Engführung von perspektivisch modulierter Sehordnung und semiotischer Operation ist das ästhetische Prinzip der Zirkularität streng über das Medium des Gesangs aktiviert: Das Lied der Eingangssequenz unterlegt zunächst die lebhaften Ereignisse einer Silvesterfeier – etwa den Faustschlag zwischen Betrunkenen und die Tischszene der wechselseitigen Erniedrigung eines spielerischen Partnertauschs – sowie dann in einem späteren Abschnitt des Films auch die finale Varietészene vor der Katastrophe, ihrerseits um obszöne Episoden nicht ärmer als die Eingangssequenz. Unterläuft diese einmalige Bewegung einer narrativen Analogisierung kaum die Linearstruktur des Plots, so ist sie analytisch ebenso schwierig allein in der Logik rein zeichenhafter Repräsentation des Handlungshorizontes zu fassen. Vielmehr aktiviert die Musik hier das kinematografische Bild als ein Echo seiner selbst exakt in jenem Moment, als sich die filmische Erzählung zur Naturkatastrophe verdichtet. Mit dem Klavier, das als erstes Objekt der Zerstörung exponiert wird und dem Lied des längst verstrichenen Silvesterabends, das von fern noch aus den rauchenden Trümmern des Erdbebens klingt, fügt die formale Zirkularität der Musik und des Gesangs schließlich die zeitlichen Parameter der filmischen Erzählung zum Bogen einer retrospektiven Spiegelung. Und diese Spiegelung nimmt die Naturkatastrophe nicht als ein gegenwärtiges Ereignis, sondern als eine Reminiszenz auf und wendet deren Erleben so in reine Bedeutsamkeit.

In eine ähnliche Funktionsperspektive dynamischer Modulation raumzeitlicher Kategorien rücken auch jene zwei Einstellungen, die vor dem theoretischen Paradigma genuiner Einsichten in die formale Struktur einer Darstellung als Spektakel gefasst werden können. Als erste dieser Einstellungen gilt hier die sehr lange Großaufnahme des Gesichts des Priesters, den Blackie kurz zuvor mit einem Faustschlag zum Schweigen gebracht hat. Ein Tropfen Blut rinnt dessen Gesicht hinunter und führt eine vertikale Trennlinie als ostentative Spaltung des Räumlichen ins Bild ein. Als zweite Einstellung zeigt sich die später folgende Ansicht der aufbrechenden Erdoberfläche, die eine horizontale Trennlinie als eine effektvoll ausgestellte Spaltung des Zeitlichen in das Bild einführt. Beide Einstellungen suchen so jeweils erkennbar einen ästhetischen Anschluss an das filmische Repräsentationssystem, um dessen genuine Ordnung von räumlicher Divergenz und homogenisierter Zeitlichkeit in zwei geschlossenen Darstellungsakten punktuell zu reflektieren.

Denn die Einstellung des blutenden Priesters markiert auch den Beginn der Auflösung des Verhältnisses der topografischen Antinomie unterschiedlicher Schauplätze, das schließlich mit der letzten Einstellung des Films, dem geordneten Blick auf die wieder errichtete Stadt, in ein kohärentes Raumbild überführt ist. In ergänzender Funktion revitalisiert die Schlucht der berstenden Erde die zeitliche Kohärenz, die zuvor durch den zirkulären Einsatz des Gesangs aus der Logik einer fließenden, filmisch entfalteten Gegenwart gelöst und zum Erinnerungsbild einander wechselseitig spiegelnder Zeitplateaus verdichtet war. Mit der finalen Initiation der Gemeinschaft der Überlebenden, die sich ihrerseits über einen neuen, kollektiven Gesang vollzieht, ist diese Verschränkung von punktuell projizierten Verlustobjekten und schwebender Reminiszenz der Schuld schließlich aufgebrochen. Die letzte Einstellung des Films, eine architektonische Repräsentation der neuen Gemeinschaft, synchronisiert narrative Schlussoperationen und diegetische Ordnungsparameter zu einem finalen Tableau. Dieses hebt die axiomatische Disparität des Repräsentationssystems explizit in Form einer stehenden Ansicht auf und entwirft schließlich erstmals das Bild einer raum-zeitlich kohärent entfalteten Gegenwart.

Dieses stehende Bild einer kollektiven Emphase des christlich fundierten Gründungsaktes legt der Film erkennbar als finales Dispositiv eines komplexen Wahrnehmungsparcours an, den der Zuschauer zuvor in Form eines genuin choreographierten Parcours von Trennungs- und Verschmelzungsfigurationen absolviert. Oberflächlich wirkt diese pendelähnliche Bewegung streng in den Registern der Empathie organisiert, die ihrerseits in der narrativen Paarung von Apotheose und sozialem Leidensweg der Protagonistin zu gründen scheint. Doch gerade die Empathie des Zuschauers richtet sich als komplexer Wahrnehmungsreflex hier nachweislich auf das feingliedrige Gefüge der inszenatorischen Ordnung. Denn das ästhetische Zusammenspiel von religiöser Überhöhung in der Ansicht der weiblichen Großaufnahme, sozialer Degradierung in der Aufgliederung männlicher Blickzitate und schließlich der Veräußerlichung innerer Spannung in den erdrückenden Interieurs, enthebt die audiovisuellen Formationen einer ambivalenten Innerlichkeit nicht nur ostentativ jeder streng figürlichen Sphäre, sondern es schlüsselt eben diese Formationen innerer Spannung auch raumkompositorisch als eine zeitlich erfahrbare Wahrnehmungsstruktur auf.[88]

Diese sinnliche Ausrichtung auf eine genuine Raumkomposition geht ihrerseits in einer komplexen Struktur des Begehrens auf. Denn die Erzählung generiert im stetigen Entwurf variierender Zerstörungsmotive und multipler Wissensdivergenzen eine Projektion der Trennung, die über die dynamische Modulation der Parameter des Repräsentationssystems – etwa die dissoziative Reihung parabolischer Räume oder auch die gesangliche Durchbrechung zeitlicher Kohärenz – in die bedeutungsbildende Sphäre einer verstrichenen Gegenwart verschoben ist. Das Figurensystem und die filmische Bildlichkeit hingegen stiften in einer Vielfalt gesellschaftlicher, religiöser und geschlechtlicher Konstellationen wiederholt Figurationen der Verschmelzung, die das gegenwärtige Empfinden in eine insistierende Wunschaktivität wenden.

Begriffliche Bedeutungsformationen und die affektive Wertigkeit der kinematografischen Darstellung, deren je sinnliche Qualitäten rezeptionsästhetisch in das genuine Verhältnis einer wechselseitig räsonierenden Opposition gebracht sind, treten daher zu einer filmisch entfalteten Ordnung des Begehrens zusammen, in der die tiefe Intensität der lebendigen Empfindung fortwährend die drückende Faktizität einer irreversiblen Zeitlichkeit proportional aufzuheben sucht.

In dieser Perspektive kalkuliert zur Wunschökonomie gefügter Strukturen des Begehrens vertieft das zentrale Erzählmotiv der Naturkatastrophe folgende Einzelsignal einer melodramatischen Rezeptionserfahrung: Auf der Ebene der kinematografischen Darstellung realisiert das Erdbeben einerseits eine extreme Variante der ikonografischen Sublimierung psychischer Konflikte und andererseits in Form zweier geschlechtlich komplementärer Inszenierungsphasen auch einen bildästhetischen Vorgriff auf die finale Vereinigung der Liebenden.

Im Raum der formalen Grundlegung des Diegetischen reinigt die Sequenz der Katastrophe das filmische Repräsentationssystem von der ostentativen Disparität seiner raumzeitlichen Register, um die finale Ansicht einer zivilgemeinschaftlichen Gegenwart im illusionistischen

---

[88] In dieser Perspektive vollzieht sich der Erfahrungstypus der Empathie nicht als eine kongruente Reproduktion innerdiegetischer Empfindungsgehalte, die affektive Gehalte etwa im Prinzip real-leiblicher Anschlüsse vervielfältigt, sondern vielmehr als ein umfassender, explizit zeitlich differentieller Akt der sinnlichen Ausrichtung auf filmische Objekte. Dieser ästhetische Akt übersteigt einen streng figürlich gebundenen Prozess der Identifikation.

Entwurf kohärent entfalteter Zeitlichkeit einer gesteigerten Emphase des stehenden Bildes zuzuführen.

Auf der Ebene der filmischen Erzählung schließlich potenziert die frühe Ankündigung und spätere narrative Erschließung der Naturkatastrophe die Erfahrung einer Irreversibilität der Zeit. Der Zuschauer ist über diese Nivellierung seiner klar privilegierten Wahrnehmungsposition zugleich in die Nähe innerdiegetischer Handlungsinstanzen gerückt. In seiner Summe innerfilmischer Funktionszusammenhänge reaktiviert das Erzählmotiv der Naturkatastrophe daher nicht nur stetig die perpetuierende Ökonomie des Wünschens, sondern dieses Motiv vertieft – abseits seiner narrativen Stellung – insgesamt einen sehr breiteren Umfang der Schlüsselmodalitäten melodramatischer Filmrezeption.

Über diesen Befund der kalkulierten Vitalisierung einer Reihe genreästhetisch tradierter Modi der Filmwahrnehmung ist hier schließlich die analytische Verifikation einer melodramatischen Funktionalisierung des Motivs der Naturkatastrophe vorgenommen. Denn San Francisco sucht nicht etwa als frühe Variante des Naturkatastrophenkinos verstärkt melodramatische Anleihen, sondern der Film lässt vielmehr umgekehrt das Motiv der Naturkatastrophe – in Form dessen multipler Resonanzgemeinschaft mit einer ganzen Reihe von Effekttypen – als die konzentrische Funktionsinstanz in seine melodramatische, affektpoetologische Ordnung ein.

Folglich erscheint auch die filmästhetische Genese der finalen Synchronisation der multiplen Verschmelzungsfigurationen als umfassend in melodramatischen Effektprinzipien fundiert. Denn die genuine Relation dreier verschiedener Motive der Rückführung – der religiösen, der geschlechtlichen und der gemeinschaftlichen – durchschreitet der Zuschauer explizit nicht in Form diskursiver Etappen sondern als eine komplexe Ordnung des Wünschens. Entfacht an der Disposition eines schwebenden Erinnerungsbildes, nimmt diese artifiziell generierte Ordnung des Begehrens stets auf rein symbolische Ereignisreihen ihre lebendigen Bezüge. Filmisch wird so die Affektivität des Zuschauers ostentativ in einen Anachronismus des Fühlens gewendet: Je lebhafter die artifiziell generierte Empfindung, desto transparenter immer auch die notative Einsicht in deren zeitlich depotenziertes Effektvermögen. Zum Schlüsselbegehren formt sich daher das einer raumzeitlich kohärent entfalteten Gegenwart, deren verzögerte Emergenz der Zuschauer über die vollständige Laufzeit des Films antizipiert und die schließlich zutiefst illusionistisch in einer stehenden Ansicht imaginiert werden kann, eben weil das finale Standbild das ausgestellte Synchronisationsmoment der vielfachen Verschmelzungsfigurationen bildet und so seinerseits alle drei zentralen affektiven Wunschformationen gleichzeitig einlöst.[89]

Die leibliche Partizipation des Zuschauers am entfalteten Gründungsmythos mobilisiert der Film also, indem das finale Tableau nicht als reine Ansicht der jungen Zivilgemeinschaft sondern gleichzeitig als Moment der diegetischen Synchronisation von individuellem und kollektivem Glücksversprechen fungiert. In kalkulierter Vorbereitung dieser Verdichtung entwerfen zwei ästhetische Komplexe – die Verschiebungen innerhalb des Figurensystems und die affektive Eigenwertigkeit des Bildraumes – zahlreiche Verschmelzungsfigurationen und sichern so den finalen Bruch des artifiziellen Aufschubs einer symbolischen Vereinigung der Geschlechter kontinuierlich als primäres Objekt des lebhaften Wünschens.

Zusammenfassend formiert sich das filmisch aufgebrochene Sinnangebot hier daher in folgender Profilierung: Der ästhetisch modulierte Wahrnehmungsraum des Zuschauers tritt als eine zeitlich entfaltete Komposition exakt dreier Empfindungsphasen hervor: Erstens, der regen empathischen Aktivität, zweitens, der insistierenden Artikulation von Wunschformationen und drittens, der euphorischen Teilhabe am Gründungsakt der Gemeinschaft. Alle drei Empfindungsstadien konsumieren einander auffällig als je gesteigerte Anschlussbewegung an die vorherige Phase eines distinkten Affekterlebens: Im empathischen Stadium der Wahrnehmung delegiert der Betrachter seine Rührung noch an eine singuläre, innerdiegetische Instanz, im Stadium des Begehrens konfrontiert er eine empfindsame Projektion bereits mit breiteren Formationen inszenatorischer Komplexe und im Stadium der Verschmelzungseuphorie richtet sich jede Bedarfsstruktur schließlich ganz ausdrücklich auf die affektive Valenz individueller, also außerfilmischer Innerlichkeit. So fügt sich anstatt einer spezifisch gearteten, innerdiegetischen Ereigniskonstellation hier die ästhetische Doppelstruktur aus sinnlicher Teilhabe am artifiziell entfalteten Phantasma einer gemeinschaftlichen Verschmelzung und reflexiver Einsicht in die eigene Affektivität zur finalen Station des filmisch generierten Empfindungsparcours. Insgesamt vollzieht sich im Anschluss an das sinnliche

---

[89] Die individuelle Affektion des Zuschauers ist hier immer auch mit den Registern ideologischer und christlicher Affirmation verschränkt, denn in den narrativ induzierten Sinnkomplexen ist ein distinktes Modell kultureller Weltauslegung aktiviert, in welchem der individuelle Vorgang der moralischen Reinigung einerseits und der kollektive Prozess der religiösen Läuterung andererseits die fundamentale Grundlegung der Liebesbeziehung sowie auch des gemeinschaftlichen Bundes bilden.

Durchschreiten zunächst noch streng symbolischer Ereignisreihen daher faktisch eine sukzessive Lockerung der konkreten, innerfilmischen Objektbezüge des lebhaften Begehrens der Zuschauer. Erst diese langsame Entkopplung außerfilmischer Affektivität von ihren je diegetischen Bezüglichkeiten stiftet die ästhetische Erfahrung des individuell-leiblich vertieften Erlebens einer finalen Ansicht der zivilgemeinschaftlichen Gegenwart. Die selbstgewisse Versenkung in das finale Bild eines Gründungsmythos ist somit schlussendlich als reine Disposition des Pathos in eine diegetisch völlig suspensive Innerlichkeit der gesteigerten Affektivität eingelassen.[90]

3.2 WHEN WORLDS COLLIDE (Rudolph Mate 1951) Zeitverfall und Affekttypisierung

Der Film WHEN WORLDS COLLIDE (1951) erzählt die Geschichte von einer klimatisch folgenreichen Kollision der Erde mit zwei nahenden Himmelskörpern. Wissenschaftler ermitteln den genauen Zeitpunkt des bevorstehenden Zusammenstoßes und entwickeln ein Flugobjekt, mit dem vierzig Menschen schließlich im letzten Moment auf einen neuen Planeten übergesiedelt werden.

Die räumliche Dimension der filmischen Erzählung nimmt ihren formalen Auftakt im Weltraum, von wo aus Südafrika als jener Ort fokussiert ist, an dem die bevorstehende Kollision erstmals errechnet und per Nachrichtenbote nach New York übermittelt wird. Der folgende

---

90 Ein anderer Film, THE HURRICANE (John Ford 1937), teilt neben seinem Entstehungszeitraum auch Facetten der hier herausgearbeiteten rezeptionsästhetischen Profilierung mit SAN FRANCISCO. Der Film erzählt die Liebesgeschichte zweier Inselbewohner einer französischen Südseekolonie, die durch einen rassistischen Rechtsspruch getrennt werden und erst Jahre später nach einem vernichtenden Wirbelsturm als Elternpaar wieder zu einander finden. THE HURRICANE nimmt – in einer anderen Variante melodramatischer Verfasstheit als SAN FRANCISCO – die Exposition seiner Handlung über die Eheschließung der Liebenden vor, um anschließend die faktische Trennung des Paares als das zentrale Motiv der filmischen Erzählung sowie den negativen Raum der Wunschaktivität des Zuschauers zu entfalten. Die Naturkatastrophe vertieft auch hier die ästhetische Erfahrung einer irreversiblen Ereignisfolge und das zu entgrenzter Affektivität gesteigerte Schlüsselbegehren der symbolischen Verschmelzung der Geschlechter. Zudem fügt THE HURRICANE, ebenso wie schon SAN FRANCISCO, die Vielfalt seiner Räume und die formale Zeitlichkeit seiner Erzählung zur symbolischen Ordnung des verrätselten Traumbildes einer verstrichenen Gegenwart, um die im Zuschauerraum gestifteten Wunschformationen ostentativ auf eine rein psychische Realität zu beziehen. Auch THE HURRICANE entwirft schließlich eine finale Figuration der Verschmelzung, in der die Besiegelung des Liebesbundes und die Initiation der Gemeinschaft der Überlebenden ebenfalls kongruent in einander fallen.

räumliche Abschnitt der Erzählung verschiebt sich in die Vereinigten Staaten, genauer, zunächst deren politische und wissenschaftliche Institutionen, später in das paramilitärische Camp, wo das Flugobjekt gebaut wird. In der Ankunft des Flugobjektes auf dem Planeten Zyra ist die räumliche Dimension der filmischen Erzählung schließlich finalisiert. Die Summe dieser Schauplätze ist vorwiegend in Form zahlreicher Innenräume repräsentiert,[91] die ihrerseits als eine Reihe von Überblendungen zum räumlichen Ordnungssystem gefügt sind.

Die zeitliche Grundlegung der filmischen Erzählung ist zunächst in der innerdiegetischen Repräsentation des Ultimatums fundiert: Über einen frühen Dialog der Figuren ist die Katastrophe acht Monate im Voraus exakt datiert. Im Anschluss an diese Projektion der Kollision zählt ein unregelmäßig eingeblendeter Wandkalender die verbleibenden Tage bis zum Zusammenstoß der Erde mit beiden Himmelskörpern. Scheint hier streng äußerlich auch die Zeitlichkeit in distinkte Einheiten gegliedert, so verzichtet der Film über die immanenten Datumssignaturen hinaus konsequent auf jegliche formale Kennzeichnung einzelner Tage oder deren jeweils nächtlicher Abschnitte. Insgesamt erscheint die innerfilmische Ordnung zeitlicher Parameter daher als eine kalkulierte Paarung von äußerlicher Konkretisierung eines geschlossenen Zeitintervalls und systematischer Verrätselung dessen innerer Differentialität.

In der räumlichen Repräsentation seiner Erzählung also fügt der Film mit dem Mittel der Überblendung einen massiven Überhang an Interieurs im Gestus schematisierter Kohärenz zur Ordnung einer schablonenhaften Topografie. Die zeitliche Grundlegung hingegen realisiert unter dem systematischen Verzicht auf ihre horizontale Rhythmisierung die distinkte Verdichtung filmischer Zeitstrukturen zu einer singulären Ereignisinstanz.

Auf der Grundlage ihres formalen Repräsentationssystems zerfällt die filmische Erzählung ihrerseits in zwei quantitativ kongruente Abschnitte, die exakt nach dem Verstreichen der ersten Hälfte der Laufzeit des Films durch die Ansicht der Naturkatastrophe voneinander geschieden sind. Im ersten beider Abschnitte folgt der gestaffelten

---

91 Ausgenommen von dieser Fundierung des filmischen Raumes in zahlreichen Interieurs sind insgesamt nur vier Sequenzen: zunächst ein Zeitungsjunge, der aufgebracht den Untergang der Welt verkündet, dann die Rettung eines Waisenkindes aus den Fluten der Überschwemmung, später der offizielle Start des Flugobjektes sowie dessen finale Landung auf dem Planeten Zyra. Diese vier Sequenzen sind jeweils in Form einer groben Studionachbildung als Außenschauplätze der filmischen Handlung repräsentiert.

Handlungsexposition – der unmittelbaren Reihung einer biblischen Inschrift, der mathematischen Projektion des Kometeneinschlags sowie der Ankunft dieser Nachricht in Nordamerika – eine geblockte narrative Ordnung: Ein erster Block der Erzählung zerfällt in drei trennscharfe Ereignisse, ein zweiter nur noch in zwei und ein dritter steht seinerseits selbst als singuläres Ereignis. Diese Einzelereignisse der Blöcke finden sich durch ostentative Ortswechsel voneinander geschieden, da sie ihrerseits jeweils an einen distinkten Schauplatz der Erzählung gebunden sind.

Im Anschluss an die Bilder der Naturkatastrophe verfährt die zweite Hälfte der filmischen Erzählung in der Organisation ihrer narrativen Ordnung erkennbar als formale Reversion der ersten Hälfte. Denn einem gestaffelten Handlungshöhepunkt – der Reihung des Todes jenes Forschers, der die Kollision der Himmelskörper ursprünglich errechnet hatte, der Rettung eines Waisenkindes und der Lotterie um die Evakuierung zum Planeten Zyra – folgen erneut drei Blöcke der Erzählung, deren erster als ein singuläres Ereignis einsteht, deren zweiter in zwei und deren dritter schließlich in drei trennscharfe Ereignisse zerfällt.

In dieser analytischen Perspektive zerfällt die narrative Ordnung des Films äußerlich in zwei gleichrangige, serielle Formationen, deren Prinzipien der Ereignisreihung strengstens formalisiert sowie zur spezifischen Relation einer umgekehrten Spiegelung verdichtet sind. Innerhalb beider Hauptabschnitte der Erzählung stiften zudem allein räumliche Parameter die Kohärenz innerdiegetischer Zusammenhänge, so dass das Räumliche das primäre Regulativ der horizontalen Entfaltung der Erzählung bildet.

Während die gestaffelte Exposition des Films in einleitender Funktion zunächst von der Stimme eines auktorialen Erzählers begleitet wird, fungiert über die übrige Laufzeit des Films die Figur des Dr. Hendron als jene Instanz, über die der Film die sukzessive Aktualisierung des Plots sowie punktuelle narrative Projektionen realisiert.[92]

Die verschiedenen Konstellationen innerhalb des Figurensystems treten ähnlich wie bereits die narrative Ordnung der filmischen Erzählung als hochgradig formalisiert hervor. Das axiomatische Muster dieser Formalisierung nimmt der Film bereits während seiner Handlungsexposition in einer spielerischen Variante seiner Bildlichkeit auf, als der Forscher Bronson den Luftboten David Randall bezüglich der

---

[92] Der Ausschluss dieser Figur von der Evakuierung dramatisiert den letzten Erzählabschnitt.

Zielperson Dr. Hendron mit Hilfe dreier aufgefächerter Porträtfotografien instruiert: Einem Linksprofil, einem Rechtsprofil und einer Frontalansicht des nordamerikanischen Forschers. Fortan wird sich das Figurensystem in eine Vielfalt männlicher Dreierkonstellationen gliedern: Dr. Bronson und dessen Assistenten Paul und Stanley, Dr. Hendron und dessen Angestellte Tony und Fry, Financier Stanton und dessen Teilhaber Marston und Spiro sowie der wissenschaftliche Opponent Dr. Ottinger und dessen Mitarbeiter Zenta und Wilson.

Außerhalb dieser beinah geometrischen Ordnung vielfacher Tripel bewegen sich nur zwei Figuren als vorläufig noch singuläre Instanzen: Dr. Hendrons Tochter Joyce sowie der Luftbote David Randall, die im letzten Handlungsabschnitt beide zum Liebespaar verschmelzen. Nachdem die zahlreichen triangulären Personenformationen innerhalb des Figurensystems wiederholt auf das Grundmuster des familiären Bundes vorgegriffen haben, nehmen sich Joyce und Randall nach der Katastrophe gemeinsam eines Waisenkindes an, um schließlich in äußerlicher Disposition den fruchtbaren Liebesbund als Variante der triangulären Formationen zu repräsentieren.

Eine Individualisierung seiner Figuren nimmt der Film dabei nur rudimentär vor. Über eine bündige Dialogführung wird zunächst Randall als freizügiger Materialist, Dr. Hendron als edle Paarung wissenschaftlicher Kompetenz und tiefer Empathiefähigkeit und Stanton als ein nihilistischer Zyniker eingeführt. An die Stelle psychologischer Tiefe der Protagonisten treten daher typisierte Manifestationen innerdiegetischer Seinsweisen, die folglich keine Figur zum exponierten Identifikationsangebot entwickeln. In einer bildästhetischen Entsprechung exakt dieser Absenz privilegierter Objekte der Empathie verfährt die starre Kamera aus der Distanz, um im Entwurf zahlreicher Aufsichten auf Gruppierungen der Figuren nahe Einstellungsgrößen, vor allem die Großaufnahme des Gesichts in systematischer Strenge auszuklammern. Seine einzigen Großaufnahmen bezieht der Film stattdessen auf sinnbildliche Objekte der Bedrohung: Es ist zunächst der Koffer, in dem die mathematische Verifikation des Weltunterganges transportiert wird sowie später die Wanduhr im Forschungscamp, die exakt zum errechneten Zeitpunkt das projizierte Katastrophenszenario ankündigt.

Die Zahl subjektiver Einstellungen hingegen steigert der Film im Verlauf seiner Erzählung. Zunächst finden sich die kartografische Darstellung der Planetenkonstellation und jene der Technologie des zukünftigen Flugobjekts als formale Blickzitate aufbereitet. Später treten zur Ansicht der Wanduhr, in der sich Großaufnahme und POV einmalig kreuzen, auch der Blick aus dem Flugobjekt auf Joyce, der erste Kuss zwischen ihr und Randall, die Ansichten der auf Kollision stehenden Kometen und dann die Gemäldenachbildung des finalen Siedlungsortes als letzte Einstellung des Films. Über diese konkrete Reihe subjektiver Einstellungen erhebt die Kamera in einem Akt der Wiederholung die Gemeinschaft an Stelle eines Individuums zur Instanz des innerdiegetischen Sehvorgangs, denn die POVs entfalten die visuelle Wahrnehmung eines sukzessiv wachsenden Zusammenschlusses der Blicke. Daher festigen auch die vielfältigen subjektiven Einstellungen sowie die dahinter jeweils aufgeglioederten Blickachsen die opake Flächigkeit der typisierten Figurenformationen.

Im Motiv der zeitlich aufgeschobenen Initiation der Liebesgemeinschaft nimmt der Film an der Oberfläche seiner Erzählung zunächst eine ästhetische Prägung des Melodrams auf. Auch das formale Alternieren von Verschmelzungs- und Trennungsfigurationen, die Joyce und Randall als Figurenpaar in vielfältiger Variation bis zu ihrer späten Vereinigung im Kuss durchlaufen,[93] verfährt in melodramatischer Tradition. Doch diese äußerlichen Anleihen moduliert WHEN WORLDS COLLIDE zu einer ästhetischen Ordnung, die insgesamt nur als eine Spielfläche melodramatischer Verfahren erscheint.

Denn so sehr die stetige Projektion einer symbolischen Verschmelzung der Geschlechter ein irreversibles Aufbrechen des streng triangulären Figurennetzes antizipiert, so wenig ist deren zeitliche Entfaltung tatsächlich in eine Struktur des gesteigerten Begehrens eingebunden.

Denn die Vereinigung der Liebenden realisiert sich explizit vor dem letzten Abschnitt der filmischen Erzählung. Erst in der später bildlich ausgestellten Symbiose von junger Zivilgemeinschaft und neuem Siedlungsort realisiert sich abseits relationaler Verschiebungen innerhalb des Figurensystems die finale Verschmelzungsfiguration. Und diese ist gerade nicht an die künstliche Aktivierung und dynamische Modulation eines vertieften Begehrens geknüpft, sondern entfaltet sich stattdessen als eine ganz spezifische Variante des filmischen Raumdiskurses.

Die kinematografische Raumentfaltung fußt zunächst auf einer festen relationalen Ordnung, denn der Film entwirft exakt drei Raumtypen:

---

[93] So erscheinen als Trennungsfigurationen zum Beispiel die projizierte Hochzeit von Joyce und Tony, die Besiegelung Randalls Todes nach dessen Verzicht auf die Teilnahme an der Evakuierungslotterie sowie die bildliche Anordnung von Joyce, Tony und dem Waisenkind Mike als familiär fundierte Sozialität. Als Verschmelzungsfigurationen treten hingegen neben der sukzessiven beruflichen Analogisierung beider Liebender auch ihre enge Umarmung während der Naturkatastrophe sowie schließlich ihr gemeinsamer Kuss hervor.

Erstens, eine Reihe enger, symmetrisch strukturierter Innenräume, zweitens, die Bildreihe der Naturkatastrophe als einen weiten Außenraum von chaotischer Prägung und drittens, die Gemälderepräsentation der Landschaft des Siedlungsplaneten Zyra als einen weiten, strukturierten Außenraum.

Jeder dieser drei Raumtypen korrespondiert zusätzlich jeweils mit einem distinkten Modus der Raumwahrnehmung: Die vielen Interieurs sind durch eine distanzierte Kamera als geordnete Aufsichten entfaltet,[94] die Sequenz der Katastrophe realisiert eine hegemoniale Blickführung als Verstellung perspektivischer Teilhabe und die Gemälderepräsentation des Siedlungsplaneten bringt schließlich eine privilegierte Ansicht mit den figürlichen Akten des Sehens zur Deckung.

Die letzte Einstellung entfaltet daher einen filmischen Raum, der die positiven Valenzen aller drei existenter Raumtypen zu einem finalen Blickzitat der Figuren fügt: Denn während die geordnete Darstellung der Interieurs die privilegierte Wahrnehmungsposition des Zuschauers sichert und die Ansichten der Naturkatastrophe in Teilen defizitär – nämlich nur akustisch aus dem unterirdischen Schutzbunker – repräsentiert sind, organisiert die finale Ansicht der Siedlungslandschaft die erste und einzige Kongruenz von innerdiegetischem Blickzitat und souveräner Raumwahrnehmung.

Insgesamt also rückt der Film seine Figuren erst sukzessive an eine privilegierte Position der visuellen Wahrnehmung, die mit jener außerfilmischen des Zuschauers identisch ist. Bleibt die Homogenität des Wissens zwischen Zuschauer und Protagonisten auf der Ebene der Erzählung also stabil, so wird das Moment der Synchronisation zweier divergenter Wahrnehmungspositionen in den inszenatorischen Bereich des filmischen Raumes und die kalkulierten Verfahren seiner bildli-

---

[94] Auffällig ist die Differenz zwischen wissenschaftlichen Institutionen und zivilen Räumen: Labore und Forschungseinrichtungen sind in klarer Raumstrukturierung angelegt, während zivile Räume, wie etwa das Flughafenterminal oder Tanzlokal als unruhigere Interieurs inszeniert sind. Diese dienen jedoch ausdrücklich nicht als Träger psychischer Chiffren, sondern skizzieren in formaler Kontrastierung die Sphäre der Wissenschaft als Ort systematisch geordneter Wahrnehmungseindrücke. In dieser komparatistischen Lesart filmischer Räume lässt sich zum Beispiel die Sequenz der Klimakonferenz in ihrer formalen Engführung von Aufsichten und unruhigem Dekor wie eine filmische Konnotation der Sphäre des Politischen entziffern: als eine unproduktive Kopplung sachlicher Expertise und zivilen Temperaments. Zusätzlich stützen die filmischen Innenräume die narrative Disposition, da Dr. Hendron sich mehrfach im Bildzentrum erhebt und die Ansicht der fixierten Kamera in einer geschlossenen Einstellung von einer extremen Aufsicht in eine leichte Untersicht wendet, so dass sein Status der innerdiegetischen Erzählinstanz sich auch in den Registern der filmischen Bildlichkeit manifestiert.

chen Entfaltung verschoben, um dort – also explizit abseits narrativer Gefüge oder figürlicher Relationen – eine genuine ästhetische Verschmelzung zu entfalten. Spart der Film in diesem Kontext auch die Extremerfahrung des dissoziierten Raumes systematisch aus,[95] so nimmt die relationale Ordnung der filmischen Raumtypen doch einen kleinen Anteil diegetisch entgrenzter Blickpositionen in sich auf.

Diese Akte perspektivischer Entgrenzung verbinden sich jedoch zu keinem Zeitpunkt mit einer Angstlust, also genussreicher Entmachtung des außerfilmischen Sehapparates. Stattdessen lässt sich dieser Anteil diegetisch verrätselter Blickpositionen exakt in zwei ästhetische Funktionszusammenhänge auffalten, die ihrerseits zum einen jeweils als genuine Modulation axiomatischer Genreprinzipien eintreten und zum anderen eng mit jenen beiden übergeordneten narrativen Abschnitten korrespondieren, in die die filmische Erzählung ostentativ zerfällt: Die erste Hälfte der filmischen Erzählung entfaltet mit Hilfe diegetisch entgrenzter Blickpositionen ihre Projektionen physischer Zerstörung, welche sich im Unterschied zum Horror nicht auf Schmerzerfahrungen des menschlichen Leibes beziehen, sondern die im allegorisierten Raum der Natur die Verlustigkeit einer kollektiven Körperlichkeit umkreisen. Die zweite Hälfte der filmischen Erzählung stiftet mit Hilfe diegetisch entgrenzter Blickpositionen die Antizipation der Teilhabe an einer finalen Verschmelzungsfiguration, die sich im Gegensatz zum Melodramatischen nicht auf die Verschmelzung Liebender richtet, sondern die symbolische Vereinigung einer Zivilgemeinschaft mit dem Ort ihrer Re-Initiation in den Blick nimmt.

In dieser Perspektive einer konzeptualisierten Spaltung von projizierter Bedrohung und antizipierter Verschmelzung in den übergeordneten Abschnitten der filmischen Erzählung erscheint die Bildreihe der Naturkatastrophe, die formal beide narrativen Hauptabschnitte verknüpft, bereits äußerlich als inszenatorischer Komplex von bivalenter Wertigkeit. Genau in dieser Perspektive rücken zunächst alle dreißig Einzeleinstellungen[96] der Sequenz der Naturkatastrophe in die potentielle Nähe reflexiver Bildtypen wie sie die theoretische Kategorie des

---

[95] Nur die Bildreihe der Naturkatastrophe stiftet singuläre Einstellungen der gescheiterten Raumwahrnehmung. Diese organisieren das formale Alternieren von privilegierten und immersiven Blicktypen jedoch nicht im Horrormodus oder als eine zeitliche Genese visueller Omnipotenz, sondern sie konzeptualisieren das filmische Bild der Naturkatastrophe zu einer Bewegung der ästhetischen Transformation. Diese Bewegung wird sich in der Perspektive des Spektakelbildes konkret beschreiben lassen wird.

[96] Diese quantitative Ordnung ist in das trianguläre Muster eingelassen, dem Erzählung und Figurensystem in axiomatischer Strenge folgen.

Spektakels erfasst. Nicht zuletzt deutet sich die reflexive Qualität dieser Sequenz schon in ihrer formalen Stellung an, da die narrative Aufschlüsselung der Naturkatastrophe bereits über die vorherige Sequenz – nämlich das im erschütterten Schutzbunker versammelte Figurenensemble – realisiert ist. Die folgende Bildreihe der Naturkatastrophe vertieft daher über die zeichenhafte Handlungsrepräsentation hinaus auch Einsichten in die zeitliche Struktur filmischer Darstellungen.

Nimmt der erste Teil der Bildreihe der Naturkatastrophe auch die Elemente des Feuers und der Erde auf, der zweite Teil hingegen jene des Eises und des Wassers, so ist ihre äußerliche Gliederung doch primär durch das rhythmische Alternieren von privilegierter und immersiver Blickposition bestimmt. Die immersiven Bildertypen finden sich dabei im Prinzip der Steigerung gereiht und je in einer frontalen Ansicht des porträtierten Elements finalisiert, ehe eine Einstellung hegemonialer Blickführung dieses Muster erneut durchbricht. Während diese Mikroreihen immersiver Bildtypen erkennbar Anschluss an die Verlustprojektionen einer kollektiven Körperlichkeit des ersten Teils der Erzählung suchen, organisieren die punktuellen Einschübe hegemonialer Ansichten bereits einen Vorgriff auf die erst im zweiten Teil der Erzählung antizipierte Verschmelzung von ziviler Gemeinschaft und dem Ort ihrer zukünftigen Existenz.

Doch diese genuine Engführung der Finalisierung des Schreckens und der Konstituierung des Staunens legt die Bildreihe der Katastrophe keinesfalls nur als Verkettung sondern vielmehr als eine differentielle Transformationsbewegung an, durch welche die ursprüngliche Intensität der Furcht nachhaltig in ein Potential der Faszination gewendet ist. Denn als effektiver Schlusspunkt sowie paradigmatisches Muster für diese sukzessive Überführung tritt das letzte Glied der Sequenz ein. Diese lange Einstellung zeigt – im Unterschied zu den übrigen Einstellungen dieser Bildreihe – als Kreuzung von privilegierter Ansicht und bildlicher Immersion eine riesige Flutwelle in den Straßen New Yorks, die in einer kontinuierlichen Frontalbewegung Kurs auf die Position der Kamera nimmt. In dieser Perspektive stiftet die Bildreihe nicht etwa einen narrativ entkoppelten Exzess der visuellen Vertiefung des Erzählmotivs der Naturkatastrophe, sondern sie realisiert über ein diegetisch integriertes Zwischenspiel[97] einen rezeptionsästhetischen Umbruch von didaktischer Qualität. Absolviert ist dieser Umbruch in jener

---

[97] Formal dehnt die Bildreihe die diegetische Kohärenz, da sie anders als die Mehrzahl der anderen Sequenzen nicht vom Soundtrack begleitet ist. Zudem nimmt sie als eine zeitlich differentielle, räumlich unspezifische Sequenz exakt die temporäre Umkehr des Repräsentationssystems der Erzählung vor.

letzten, auffällig ausgestellten Einstellung, der Frontalansicht der Flutwelle. Diese Einstellung bildet daher das reflexive Spektakelbild, das die darstellende Repräsentation der Naturgewalt vom Effekt des Schreckens löst und sie schließlich, als die fundamentale Grundlegung der zweiten Erzählhälfte, in stilistischer Transparenz zum Objekt des Staunens flexibilisiert.

Diese analytische Fluchtlinie, welche über den Befund einer kalkulierten Binärstruktur der Erzählung die funktionsästhetische Bivalenz der Bildreihe der Naturkatastrophe skizziert, faltet beide Hälften des Films in ihrer affektiven Valenz sowie schließlich auch als rezeptionsästhetische Resonanzgemeinschaft auf, die sie insgesamt bilden.

Denn die erste Hälfte der filmischen Erzählung stiftet das Narrativ des Raumverlustes als existentielle Bedrohung einer Gemeinschaft primär über die spezifische Dialogführung in begrifflichen Etappen.[98] Der Verlust des individuellen Leibes ist als ursprüngliches Dispositiv des Horrorfilms dabei über die Allegorisierung der Natur zum kollektiven Körper phantasmatisch gesteigert. Die zweite Hälfte der filmischen Erzählung entfaltet das Narrativ der Raumerschließung als die rettende Initiation einer Gemeinschaft über eine distinkte Bildlichkeit primär in visuellen Etappen.[99] Die symbolische Verschmelzung der Liebenden ist als ursprüngliches Dispositiv des Melodrams über den relationalen Entwurf dreier Raumtypen dabei zum Akt kollektiver Vereinigung gedehnt.

Während daher die erste Hälfte der Erzählung seinen Primäraffekt der Furcht in den Registern einer begrifflichen Bedeutungsbildung stiftet, aktiviert deren zweite Hälfte den Primäraffekt des Staunens vordergründig über eine bildliche Diskursführung, so dass der Film insgesamt nicht allein auf der Ebene seiner formalisierten narrativen Ordnung zwei komplementäre Hälften fügt, sondern auch rezeptionsästhetisch in zwei distinkte Abschnitte zerfällt.

---

[98] Einem knappen Bibelzitat zum Armageddon als erste Einstellung des Films folgt Dr. Bronsons Ausruf "This would be the most frightening discovery of all times", später Dr. Hendrons Verkündung "Our world will end. There is no error" sowie die Aussage eines Fernsehsprechers "One o'clock, the hour of doom." als Steigerungen einer sprachlichen Kennzeichnung der drohenden Auslöschung. Auch die symbolischen Großaufnahmen der ersten Hälfte des Films realisieren eine semantische Projektion der Bedrohung.

[99] Den visuellen Etappen – der Ansicht des Flugobjektes, seiner Technologie und des finalen Flugmanövers – folgt je ostentativ ein Bild des nahenden, auf Kollision stehenden Himmelskörpers.

Wie herausgestellt, fungiert das Bindeglied beider Erzählhälften, die Bildreihe der Naturkatastrophe, als Klimax des ersten Erzählteils, also Finalisierung des Schreckens, und als Ursprung des zweiten Erzählteils, also Konstituierung des Staunens. In bildästhetischer Selbstbespiegelung nimmt die Sequenz zudem die didaktische Offenlegung der formalen Transformation des einen Empfindungszustandes in den anderen vor. Wie aber lässt sich ausgehend von diesem Doppelbefund der affektpoetologische Rang der Bildreihe der Naturkatastrophe im breiten Kontext des ästhetischen Gefüges beschreiben?

Zunächst ist auffällig, dass die Bildreihe der Naturkatastrophe die einzige Sequenz in leiblich affizierender Grundverfassung stellt. Im Modus der Steigerung sucht diese einerseits den rezeptionsästhetischen Anschluss an den zuvor noch streng in begrifflichen Etappen entfalteten Zustand der Furcht. Andererseits tritt dieser punktuelle Schub leiblicher Entladung auch in einen funktionalen Zusammenhang zum später bildlich entfalteten Empfindungswert der Faszination. Denn die Resonanzkraft der punktuellen Eruption verkörperter Wahrnehmung stiftet eine affektive Reinigung, in deren Folge der Zuschauer das filmische Bild fortan unter der Lockerung sensomotorischer Anschlüsse im Modus des Staunens rezipiert, dessen selbstreflexiver Genuss seinerseits im sinnlichen Vergleich mit dem verstrichenen Schrecken fundiert ist.

In dieser Perspektive erfährt der artifiziell generierte Zustand des Staunens, den das Kino des Science-Fiction[100] als den Primäraffekt eines audiovisuellen Filmerlebens tradiert, seine Vertiefung. Denn als eine äußerliche Paarung von polysensueller Ansprache und sensomotorischer Lockerung ist die Empfindungsmodalität des Staunens hier in genuine Konstellation gebracht: Die genuine Bildreihe der Naturkatastrophe setzt den Zustand des Staunens in rekursive Verkettung mit dem Modus des Schreckens, um über diese kalkulierte Affektdramaturgie das Wahrnehmungsereignis der Faszination ästhetisch zu potenzieren.

---

[100] When Worlds Collide ist dem Kino des Science Fiction zugehörig, da der Film Orte wie das Forschungslabor oder Weltall zeigt, sein Repräsentationssystem auf schematisierten Topografien fußt bzw. die kohärenzstiftende Funktion der Zeitlichkeit suspendiert. In ähnlicher Perspektive fasst auch Sobchack (1999, 256ff.) das filmische Repräsentationssystem im Science Fiction: eine Paarung von schematisierten Räumen und dem Kollaps des Zeitlichen, die realisiert, dass äußerlich episodische, fragmentarische oder serielle Erzählungen im Modus des Staunens sinnlich konsumiert werden. Zu r Diskussion räumlicher und zeitlicher Kategorien im Kino des Science Fiction siehe auch Telotte, J.P. Science Fiction Film. Cambridge 2001.

Anknüpfend an diese Einsicht in die schematische Dualität von narrativer Grundform sowie auch affektpoetologischer Ordnung, wird das Sinnangebot des Films abschließend in seiner distinkten Profilierung greifbar.

Während das filmische Repräsentationssystem von WHEN WORLDS COLLIDE jede zeitliche Differentialität suspendiert, die filmische Erzählung zwei Ereignisformationen in wechselseitiger Spiegelung fügt und das Figurensystem zur streng formalisierten Anordnung triangulärer Geflechte organisiert ist, treten nur der filmische Raum und Dispositiv der Gemeinschaft als zwei differentielle Ordnungen hervor, die in einer zeitlichen Bewegung in eine Konstellation gebracht werden.

Denn einerseits reiht die filmische Raumkonzeption Interieurs, fotografierte Natur und künstliche Repräsentation eines Exterieurs bis schließlich das flächige Gemälde einer Landschaftsansicht abseits der Register der ikonografischen Sublimierung oder einer komplexen Struktur des Begehrens das Pathos eines positiv attribuierten Raumes aktiviert.

Andererseits entwickelt das Figurensystem typisierte Mikrogemeinschaften als Verstellung figürlicher Objektbezüge der Empathie. So erwächst das Dispositiv der Gemeinschaft erst aus den visuellen Operationen. Denn die Bildlichkeit nimmt über die sukzessive Synchronisation von inner- und außerdiegetischen Sehakten die genuine Umwertung einer kollektiven Raumwahrnehmung in die finale Verschmelzungsfiguration des Films vor. Filmischer Raum und Dispositiv der Gemeinschaft falten daher im Unterschied zu den übrigen ästhetischen Komplexen je eine sequentielle Reihung distinkter Wahrnehmungsstadien auf. Beide sind zudem mit der letzten Einstellung des Films, der stehenden Ansicht des Siedlungsortes, schließlich zum pathetischen Bildkomplex ineinander verschoben.

Dieser Komplex bringt die Wertigkeit und den konkreten Objektbezug des Affekts effektiv in Konstellation. Die sinnliche Teilhabe am Tableau einer zivilgemeinschaftlichen Gegenwart beschließt hier somit eine kinematografisch sehr streng formalisierte sowie leiblich überwiegend suspensive Reflexion der rezeptionsästhetischen Doppelstruktur des Motivs der Naturkatastrophe.[101]

---

[101] In ähnlicher Perspektive erscheint auch ein zweiter Film dieses Entstehungszeitraums, THE DEVIL AT FOUR O'CLOCK (Mervyn LeRoy 1960), der die Geschichte dreier Sträflinge und eines Pfarrers erzählt, die auf einer Karibikinsel unter dramatischer Opferung ihres Lebens eine Kolonie kranker Kinder vor einem Vulkanausbruch retten. Auch dieser Film legt seine narrative Ebene zunächst als eine Spielfläche melodramatischer Konstellationen an. Ähnlich der Erzählstruktur von WHEN

3.3 EARTHQUAKE (Mark Robson 1974)
Subjekterosion und Schuldimago

Der Film EARTHQUAKE (1974) erzählt von einem massiven Erdbeben, das in mehreren Schüben die Stadt Los Angeles zerstört. Im Zentrum dieses Szenarios stehen die verfeindeten Eheleute Stewart und Remy Graff, die nach gemeinsamer Beteiligung an mehreren zivilen Rettungsaktionen in den Fluten eines brechenden Staudamms schließlich vereint den Tod finden.

Die räumliche Dimension der Erzählung ist bereits mit der ersten Einstellungsreihe des Films, nämlich den taumelnden Bildern eines Helikopterflugs über die morgendliche Stadt Los Angeles, die mit der ruhenden Ansicht des Hollywood-Schriftzuges enden, konkret definiert. Die erste Hälfte des Films faltet anschließend eine urbane Topografie der gereihten Innenräume auf, welche sich über Apartments, Bars, Büros, Restaurants und einen Supermarkt erstreckt. Diese Innenräume sind zudem jeweils programmatisch an eine einzelne Figur gebunden. Die zweite Hälfte des Films fügt anschließend in komplementärer Qualität beinah ausschließlich Außenschauplätze, die ihrerseits den vollen Umfang der zuvor gereihten Interieurs im Modus deren jeweiliger Zerstörung durch das Beben abschreiten. Formal kehren die räumlichen Parameter des filmischen Repräsentationssystems so eine architektonische Ordnung der heterogenen Interieurs ostentativ in das einheitliche Außen einer in Trümmern liegenden Urbanität.

Die zeitliche Dimension des Films stellt sich ihrerseits als eine kompakte Staffelung dar. Denn die Erzählung erstreckt sich von den frühen Morgenstunden bis in die tiefe Nacht vollständig über nur einen einzi-

---

WORLDS COLLIDE erfolgt die verzögerte Vereinigung der Liebenden (und hier ihre unwiderrufliche Trennung) vor dem letzten Handlungsabschnitt, so dass die finale Verschmelzungsfigur des Films ganz explizit durch die Rückführung der Gemeinschaft der Überlebenden in den Raum des Christentums gebildet wird. Obgleich THE DEVIL AT FOUR O'CLOCK, anders als WHEN WORLDS COLLIDE, als Drama und nicht als reflexiv formalisiertes Kino des Science Fiction konzipiert ist, nimmt auch dieser Film exakt auf der Hälfte seiner Erzählung ostentativ die rezeptionsästhetische Typisierung des Motivs der Naturkatastrophe vor: Nachdem der Vulkanausbruch im Bersten der Erde und der korrespondierenden Dissoziation des Raumes als bildlicher Schrecken aufgefaltet ist, aktiviert ein Helikopterflug und das korrespondierende Panorama der Katastrophe den Effekt des Staunens. Später ist die distinkte Staffelung beider Wahrnehmungsmodi erneut variiert, wenn die Gruppe der Kinder nur knapp dem glühenden Felsgeröll entkommt und anschließend von einem erhöhten Plateau die privilegierte Ansicht zweier frontal verschmelzender Lavaströme bestaunt. Insgesamt also paradigmatisiert auch THE DEVIL AT FOUR O'CLOCK den Schrecken und das Staunen zu zwei wirkungsästhetischen Varianten des Motivs der Naturkatastrophe.

gen Tag. Im Kontrast zum räumlichen Verfahren der rasanten Ortswechsel ist die Zeitlichkeit somit erkennbar als das gedehnte Erleben einer geschlossenen Dauer angelegt, dessen horizontale Ordnung explizit durch die drei gewaltsamen Schübe des Erdbebens äußerlich rhythmisiert ist.

In dieser Perspektive erscheint das Motiv der Naturkatastrophe innerhalb des filmischen Repräsentationssystems daher insgesamt als jene Instanz, die – einerseits im Zugriff auf die relationale Ordnung der räumlichen Parameter sowie andererseits in der distinkten Phasenfiguration einer stark verdichteten Zeitlichkeit – die diegetische Kohärenz der filmischen Erzählung sichert.

Diese filmische Erzählung zerfällt ihrerseits in vier gleichrangige Abschnitte, die jeweils exakt durch die Schübe des Bebens voneinander geschieden sind. Dieser spezifischen Ordnung ist eine kurze Handlungsexposition vorgelagert, die sich aus folgenden Stationen fügt: der wankenden Vogelperspektive auf die Innenstadt, einem morgendlichen Streit der Eheleute Graff sowie einem daraufhin fingierten Suizidversuch im ehelichen Schlafzimmer. Der erste Abschnitt der filmischen Erzählung spannt anschließend die zwei vordergründigen Konfliktlinien auf: Eine erste dieser Linien leitet sich aus dem Streit der Eheleute um den Verdacht der sexuellen Untreue Stewarts her, skizziert also den Vorgriff auf den persönlichen Fall eines männlichen Protagonisten. Die zweite beider Linien leitet sich aus einem Tumult unter Kollegen und der Suspendierung des Polizisten Lew Slade her, sie skizziert daher komplementär zur ersten narrativen Konfliktlinie einen Vorgriff auf den beruflichen Fall eines männlichen Protagonisten.

In Ergänzung dieser komplementären Konfliktordnung führt der erste Erzählabschnitt zwei weitere männliche Figuren ein, denn der Motorradkünstler Miles und Verkäufer Jody werden zusätzlich als zwei potentielle Spielflächen männlichen Scheiterns angelegt. Während im ersten der vier Erzählabschnitte die Handlungslinien der zwei Protagonisten Stewart und Lew systematisch von denen der beiden Nebenfiguren getrennt sind, finden diese im Verlauf der sich anschließenden Erzählabschnitte ihre Verschachtelung zu einem breiten Panorama der sozialen Identitäten. Die vielfältigen Ausprägungen dieses Panoramas konvergieren dann am Ende des Films schließlich in einem einheitlichen Typus von Gemeinschaft.

Jeder der übergeordneten vier Erzählteile ist ostentativ durch einen Schub des Bebens eingeleitet. Exakt auf der Hälfte der Laufzeit des Films, zwischen den beiden ersten und den beiden letzten narrativen Abschnitten, nimmt der dritte und audiovisuell am stärksten vertiefte

Schub des Bebens eine gesonderte Stellung ein, da hier eine zehnminütige Bildreihe der Zerstörung die zuvor stark personifizierten Ereignisreihen temporär aussetzt.

In dieser Perspektive bildet das Motiv der Naturkatastrophe die privilegierte Instanz der Fügung übergeordneter Erzählabschnitte einerseits sowie das Verfahren der dramatischen Verdichtung[102] des narrativen Gehalts innerhalb dieser trennscharfen Abschnitte andererseits.

Nimmt man schließlich die lange, stark ausgestellte Bildreihe der architektonischen Zerstörung als einen gesonderten Typus der narrativen Strukturgebung hinzu, so manifestiert sich das Motiv der Naturkatastrophe in der Summe seiner Funktionen als die konzentrische Ordnungsinstanz der filmischen Erzählung.

Neben der stetig alternierenden Abfolge der Erzählmotive der Zerstörung und der Rettung, die sich in jedem einzelnen der vier Handlungsabschnitte vielfach variiert finden, zirkuliert auffällig ein zweites Motivpaar: das der Verkleidung und der Reinigung. Dessen dramaturgische Stellung aber lässt sich gerade nicht allein im Zusammenhang narrativer Ordnungsmuster entfalten, sondern es geht seinerseits erst im Kontext des genuinen Figurensystems schlüssig in einem ästhetischen Funktionszusammenhang auf.

Dieses Figurensystem entwirft zunächst ein flächiges Netz der scheiternden Männerbünde, deren multiple Varianten der Film über die gesamte Laufzeit seiner Erzählung miteinander verwebt: Max und Fred, die beiden Sicherheitsbeamten am brechenden Staudamm, scheidet zunächst, ebenso wie die Feldforscher Frank Adams und seinen Assistenten Walt, der Tod. Die Polizisten Lew und Emilio trennt eine selbst verschuldete Dienstsuspendierung. Motorradkünstler Miles und Manager Sal entzweit die finanzielle Pleite eines Projektes und die Kooperation von Bürgermeister und Gouverneur im Ausnahmezustand der Stadt ist gelähmt durch ihre Zugehörigkeit zu unterschiedlichen Parteien. Die wenigen sozial intakten Paarungen sind komplementärgeschlechtlicher Prägung, jedoch explizit nicht sexueller Natur, sondern entweder berufliche Bünde (etwa Sam und seine Sekretärin Barbara)

---

[102] Diese dramatische Verdichtung wird über die Konstruktion eines Ultimatums realisiert, die alternierend zwischen bildliche Variationen der Zerstörung eingeschoben ist. Denn mutmaßen die Seismologen im ersten Erzählabschnitt noch über das geringe Ausmaß des Bebens, so vergleicht bereits im zweiten Erzählabschnitt ein Wissenschaftler die Kraft des bevorstehenden Hauptbebens mit der summierten Energie zweier Atombomben. Im letzten Erzählabschnitt schließlich tauschen sich zwei zivile Helfer resigniert über die verbleibende Zeit bis zum gewissen Tod durch den Bruch des Staudamms aus.

oder familiäre Konstellationen (Denise und ihr Sohn Corry). Jede Sozialität des Films, ob ein destruktiver Männerbund oder aber die entkörperte Bindung von familiärer Qualität, ist daher faktisch als eine sexuell gereinigte Formation der Geschlechter angelegt.[103]

Sind die beiden männlichen Protagonisten Stewart und Lew durch konkrete Erzählstränge narrativ zwar deutlich gerahmt, so bleiben sie wie auch alle übrigen Figuren in ihrer Handlungsmotivation psychologisch unscharfe Instanzen. Seine einzige Variante eines differentiellen Identifikationsangebots legt der Film stattdessen früh in der Perspektive der potentiellen Entstehung einer Zivilgemeinschaft der Überlebenden an. Die konkrete Möglichkeit der Aneignung dieser zivilgemeinschaftlichen Genese wiederum ist im Muster einer selektiven Empathie fundiert. Denn dieses Muster organisiert die Ausrichtung auf innerdiegetische Akte des Fühlens gerade nicht figürlich sondern zirkelt einen sinnlichen Monotypus ein: allein Darstellungen der Furcht sind im Modus empathischer Teilhabe angelegt. Denn nur im Zustand der Furcht sind die Figuren – jeweils im formalen Zusammenspiel mit subjektiven Einstellungen der materiellen Zerstörung – als eine kollektive Instanz der Empfindung exponiert.

Das konkrete Blickzitat einer singulären Figur erscheint in diesem Zusammenhang daher nicht als vielschichtiges Schlüsselbild einer Individualisierung, sondern genau umgekehrt als emblematische Sicht auf das Leiden. Diese vereinheitlichende Sicht verortet am Ursprung der exponierten Blickachse keine personifizierte Instanz des Sehens sondern ein exemplarisches Glied der zukünftigen Gemeinschaft.

Anders als die beschriebene Variante der subjektiven Einstellung unterhält der Darstellungstypus der Großaufnahme schließlich ein ästhetisches Doppelverhältnis zum narrativ verrätselten Motivpaar der Reinigung und der Verkleidung. Denn eine sehr umfangreiche Kollektion farbenprächtiger Perücken und künstlicher Wimpern ist ausgestellter Gegenstand einer ersten Großaufnahme während der Handlungsexposition des Films und bildet den frühen Einstieg in einen mehrschichtigen Bedeutungsraum, die Figuren diskursiv in Relation zu einander setzt. Dieser Raum faltet sich in die Felder des Rollenspiels, der Uniformierung und der Maskierung auf: Der Bereich des Rollenspiels ist markiert durch Schauspielerin Denise und ihren Liebhaber Stewart, die in gemeinsamer Vorbereitung eines Vorsprechens einen Dialog zwi-

---

[103] Beide Figuren, die eine Ausnahme von dieser paradigmatischen Grundlegung bilden, Stewart, der im außerehelichen Akt mit Denise seine Frau hintergeht und Jody, der als Reservesoldat eine unrechtmäßig Gefangene bedrängt, gehen einem unnatürlichen Tod entgegen.

schen Nymphomanin und Alkoholiker aufführen[104] sowie dem Freiwilligensoldat Jody, der den Opfern seiner willkürlichen Erschießung eröffnet, nur im Scherz mit der Waffe zu drohen. Beispiele der Uniformierung bilden neben der Arbeitskleidung des Polizisten Lew auch das extrovertierte Ledergewand des Motorradkünstlers Miles sowie erneut der Soldat Jody in seinem grünen Tarnanzug. Das Feld der Maskierung schließlich markiert das ausladende Schminkzubehör Remy Graffs, die prunkvolle Silberkette des stehlenden Straßenmädchens Rosa sowie erneut der Soldat Jody, dessen Kurzhaarperücke sein langes gelocktes Haar unter dem Militärhelm der Vorschrift gemäß bändigt. Der Weg der Figur Jody vom Freiwilligensoldat zum rasenden Amokläufer ist daher gerade nicht vordergründig in den narrativen Aktivitäten vermittelt, sondern als die irreversible Herausbildung eines Fremdkörpers innerhalb des Figurensystems aufgefaltet: Abweichend von allen übrigen Figuren ist Jody als die radikalste Variante des männlichen Scheiterns in keinerlei Bündnis oder übergeordnete Form des Sozialen eingebunden. Zudem durchläuft die Figur als einzige explizit alle drei Spielarten der Verkleidung – das Rollenspiel, die Uniformierung und die Maskierung – wie eine gesteigerte Reihung dramatischer Phasenräume.[105]

Das komplementäre Motiv der Reinigung, das bereits im Waschen des Gesichts durch den Polizisten Lew, das durch Wassermassen vereint in den Tod gerissene Ehepaar Graff sowie auch den Regen auf die brennenden Trümmer der Stadt bildlich ausgestellt ist, scheint hier seinerseits in die dramatische Verdichtung um die Figur Jody eingewoben. Denn der letzte Blick auf dessen Leiche fokussiert als eine Großaufnahme die im finalen Schusswechsel grotesk verrutschte Perücke als das Signum einer unvollendeten Reinigung sowie der irreversibel gescheiterten Eingliederung in eine zivile Form von Sozialität.

Insgesamt verstellt der Film in seiner formalen Absage an die Großaufnahme des Gesichts – als tradiertes Verfahren der Einsicht in diegetische Empfindungsräume – systematisch jede emotionale Binnenperspektive seiner Figuren. Diese streng paradigmatisierte Verstellung nimmt EARTHQUAKE an einer Stelle sogar spielerisch in seine Bildlichkeit auf, als das Gesicht der Figur Stewart hinter einem riesigen Archi-

---

[104] Später schlüpfen beide rollenspielartig in ein Streitgespräch zwischen lügendem Ehemann und betrogener Ehefrau. In klarer Referenz auf ihr erstes Rollenspiel trinken sie dabei Alkohol und leiten den körperlichen Akt ein.

[105] In dieser Perspektive ist schließlich auch die ruhende Ansicht von Jodys Sammlung militärischer Gefechtshelme und Patronenhülsen zu deuten. Denn diese entfaltet zwar eine gegenständliche Ordnung der Maskulinität, fügt sich als Großaufnahme aber klar an die frühe Ansicht Remys femininer Mittel der Maskierung.

tekturmodell einmal doch flüchtig im Format der Großaufnahme gerahmt ist.[106]

In diesem distinkten Zusammenspiel von diskursivem Motivpaar der Verkleidung und Reinigung mit der bildlich axiomatisierten Verstellung privilegierter Ansichten des Gesichts erscheint das Figurensystem nicht nur als relationale Ordnung innerdiegetischer Seinsweisen sondern als zentrales Regulativ der bildlichen Genese einer zivilen Form von Sozialität. Daher nimmt das Figurensystem seine Stellung als eine den narrativen Aktivitäten gleichrangige Instanz der Ausgestaltung dramatischer Verläufe hier evident ein.

Der Versuch einer geschlossenen Beschreibung des ästhetischen Wechselspiels von Erzählordnung, den diskursiven Relationen innerhalb des Figurensystems und der bildlichen Entfaltung des filmischen Raumes fällt hier zunächst mit der Abgrenzung von melodramatischen Schlüsselverfahren in einander: Das Figurensystem reinigt seine geschlechtlichen Relationen ostentativ von einer libidinösen Grundlegung und entwirft subjektive Ansichten abseits vertiefter Einsichten in den differentiellen Empfindungsraum einer einzelnen Figur. Zudem antizipiert die filmische Erzählung in der Summe ihrer narrativen Aktivitäten gerade nicht die symbolische Verschmelzung der Geschlechter. Das filmische Repräsentationssystem schließlich kehrt gereihte Interieurs wie das Schlafzimmer, die Bar und das Kino sukzessive in ein einen breiten Außenraum. Die einzelnen Interieurs funktionieren dabei als räumlich korrespondierende Varianten je figürlicher Identität: So repräsentiert das Schlafzimmer die körperlich inaktive Ehe, das Apartment die außereheliche Affäre und die Häusertrümmer den groben Chauvinismus, der vom nur hypnotischen Anstarren des weiblichen Körpers zum gewaltsamen Übergriff führt. In dieser spezifischen Semantisierung des Raumes scheint die irrationale Bannkraft des Sexuellen untrennbar an das Monströse der Natur geknüpft.

Das Bild der Naturkatastrophe, die gewaltsame Erosion im architektonischen Raum, scheint somit ihrerseits als zwingende Korrespondenz einer inneren Abgründigkeit der kraftvollen Triebregung angelegt. Anders also as das melodramatische Mittel der ikonografischen Sub-

---

[106] Alleinige Instanz der unverstellten Ansicht einer Ausdrucksfläche der figürlichen Empfindung ist in einer der letzten Einstellungen des Films stattdessen das Gesicht des Polizisten Lew, der in völliger Erschöpfung zum Horizont blickt. Formal muss diese Einstellung als die einzige Großaufnahme abseits symbolischer Objekte der Verkleidung erfasst werden. Zu einem späteren Zeitpunkt der Analyse wird jedoch gerade diese Einstellung als ausdrückliche Absage an jede figürliche Logik emotionaler Perspektivierung durch die Großaufnahme einsichtig.

limierung verfährt der Film gerade nicht metaphorisierend mit inneren Spannungszuständen, sondern lädt die Elemente seiner räumlichen Ordnung in einem eigenständigen semantischen Muster auf.[107]
Während also die Formationen des Figurensystems die strenge Verstellung des figürlich differentiellen Filmerlebens realisieren, entwickeln räumliche Parameter des Repräsentationssystems in ihren semantischen Kopplungen die Zusammenhangsstruktur von entgrenzter Sexualität und gesellschaftlicher Zerstörung als ein übermächtiges Schuldpotential.

Auch das Wechselspiel von vielfältigen Blickkonstruktionen und bildlichen Aufbereitung der Naturkatastrophe ist ostentativ von jeder figürlichen Logik gereinigt: Alle Schübe des Erdbebens sind aus der Sicht eines erschütterten Innenraums aufbereitet, zunächst dem ehelichen Schlafzimmer, dann einer Bar, später einem Kino und schließlich dem Parkhaus des Einkaufszentrums. Exakt diese Räume sind nicht nur aufsteigend von den Figuren bevölkert (im Schlafzimmer halten sich beide Ehepartner auf, in der Bar dann ein Dutzend trinkender Rowdys und im Kino bzw. Parkhaus schließlich eine geballte Masse), diese Interieurs sind auch in erkennbarer Steigerung verdunkelt (von der Morgensonne im Apartment über das Dämmerlicht der Bar und die Dunkelheit im Kinosaal und Parkhaus).

Unter der zunehmenden Dissoziation der Raumerfahrung schreitet somit auch die Entsubjektivierung der darstellenden Repräsentationen voran, bis die bildlich immersive Erfahrung gescheiterter Raumwahrnehmung schließlich in einem retikular gewachsenen Geflecht pluraler Blickachsen aufgeht.

Heben sich die unterkomplex profilierten Akte innerdiegetischer Wahrnehmung auch in strenger Systematik gegen einen figürlich differentiellen Horizont ab, so unterscheidet sich das filmische Geflecht multipler Blickachsen dennoch klar vom Horrormodus einer künstlichen Entmachtung des Zuschauers über seine alltägliche Sehordnung. Zwar wendet die filmische Erzählung in ihrer motivischen Alternation von Zerstörung und Rettung ähnlich den narrativen Akten des Horrorkinos die horizontale Linearstruktur äußerlich in eine zirkuläre Er-

---

[107] Diese semantische Kopplung von entgrenzter Sexualität und Naturkatastrophe ist in der breiten Verschränkung von Gewalt und bildlicher Repräsentation des Erdbebens fundiert: Der erste Schub des Bebens korrespondiert mit einem lauten Ehestreit, der zweite Schub mit einer langen Prügelei in der Bar und der dritte Schub mit einer tödlichen Schießerei des im Kino gezeigten Westernfilms. In dieser ästhetischen Doppelstruktur ist die kalkulierte Engführung der Gewalt und der Naturkatastrophe zu einer Imago gesellschaftlicher Schuld verdichtet.

eignisordnung. Doch die Bildlichkeit der Naturkatastrophe sucht ausdrücklich keine ästhetische Nähe zu den Prinzipien des filmischen Terrors.

Denn die multiplen Blickpositionen erfahren gerade nicht ihre diegetische Entgrenzung zur furchtsamen Sehordnung, die der Zuschauer als einen genussreichen Verlust seiner Wahrnehmungssouveränität konsumiert, sondern genau umgekehrt erwirkt die infinite Vervielfältigung innerdiegetischer Blickpositionen den Einschluss aller visueller Wahrnehmungsakte in den Raum der Diegese. Das illusionistische Potential der filmischen Darstellung richtet sich hier somit weniger auf die Abbildprinzipien ihrer jeweiligen Objekte, sondern auf eine ästhetische Nivellierung der Differenz zwischen innerdiegetischen und außerfilmischen Wahrnehmungsakten. Im Zuge dieser spezifischen Nivellierung erfahren die visuellen Sinneseindrücke des Zuschauers ihre künstliche Eingliederung in den diegetischen Horizont und daher die illusionistische Umschreibung ihrer formalen Ursprünglichkeit.

Innerhalb der immersiven Bilder der Naturkatastrophe nehmen zwei Einstellungen eine exponierte Stellung ein, die unter dem Paradigma des Spektakels zunächst formal eingekreist werden können. Beide Einstellungen zeigen die rauchenden Trümmer der noch brennenden Stadt als Skyline. Die erste reiht sich exakt auf der Hälfte der Laufzeit des Films an die lange Bildreihe des zweiten Erdbebens, die zweite folgt als letzte Einstellung des Films der langen Bildreihe des brechenden Staudamms, dessen Wassermassen die Stadt schließlich überfluten. Beide der einander sehr ähnlichen Einstellungen exponieren ihre komplementären Anschlüsse ostentativ.

Denn während sowohl der lange Schub des Bebens als auch die Sequenz des Staudamms Einstellungen des vertikalen Raumzerfalls rasant montieren, multiple Ortswechsel vornehmen und diese mit dem bedrohlichen Klang immer tiefer werdender diegetischer Geräusche paaren, vertiefen die zwei beschriebenen Einstellungen je einen ruhenden, geschlossenen Blick auf die horizontale Ordnung der Stadt und überführen den Soundtrack in den gedämpften Klang höherer Instrumentaltöne.

Das jeweils stehende Panorama rauchender Häuserzeilen dient einerseits der kausalen Aufschlüsselung des Handlungshorizontes: Das Beben hat die Stadt in Flammen gesteckt und das Feuer die Stadt anschließend in rauchende Trümmer gelegt. Doch beide Einstellungen realisieren sich zudem als gedehnte Zeitlichkeit: Ihre quantitative Dauer ist äußerlich exponiert und auch das asynchrone Bewegungsmaß von lebhaft lodernden Flammen und schleichendem Rauch trägt einen

Verweis des Zeitlichen als visuelle Spreizung zweier Tempi in beide Darstellungen hinein. Diese punktuelle Koinzidenz von narrativem Akt und temporärer Einsicht in die zeitlichen Register des kinematografischen Bildes stiftet daher einen komplexen Deutungsprozess, der seinerseits das rein handlungslogische Verstehen systematisch übersteigt.

Doch die ästhetische Bestimmung beider Einstellungen, die hier unter dem Paradigma des Spektakels gefasst sind, erschöpft sich nicht im analytisch engen Blick auf deren geschlossene zeitliche Verwirklichung. Denn die Ostentation ihrer stark komplementären Anschlüsse sowohl zur je vorherigen Sequenz als auch zur je folgenden Einstellung verweist auf eine Verdichtung ästhetischer Diskurse, die gerade nicht auf der singulären Einstellungsebene, sondern erst in der Zusammenführung der analytischen Befunde zum Typus artifizieller Affektgestaltung einsichtig wird.

Diese affektpoetologische Ordnung zerfällt zunächst in zwei Komplexe, die ihrerseits in ein rezeptionsästhetisches Verhältnis treten. Aspekte des ersten Komplexes oszillierten bereits in die Frage nach den Anleihen melodramatischer Effekttypen und deren ästhetische Modifikation: Die narrativen Aktivitäten koppeln das Motiv der Naturkatastrophe auffällig an sich steigernde Etappen zwischenmenschlicher Gewalt, mit denen jeder einzelne Schub des Erdbebens als Ereignis koinzidiert. Die räumliche Ordnung analogisiert gewaltsame Erosion der Architektur und moralische Abgründigkeit des Sexuellen, so dass narrative Akte und filmische Bildlichkeit zur verdichteten Imago der gesellschaftlichen Schuld zusammen treten. Zugleich legt das Figurensystem seine Ordnung scheiternder Typen der Sozialität in psychologischer Opazität an. Auch dieses Muster ist in bildliche Operationen aufgenommen, denn die Absenz der Großaufnahme des Gesichts kündigt – wie der Entwurf unterkomplex figurierter Blickzitate – die Möglichkeit einer singulären Binnenperspektive des Diegetischen restlos auf. In ihrem Wechselverhältnis realisieren das Figurensystem und die kinematografische Bildlichkeit so eine systematische Reduktion figürlicher Identifikationsangebote.

Im Zusammenhang dieser dramaturgischen Äquivalenzstellung von narrativen Akten und den diskursiven Konstellationen des Figurensystems zeichnet sich die bildliche Ordnung ihrerseits in einem doppelten Funktionszusammenhang ab. Denn erst das Bild nimmt neben der zeichenhaften Verschränkung von Ansichten der Naturkatastrophe und der Entwertung sozialen Handelns auch die axiomatisierte Auflösung figürlich perspektivierten Filmerlebens operativ vor. Unter expliziter

Schlüsselstellung der filmischen Bildlichkeit stiftet daher ein erster affektpoetologischer Komplex des Films in seiner kalkulierten Verflechtung von distinkter Semantisierung der Naturkatastrophe und ästhetischer Verstellung figürlicher Perspektivität das artifizielle Wahrnehmungsereignis einer diegetisch entgrenzten Imago gesellschaftlicher Schuld.

Ein zweiter affektpoetologischer Komplex des Films zeigt sich im formalen Wechselspiel von immersiver Bildlichkeit der Naturkatastrophe und auditiver Ebene dieser Darstellungen: Die stetige Pluralisierung innerdiegetischer Blickachsen, in deren Geflecht die visuellen Wahrnehmungsakte des Zuschauers illusionistisch eingegliedert sind, erwirkt eine Dissoziation filmischer Räume. In diesem breiten Entwurf singulärer Blickachsen ist das Bildliche seiner zuvor noch auktorialen Prägung entgrenzt, zugleich aber gerade nicht in eine figürlich differentielle Ansicht der Zerstörung überführt. Die bildlich-operativen Verfahren aktivieren so kontinuierlich den Erlebnismodus eines perspektivischen Unbehagens. Mit den auditiven Parametern der Darstellung ist diese bildlich verrätselte Dualität von inner- und außerdiegetischem Sehen aber in einem Extrem der immersiven Raumerfahrung aufgelöst. Denn mit dem gewählten Tonverfahren[108] nimmt der Film die akustische Verfeinerung tiefer Tonlagen seines Soundtracks sowie deren klangliche Bereinigung für erhöhte Lautstärkewerte vor. Die auditive Ebene der Darstellung der Naturkatastrophe ist daher geprägt vom dumpfen Klang und physischer Schwingung unterer Frequenzen. Die resultierenden Vibrationen im Raum der Filmrezeption wenden so Aspekte der audiovisuellen Repräsentation des Bebens in eine haptische Realität der Zuschauer. Als zeitliche Entfaltung einer differentiellen Reizkomposition verdichtet sich diese schließlich zum verkörperten Erleben der Naturkatastrophe. Im beschriebenen Zusammenspiel von filmischer Darstellung und auditiver Ebene – genauer, dem illusionistischen Einschluss außerfilmischer Sehakte in ein figürlich verrätseltes Netz diegetischer Binnenperspektiven und dem auditiven Zugriff auf außerfilmische Körperlichkeit – stiftet ein zweiter affekt-

---

[108] Als erster Film überhaupt operierte EARTHQUAKE 1974 mit dem komplexen Mehrkanalmagnettonverfahren „Sensurround", welches die effektive Wiedergabe besonders tiefer Töne ermöglicht. Anlässlich der Vorführung des Films wurden die Kinos mit einer entsprechenden Dekodierbox sowie besonderen Tiefton-Lautsprechern (Subwoofern) ausgestattet, deren maximierter Schalldruck die Wände und Sitze des jeweiligen Kinos in Vibration versetzte. Vor dem Hintergrund dieses offensiven Eingriffes in die individuelle Filmwahrnehmung muss die Wahl des speziellen Audio-Verfahrens als eine Festschreibung der rezeptionsästhetischen Grundlegung gewertet werden, die jede bloße Affinität zu zeitgemäßen Technologien deutlich übersteigt.

poetologischer Komplex einen diskursiv gereinigten Anschluss individueller Leiblichkeit des Zuschauers an den diegetischen Empfindungsraum.

Beide affektpoetologischen Komplexe, die sich in der gesteigerten Erosion figürlich differentieller Perspektivität kreuzen, treten als Instanzen einer ästhetischen Anordnung hervor, die der Film über seine volle Laufzeit in aller Strenge verfolgt: die systematische Trennung der Entfaltung semantischer Zuschreibungen einerseits und der Aktivierung verkörperter Wahrnehmung andererseits.

Beide Einstellungen, die hier unter dem theoretischen Paradigma des Spektakels gefasst und als selbstbezügliche Überhebung der filmischen Darstellung beschrieben sind, bieten schließlich einen konzeptualisierten Raum zeitlicher Versenkung in die sinnliche Evidenz dieser rezeptionsästhetischen Spaltung: Die erste beider Einstellungen entfaltet im unmittelbaren Anschluss an einen zehnminütigen Abschnitt des breiten Zugriffs auf das physische Empfinden des Zuschauers einen ersten Reflexionsraum dieser axiomatisierten Disparität leiblich entkoppelter Begriffsbildung einerseits und semantisch gereinigter Verkörperung andererseits.

Diese reflexive Versenkung stiftet neben der Einsicht ästhetischer Disparität zudem auch die affektive Bedarfsstruktur einer konkret profilierten Binnenperspektive des Diegetischen, die semantische Formationen und sinnliches Erleben bildlich fügt und in einen figürlich differentiellen Horizont aufnimmt. Formal scheint die Großaufnahme des Gesichtes des Polizisten Lew, an die sich das zweite Spektakelbild als letzte Einstellung des Films fügt, genau diese affektive Bedarfsstruktur einzulösen: Im Anschluss an den Tod des zweiten männlichen Protagonisten Stewart Graff ruht die Kamera lange auf den mimischen Regungen des Polizisten und entwirft die folgende Einstellung des Films äußerlich als dessen subjektives Blickzitat.

Dennoch organisiert die Großaufnahme hier gerade nicht – wie durch den Zuschauer antizipiert – die privilegierte Einsicht in den Empfindungsraum einer konkreten Figur, sondern organisiert stattdessen eine affektpoetologisch tief verwurzelte, finale Modulation der Filmwahrnehmung.[109]

---

[109] So begründet selbst die einzige Großaufnahme des Gesichts explizit keine Medialität qualitativer Zeiteinheiten des Gefühls. Die artifizielle Ausgestaltung der Emotionalität des Zuschauers realisiert der Film unter Absage an jede figürliche Logik emotionaler Perspektivierung und im Ablösen der bildlichen Darstellungen reiner Ausdrucksqualität von ihrer melodramatisch tradierten Oberfläche. Somit ist die Frage nach neuen Schnittstellen zwischen Bildgegenstand und tiefer Kontemp-

Denn tatsächlich löst das Gesicht des Polizisten den über die Dauer der Filmrezeption errichteten affektiven Bedarf einer figürlich differentiellen Perspektive des Diegetischen nur in einer einzigen Dimension ein: im Schein seiner formalen Äußerlichkeit. Denn über den rhetorischen Status des Bildes hinaus ist diese privilegierte Ansicht physiognomischer Mikrobewegungen von Verweisen auf diegetische Empfindungsgehalte restlos gereinigt.

Das Gesicht ist hier der schematisierte Reiz, der die Strebung der beiden affektpoetologischen Komplexe gerade in der Illusion einer formalen Befriedigung ihrer geteilten Bedarfstruktur kreuzt. Denn mit der sich an die Großaufnahme anschließenden, allerletzten Einstellung des Films, einer zentralperspektivischen Ansicht der rauchenden Trümmer, ist die zuvor in der Ansicht des Gesichts greifbare bildliche Fügung von leiblich entkoppelter Schuldimago und semantisch gereinigter Verkörperung sofort wieder aus ihrem figürlich differentiellen Horizont gelöst und abschließend in die finale Instanz sinnlicher Teilhabe an einer zivilgemeinschaftlichen Gegenwart gewendet. Erst in dieser letzten Einstellung des Films also, dem subjektiven, durch den Zuschauer geteilten Blick auf die zerstörte Stadt, ist die zuvor programmatisch getrennte Spannkraft beider ästhetischer Komplexe – nämlich diskursiver Bedeutungsbildung einerseits und leiblicher Affizierung andererseits – schließlich zur Intensität eines einzigen Empfindungswertes überblendet: der sinnlichen Evidenz gemeinschaftlicher Zugehörigkeit. Diesen Empfindungswert zirkelt EARTHQUAKE daher weder über figürlich eindeutige Ursprungsverweise diegetisch ein, noch ist er im didaktischen Gestus streng auf den empirischen Raum ziviler Handlungsrealität des Zuschauers bezogen.[110]

---

lation des Zuschauers hier reflexiv gestellt, jedoch noch nicht mit alternativen Oberflächen mimischer Qualität beantwortet.

[110] An diesem Punkt kontrastiert diese Filmanalyse die oberflächliche Lesart des Naturkatastrophenkinos der siebziger Jahre, deren Aussagen mehrheitlich in der Zuschreibung ideologischer Affirmation zusammenlaufen. Analytisch wiederholt exponierte Beobachtungen wie etwa "the renewal of traditional moral values, and the regeneration of institutions like the patriarchal family" (Ryan/Kellner 1988, 23) oder "conservative ideological connotations" (Keane 2001, 41) können in Hervorhebungen der „bigotten Moral" (Seeßlen 2001, 22) noch bis in die jüngsten Auseinandersetzungen mit dem Naturkatastrophenkino verfolgt werden. Doch die beinah dogmatisierte Zuschreibung ideologischer Affirmation verdeckt in all ihren erzählanalytisch konkreten Varianten das, was die affektpoetologische Aufschlüsselung von EARTHQUAKE sichtbar macht: Konservative Wertvorstellungen von Familie und Sexualität schreiben sich zwar als motivische Formgebung in narrative Muster des Films ein, die zeitliche Auffaltung des ästhetischen Erlebens eines Katastrophenszenarios ist jedoch gerade nicht didaktisch oder gar persuasiv auf die sinnliche Aneignung dieser diskursiven Bedeutungskomplexe gerichtet.

Nimmt man abschließend die analytischen Einsichten zusammen, erscheint das Motiv der Naturkatastrophe als systematisch zur privilegierten Ordnungsinstanz innerfilmischer Funktionsbezüge aufgewertet: Zunächst verfügt das Motiv der Naturkatastrophe neben der formalen Reversion der räumlichen Parameter auch die Rhythmisierung der Zeitlichkeit und bildet daher im Rahmen des filmischen Repräsentationssystems die Grundlegung diegetischer Kohärenz.

Zudem figuriert das Motiv der Naturkatastrophe in seiner horizontalen Fügung der übergeordneten Erzählabschnitte die Summe der narrativen Aktivitäten. Durch die punktuelle Bindung des audiovisuellen Erlebens der Erdbebenschübe an den Akt einer selbstgewissen Versenkung in affektpoetologische Prinzipien des Films ist auch die kinematografische Bildlichkeit schließlich im Motiv der Naturkatastrophe reflexiv gewendet.

Das filmisch aufgebrochene Sinnangebot formiert sich daher zusammenfassend in folgender Profilierung: EARTHQUAKE setzt den Zuschauer über weite Strecken seiner Laufzeit der axiomatischen Disparität von semantischer Bedeutungsbildung einerseits und leiblichem Zugriff andererseits aus. Den finalen Synchronisationsakt seiner notativen und leiblich räsonierenden Operationen realisiert der Film schließlich äußerlich in Form einer singulären Großaufnahme. Doch diese ist bereits durch die sich direkt anschließende Einstellung in die phantasmatische Bestimmung gemeinschaftlicher Zugehörigkeit gewendet.

Die filmische Affektordnung folgt daher in ihrer komplementären Grundlegung einem Muster des Aufschubs, das die formale Einlösung einer zeitlich errichteten, ästhetischen Bedarfsstruktur – nämlich der figürlich differentiellen Repräsentation diegetischer Empfindungsgehalte – schließlich mittels nur zwei einander folgenden Einstellungen scheinbar einlöst und unmittelbar in eine distinkte Konstellation des pathetischen Selbstempfindens wendet.

Am Motiv der Naturkatastrophe ist hier daher über eine artifizielle Mobilisierung sinnlicher Teilhabe am Gemeinschaftlichen hinaus auch eine spezifische Versuchsanordnung verwirklicht, die unter langem Aufschub einer ästhetischen Bedarfsstruktur in pointierter Form deren sinnliches Bezugsobjekt einerseits sowie auch affektives Potential andererseits veranschaulicht.[111]

---

[111] Ein anderer Film, Meteor (Ronald Neame 1979), der die Geschichte einer bevorstehenden Kollision der Erde mit einem Himmelskörper, erzählt, treibt in seiner ebenfalls affektpoetologischen Disparität von semantischer Bedeutungsbildung und dem Zugriff auf leibliche Wahrnehmungsregister die Erschließung alternativer Oberflächen des physiognomischen Ausdrucks konkreter voran: Die einzigen bei-

3.4 TWISTER (Jan De Bont 1996)
Leiboptimierung und Wahrnehmungsrausch

Der Film TWISTER (1996) erzählt von einem Jahrhunderttornado, der über den Mittleren Westen der Vereinigten Staaten hinweg fegt. Den Wissenschaftlern Bill und Jo Harding, deren eheliches Privatleben gescheitert ist, gelingt es, den Sturm zu verfolgen und Sensoren in dessen Auge zu schleusen, deren präzise Messwerte die Entwicklung eines Frühwarnsystems ermöglichen werden. Am Ende ihrer erfolgreichen Tornadojagd ist schließlich auch beider Ehe wieder in ein harmonisches Gleichgewicht gebracht.

Die örtliche Dimension der Erzählung ist bereits durch die ersten Einstellungen des Films, eine Reihung von Kornfeldern, Weiden und Farmland, im Mittleren Westen angesiedelt. Ein Nachrichtensprecher definiert in seiner Sturmwarnung schließlich den Staat Oklahoma als genauen Schauplatz der Handlung. Verfolgen die Protagonisten den Sturm im Verlauf der Erzählung auch über eine Vielzahl örtlicher Stationen, so sind diese jedoch als rasante Abfolge unterprofilierter Außenräume organisiert, deren einzige qualitative Zuschreibung das destruktive Ereignis des Tornados selbst ist. In die Reihung unterkomplex figurierter Exterieurs sind zusätzlich alternierend ganz konkrete Innenräume geschoben: ein Diner, eine Wetterstation, das Haus einer Tante, ein Motel und schließlich eine verlassene Farm als Ort der finalen Zuflucht. Diese systematische Wechselbewegung zwischen konkretem Innenraum und äußerer Bedrohung des Tornados ist bereits durch

---

den Großaufnahmen des Gesichts – eine im Anschluss an die Handlungsexposition, der narrativen Projektion der vernichtenden Naturkatastrophe, und eine zweite, dem Handlungshöhepunkt, nämlich dem Einschlag erster Kometensplitter in New York, folgend – sind beide optisch bis zur Detailansicht der Augen vertieft. Diesen beiden Großaufnahmen des Gesichts folgt jeweils eine Großaufnahme des nahenden Himmelskörpers, die ebenfalls bis zur Detailansicht seiner einzelnen Krater erweitert ist. In dieser bildlichen Kopplung von mimischen Regungen des menschlichen Gesichts und differentieller Oberflächenstruktur des Naturelements, durch die beider rezeptionsästhetische Qualitäten ostentativ analogisiert sind, ist hier – zumindest innerhalb der Filme mit dem dominanten Erzählmotiv der Naturkatastrophe – erstmals eine konkrete visuelle Formation außerhalb des menschlichen Gesichts erkennbar zur genuinen Spielfläche des physiognomischen Ausdrucks modelliert. Auch ein späterer Film, Mount St. Helens (Ernest Pintoff 1981), der die Geschichte eines Vulkanausbruch ebenfalls als formale Engführung von psychologisch indifferentem Figurensystem und der Auslassung der Großaufnahme des Gesichts schildert, konkretisiert – in der Variante privilegierter Ansichten der Erderosion, des rauchenden Gesteins und der quellenden Lava – eine eigene Form der Oberflächenverschiebung mimischer Ausdrücke.

eine kurze Exposition bildlich aufgenommen: Im Kindesalter flieht Jo einmal mit beiden Elternteilen vor einem Sturm in den unterirdischen Schutzbunker, ihr Vater hält mit aller Kraft die sich lösende Öffnungsluke geschlossen, wird schließlich aber vor den Augen seiner Familie erschöpft in das Innere des Sturms gesogen. Doch der bildliche Sog dieser expositionellen Rückblende reißt nicht primär das zivile Leben eines Familienvaters in den äußeren Raum der bedrohlichen Natur sondern in erster Linie die distinkte Repräsentationsordnung des sich anschließenden Films selbst, der fortan ostentativ einen quantitativen Überhang an Außenräumen fügen wird.

Die zeitliche Ordnung des Films erstreckt sich nach der bereits beschriebenen Exposition auf zwei konsekutive Tage, deren differenzierte zeitliche Ausgestaltung in Abschnitte wie Morgen, Mittag oder Abend vollständig fehlt. Die Zeitlichkeit erwächst als ein formales Ordnungsprinzip stattdessen aus den räumlichen Parametern des Repräsentationssystems, denn es ist allein die rasante Verknüpfung zahlreicher Außenräume, die den Eindruck einer linearen Zeitstruktur erst stiftet bzw. das wiederkehrende Ereignis des Tornados, das seinerseits schließlich deren konkrete horizontale Rhythmisierung vornimmt.

Vor diesem Hintergrund erscheint die äußere Organisation der Zeitlichkeit nicht mehr als eine eigenständige Dimension des filmischen Repräsentationssystems, sondern als eine spezifische Facette der relationalen Ordnung räumlicher Ausschnitte, die aus dem genuinen Verfahren deren serieller Entfaltung sowie dessen Beschleunigung zum Wahrnehmungseindruck der linear erlebten Zeitlichkeit erwächst. Genau in dieser Perspektive der zeitlichen Entwertung räumlicher Formationen erscheint die äußerliche Grundlegung diegetischer Kohärenz schließlich vollständig in den räumlichen Registern des Repräsentationssystems der filmischen Erzählung fundiert.

Diese Erzählung gliedert sich im Anschluss an die Exposition ihrerseits in genau sechs strukturell völlig identische Abschnitte: Die Forschergruppe um das gescheiterte Ehepaar erfasst eine Sturmwarnung geografisch und geht als Autokolonne auf die Jagd nach dem lokalisierten Tornado. Ist der Sturm einmal gesichtet, versuchen Bill und Jo gemeinsam noch näher als beim jeweils vorherigen Versuch in dessen Zentrum zu gelangen. An jedes Scheitern des Vordringens in das Auge eines Tornados schließt sich eine Repetition exakt dieser Ereignisfolge erneut an.

Auf der Hälfte dieser sechsfachen Wiederholungsstruktur, also nach dreimaliger Fügung der beschriebenen Ereignisreihe, erfolgt ein ostentativer Rückgriff auf die narrative Konstellation der Exposition: Die

Mitglieder der Forschergruppe werden am Ende des Tages von einem Tornado überrascht, so dass sie nicht etwa erneut die Nähe zu dessen Zentrum erzwingen, sondern im letzten Moment unterirdisch Zuflucht suchen. Diese narrative Spiegelung der Handlungsexposition teilt die Erzählordnung in zwei einander spiegelnde Hälften einer zirkulären Ereignisfolge. Der jeweilige Auftakt beider Hälften liegt im Verweis auf die gescheiterte Ehe und endet später in der Andeutung ihrer Reanimation.[112]

Doch nicht nur der eingeschobene Rückgriff auf den Filmanfang, auch die strukturell sechsfach wiederholte Ereignisreihe unterhält ein spezifisches Verhältnis zur Exposition der Erzählung, nämlich jenes der narrativen Reversion. Denn die formalen Elemente seiner Handlungsexposition kehrt der Film in jener schematisierten Ereignisfolge, die durch die narrativen Aktivitäten ihre stetige Wiederholung erfährt, dezidiert um: An die Stelle des Familienhauses tritt das mobile Forschungslabor unter freiem Himmel, die ängstlich aufgenommene Sturmwarnung wird substituiert durch die euphorisch bejubelte Tornadovorhersage, die Flucht vor der Naturgewalt wendet sich in die Jagd auf sie, der Aufenthalt im inneren des Schutzkellers findet sein formales Pendant in der physischen Penetration des Sturmzentrums und der Tod des hilflosen Familienvaters ist kontrastiert im stetigen Überleben der leichtsinnig handelnden Forschergruppe. Insgesamt organisieren die narrativen Aktivitäten daher eine Spiegelung der Hälften der filmischen Erzählung, die Ausgestaltung beider Hälften zu einer ostentativen Zirkulärstruktur ihrer Ereignisfolgen und schließlich das strukturelle Komplementärverhältnis zwischen schematisierter Prägung einer singulären Ereignisfolge und der formalen Ordnung der Handlungsexposition.

Erscheint die zeitliche Entfaltung der filmischen Erzählung in den beschriebenen Relationstypen der narrativen Abschnitte hier als eine Verdichtung der Ereignisformationen zu den Mustern der Komplementarität und Zirkularität, so manifestiert sich ergänzend ein motivisches Verständnis der Erzählung in der Perspektive der Konzeption des Figurensystems. Dieses organisiert sich zunächst in Analogie zur

---

[112] So ist die erste Hälfte der filmischen Erzählung gerahmt von einer mehrdeutigen Verweigerung der Unterzeichnung der Scheidungspapiere sowie einem passiven Liebesgeständnis. Ihre zweite Hälfte hingegen wird anschließend von der tatsächlichen Unterzeichnung der Papiere und dem finalen Kuss des Liebespaares umklammert.

weiblichen Attribuierung[113] der Naturelemente als eine matriarchale Ordnung: Jo ist die professionelle Leitung ihres ansonsten vollständig männlich besetzten Forschungsteams und ihre Tante übernimmt die häusliche Versorgerrolle. Patriarchale Bünde hingegen – wie jener der rivalisierenden Forschergruppe um Jonas Miller und auch die Kleinfamilie der Handlungsexposition – sind narrativ kategorisch abgewertet, ihre Häupter gehen jeweils einem identischen Ende, ihrem Tod durch die Kraft des Tornados, entgegen.

Die frühe Beobachtung, dass die männliche Gemeinschaft um die Forscherin Jo sich in auffälliger Systematik mit erdachten Namen wie etwa "Dust-Man", "Rabbit", "Preacher" oder im Falle Billies "The Extreme" anspricht, verweist hier nicht unmittelbar auf einen humorvollen Gestus der Explikation der Figuren, sondern vielmehr auf die spezifische Prägung sämtlicher Handlungsakte. Denn nicht nur die anekdotisch erdachten Namen der männlichen Protagonisten, auch ihre lautstarke Prahlerei um die Bezeugung des größeren Tornados und ihre grölende Gesangsbegleitung zur dröhnenden Gitarrenmusik laufen alle in einem ganz bestimmten Dispositiv motivisch zusammen: der Adoleszenz. Doch dessen Funktionszusammenhang erschöpft sich nicht in einer motivischen Bündelung, denn es sind umgekehrt exakt diese Muster der Adoleszenz, in denen das formale Zusammenspiel von narrativen Aktivitäten und genuiner Ordnung des Figurensystems – anstelle etwa psychologischer Plastizität – eine differentielle Entfaltung der filmischen Erzählung erst realisiert.

Innerhalb dieser Entfaltung nimmt die subjektive Einstellung einen narrativen Rang ein, denn bereits die Handlungsexposition entwirft die durch ein winziges Fenster im Schutzkeller verstellte Sicht auf den Tornado als Blickzitat des neugierigen Kindes, eine Ansicht, auf die noch die erwachsene Frau Jo Jagd machen wird. Die subjektive Einstellung des Sturmauges erfährt hier daher ihre Überhebung zum leitenden Erzählmotiv. Auch die Großaufnahme des Gesichts unterliegt im Zuge dieser narrativen Aufwertung des Blickzitats einer genuinen Modulation ihrer innerfilmischen Funktion, die ebenfalls bereits in der Handlungsexposition ihre paradigmatische Festschreibung findet. Denn dort nämlich geht die Großaufnahme des Gesichts des Kindes dessen subjektiv verstellter Ansicht des Inneren des Sturms nicht nur ostentativ voran, sondern diese spezifische Kopplung ist von diesem frühen Zeitpunkt der Erzählung an über die volle Laufzeit des Films

---

[113] So kommentiert Billie den sich verdunkelnden Himmel mit "She is beautiful!" oder "She really is talking today!" und einen zweifachen Tornado mit dem Ausruf "Looks like we have sisters!".

auch in bildlicher Stringenz axiomatisiert: Jede Großaufnahme des Gesichts ist von einer subjektiven Einstellung gefolgt und jedes dieser Blickzitate bezieht sich auf eine Ansicht des Sturms.[114]

In dieser systematischen Ankündigung der subjektiven, narrativ aufgewerteten Ansicht des Tornados durch die Großaufnahme des Gesichts verschiebt sich deren ästhetische Funktion nun vom spezifischen Träger einer prozessualen Ausdrucksbewegung zur privilegierten Instanz deren zeitlich breit entfalteter Antizipation.

In dieser analytischen Perspektive der ostentativen Wendung des ästhetischen Eigenwertes der Großaufnahme des Gesichts scheint vor allem der Anteil melodramatischer Anleihen vorbestimmt, da die Ansicht des menschlichen Gesichts als spezifischer Träger einer Ausdrucksbewegung der Empfindung ganz entfällt und stattdessen deren zeitliche Entfaltung innerhalb alternativer bildlicher Formationen, hier etwa der Innenansicht des Tornados, ankündigt. Tatsächlich schreibt sich die Abwendung von melodramatischen Effekttypen auch auf der Ebene der narrativen Aktivitäten fort, da der Film weder innerdiegetisch noch zwischen Protagonisten und dem Zuschauer systematisch Wissensdivergenzen konstituiert. Auch das Erzählmotiv der Re-Initiation der gescheiterten Ehe ist gerade nicht in Form einer finalen symbolischen Verschmelzung der Geschlechter anlegt.

Das Begehren des Zuschauers mobilisiert der Film stattdessen als den ästhetischen Bedarf einer spezifischen subjektiven Ansicht, die ihre übersteigerte Einlösung kurz vor der finalen Vereinigung des Liebespaares erfährt, so dass sich auch das melodramatische Muster der Ohnmachtserfahrung nicht streng auf den irreversiblen Zeitverlauf der Erzählung richtet, sondern als eine konkrete, stetig scheiternde Wunschformation auf die kinematografischen Muster deren bildlicher Entfaltung. Gerade notative Festschreibungen der narrativen Akte treten hinter diesen bildlichen Mustern zurück, denn mit der stabilen Wissenskongruenz zwischen dem Zuschauer und der Gesamtheit des Figurensystems ist hier ein genuines Wunschgefüge von rein visuellem Gehalt errichtet. Eben dieser sinnlich differentielle Wahrnehmungsbe-

---

[114] Eine Ausnahme von dieser Verwendung der subjektiven Einstellung bildet scheinbar das kollektive Blickzitat eines Publikums im Autokino: Auf der Leinwand fährt Mikey aus Kubricks THE SHINING (1980) die Flure des Overlook-Hotels entlang und erblickt schließlich die blutigen Gesichter der ermordeten Zwillingsschwestern. Ist das zitierte Bildmotiv als Gegenstand einer subjektiven Einstellung hier auch verschieden von den Blickzitaten der Ansicht eines Tornados, so artikuliert es auf einer reflexiven Ebene dennoch einen gemeinsamen Bezug seiner Blickzitate: einen obsessiv entgrenzten Modus des Sehens. Zum Aspekt des Sehens im Film THE SHINING siehe u.a. Seeßlen und Jung (1999, 237 ff.)

darf fußt zwar noch auf einem melodramatischen Prinzip – der artifiziellen Organisation breiter, zeitgebundener Strukturen des ästhetischen Begehrens – die bildlich-operative Seite dieser Wunschformation aber löst sich systematisch von einer Reihe übriger Effekttypen des klassischen Melodrams, etwa den parabolischen Raumkonzeptionen oder der symbolischen Horizontalfügung des Plots.

Seine genuine Doppelstruktur aus Ohnmachtserfahrung gegenüber der bildlichen Entfaltung der Erzählung und ästhetischem Bedarf einer distinkten subjektiven Ansicht realisiert der Film stattdessen über ein spezifisches Raumerleben: Die gereihten Exteriors des filmischen Repräsentationssystems fügen sich zunächst zu einer materiellen, potentiell infiniten Raumhülse, die in ihrer nur rein abbildenden und eben nicht bedeutenden Funktion durch die seriellen Handlungsakte der Figuren, die unermüdliche Jagd nach dem nächsten Tornado, in Form einer streng linearen Bewegung durchquert wird. Die audiovisuelle Entfaltung dieser Bewegung wiederum vermittelt eine ostentative Differenz zwischen realweltlichem Körper und fiktionalem Leidensgehalt. Denn während der dynamische Wechsel privilegierter Ansichten des Tornados und auch die Teilhabe an der rauschhaften Geschwindigkeit innerdiegetischer Bewegungsverläufe durch die bildlichen Operationen als ein körperlich immersives Erleben entfaltet sind, finden sich die atmosphärische Bedrängung durch die Naturkatastrophe und auch die physische Schmerzerfahrung ihrer Zerstörungskraft als ein leiblich distanzierte Wahrnehmungsereignisse aufgeschlüsselt. Der reale Körper des Zuschauers scheint in dieser Perspektive durch den Film in zwei Präsenzen dissoziiert: Eine physische einerseits, die als zentrales Medium der sinnlichen Teilhabe an genussreichen Komponenten des ästhetischen Gefüges fungiert, sowie eine semiotische andererseits, die ihre rein symbolische Abbildung auf einen Teil der diegetischen Ordnung, wie etwa die fiktionalen Leidensgehalte, erfährt.

Die lebendige Wunschaktivität des Zuschauers richtet sich klar in Abwendung von den Typen melodramatischer Filmwahrnehmung nicht auf den narrativen Gehalt der symbolischen Verschmelzung der Geschlechter, sondern nimmt sich die bildliche Fügung einer spezifischen Ansicht des Tornados zum zentralen Bezugsobjekt. Sie findet ihre zeitliche Auffaltung zudem als eine genuine Struktur des Begehrens in der räumlichen Ordnung des filmischen Repräsentationssystems, vor allem der axiomatisierten Kopplung von rauschhafter Teilhabe an dynamisierter Blickführung sowie Geschwindigkeit linearer Bewegungen einerseits und ästhetischer Distanz zur leiblichen Resonanz diegetischer Schmerzerfahrung andererseits.

In dieser Perspektive einer klar an positiver Wahrnehmungsvalenz ausgerichteten, optimierten Körperlichkeit, die TWISTER als eine spezifische Parallelführung der komplementären Erfahrungsmodi der sinnlichen Immersion und leiblichen Disparität in Erscheinung anlegt, erfahren auch im Horrorkino tradierte Darstellungsmodi, genauer, ihr paradigmatischer Anschluss an den filmischen Terror, ihre bildliche Negation. Denn die vielfältigen Ansichten der zerstörerischen Naturkatastrophe heben in ihrer Summe gerade nicht auf eine Verlustigkeit der Wahrnehmungssouveränität im Zuschauerraum oder die bildliche Penetration einer alltäglichen Ordnung des Sehens ab. Die pluralen Ansichten der materiellen Zerstörung nehmen stattdessen in einer privilegierten Überhebung des Zuschauers die ästhetische Veredelung dessen audiovisuellen Wahrnehmungs- und Erlebnisvermögens vor: Die übersteigerte Vervielfältigung der Ansichten des Tornados – vom stehenden Panorama aus der Distanz über die subjektive Sicht durch die lädierte Frontscheibe des Jeeps und die spektakulären Großaufnahmen entwurzelter, frontal auf die Kamera zufliegender Objekte wie dem Motorboot, einer Häuserwand oder dem brennenden Öltransporter – entwickelt zunächst den formalen Fluchtpunkt einer geschlossenen Totalität der optischen Perspektive. Dieses optische Panorama unterzieht jedoch in ostentativer Wiederholung eine singuläre Perspektive – das Blickzitat aus dem Inneren des Tornados – ihrer bildlichen Exklusion. In dieser analytischen Linie löst sich die äußere Pluralisierung der Ansichten der Katastrophe und die daran gebundene Dynamisierung ihres audiovisuellen Erlebens durch den Zuschauer vom Paradigma des filmischen Terrors. Die Repräsentationen der Naturkatastrophe erscheinen stattdessen in formaler Stringenz als ein bildlicher Diskurs, in dem der Film jenen distinkten ästhetischen Bedarf, dessen Aufschub er in aller Bestimmtheit als konzentrischen Punkt seiner zeitlich entfalteten Empfindungskomposition ausformt, durch singuläre Auslassung ganz präzise benennt sowie in sinnlicher Evidenz als ein distinktes Wahrnehmungsdefizit ausstellt.

Es ist letztlich das ästhetisch generierte Erleben der Zeitlichkeit selbst, das durch diese spezifische Bildgebung stetig moduliert ist. Denn der Befund der zirkulären Ordnung lässt sich – anders als die artifizielle Erfahrung kollabierender Zeitstrukturen im Horrorfilm – hier nicht mehr an die Auflösung der horizontalen Organisation des Plots binden. Das subjektive Empfinden einer zirkulären Prägung des Wahrnehmungserlebens, die sich also gerade nicht allein über die narrativen Aktivitäten des Films einzirkeln lässt, ist hier (ebenso wie das prägnant konturierte Defizit der visuellen Erfahrung der Naturkatastrophe) vielmehr ästhetische Implikation der kinematografischen Bildgebung:

Der alternierende Wechsel von konkreter Ansicht des Tornados und vertiefter Antizipation der nächsten visuellen Explikation der Naturkatastrophe tritt in seiner Funktion horizontaler Rhythmisierung des Filmerlebens schließlich an den Ort einer äußerlich differentiellen Zeitlichkeit. Die Möglichkeit einer formalen Dissoziation dieser Zeitlichkeit deckt sich daher nicht mit ihrer äußerlichen Zergliederung in distinkte Einheiten der Dauer, sondern sie liegt in der qualitativen Ordnungsperspektive einer horizontalen Fügung sehr spezifischer, rekursiver Phasenräume des bildlichen Wahrnehmungserlebens.

Einer reflexiven Versenkung zugänglich wird diese polysensuell vertiefte Antizipation des ästhetischen Erlebnisbedarfs einer ganz konkreten Darstellungsmodalität (als Kontrapunkt der Objekte melodramatisch generierten Begehrens) in seiner Prägung eines streng in den bildlichen Registern zirkularisierten Zeitempfindens (als Verschiebung narrativer Schlüsselprinzipien des Horrorkinos) in einer späten Einstellung des Films. Diese wird ihrerseits als einzige in der Perspektive des Spektakels beschreibbar. Narrativ kontextualisiert ist diese Einstellung zunächst durch ihren handlungslogischen Vorlauf: Bill und Jo haben nach einer ganzen Reihe von Versuchen ihre Sensoren schließlich in das Innere eines Tornados geschleust, dessen beschleunigte Laufrichtung sich nun gegen sie wendet und die Forscher binnen weniger Sekunden selbst zu Gejagten macht. Beide steuern eine verlassene Farm an, um Zuflucht zu nehmen und sich im letzten Moment verzweifelt an den überirdischen Teil einer robusten Pipeline zu binden und den Sturm schließlich direkt über sich hinweg ziehen zu lassen. Die visuelle Explikation dieses Erzählabschnittes verfährt dabei in erkennbarer Rückbindung an das ästhetische Programm des Films: Das Bild schlüsselt hier die lang antizipierte Innenansicht des Tornados in auktorialer Prägung auf, ihr folgt eine Großaufnahme des Gesichts, eine erneute Ansicht aus dem Inneren des Sturms, diesmal als kollektives Blickzitat, eine weitere Großaufnahme des Gesichts und schließlich folgt jene Einstellung, die nachdrücklich als Spektakelbild erscheint.

Dieses zeigt die Außenansicht des rotierenden Tornados, der sich in seiner Bewegung von den Forschern löst und zum Standbild einer zylindrischen Wolkenfront verlangsamt, deren dunkle Felder sich sukzessive zu immer weniger Partikeln reduzieren, die vor einem strahlenden Himmel schließlich langsam ihre Diffusion finden. Die ästhetische Prägung der Bildlichkeit ist hier also in den Tendenzen der zeitlichen Verlangsamung und der physischen Auflösung des Objektes der Darstellung bestimmt. Doch die Einstellung nimmt die genuine Modulation des Zeitlichen und die Verflüchtigung abbildlicher Bezüge nicht allein auf der formalen Ebene der Darstellung bzw. deren spezifischer

Objektgebung vor: Die punktuell entstehende, reflexive Öffnung des Bildes errichtet vielmehr eine tiefe Einsicht in die ästhetische Strukturgebung der Darstellung. Diese geschlossene Organisation der Versenkung des Zuschauers ist hier an einen ganz konkreten, gerade nicht rein abbildlichen Gegenstand als Primärobjekt des selbstbezüglichen Wahrnehmungsaktes gebunden, nämlich die manifeste Ordnung der artifiziellen Ausgestaltung des sinnlichen Durchschreitens distinkter Affektphasen selbst.

In dieser Fluchtlinie erscheint der spezifische Darstellungsinhalt des sich verflüchtigenden Sturms in bivalenter Wertigkeit aufgenommen: Die filmische Rede findet ihre Bestimmung in partieller Divergenz zu streng narrativen Operationen, denn es ist hier nicht vordergründig der Tornado, der bildlich zum finalen Stillstand kommt, sondern eben das wahrnehmungsästhetische Begehren des Zuschauers nach einer spezifischen Ansicht der Katastrophe, das hier die sukzessive Verlangsamung seines rauschhaften Drängens und schließlich auch die triumphale Auflösung seiner inhaltlichen Bezüglichkeiten findet. In der Diffusion konkreter Objekte der Darstellung, hier den dunklen Feldern des Sturms, zeigt sich daher jenes genuine Gewand, in das sich die bildliche Rede von den filmischen Mustern der Affektlenkung innerhalb dieser reflexiven Einstellung kleidet und so ihrerseits zum stehenden Vexierbild der affektdramaturgischen Modulation der Zuschauerposition wird.

Die horizontale Einbindung dieser distinkten Einstellung fügt schließlich auch die Frage nach dem ontologischen Rang der Großaufnahme des Gesichts in diesen selbstbezüglichen Akt der zeitlichen Versenkung in Form dessen didaktischen Vorlaufs ein: Die äußerliche Einlösung findet das Begehren einer Innenansicht des Tornados streng genommen bereits in seiner auktorialen Aufbereitung. Doch erst das anschließende subjektive Blickzitat identischen Darstellungsinhaltes, das seinerseits auffällig durch zwei Großaufnahmen des Gesichts gerahmt ist, löst das affektive Drängen auf ein sinnlich vertieftes Erleben (und eben gerade nicht eine nur rein formale Einlösung) des wahrnehmungsästhetischen Bedarfs einer spezifischen Ansicht ein. Die Rahmung dieser maximal aufgeschobenen subjektiven Innenansicht des Sturms durch zwei Großaufnahmen des Gesichts konturiert abschließend in Selbstevidenz der Bildpraxis den vollzogenen Wandel der ästhetischen Eigenwertigkeit dieser Darstellungsform. Denn die Großaufnahme des Gesichts absolviert hier die finale Etappe ihrer Genese zum sekundären Wahrnehmungsereignis. Dieses verhält sich zu dem als affektive Bedarfsstruktur errichteten, primären Wahrnehmungsereignis – nämlich einem Blickzitat spezifischen Darstellungsinhalts –

nur noch in vorbereitender Funktion, genauer, als antizipierendes Moment, oder nachbereitend, als Ort sinnlicher Reflexion verstrichenen Wahrnehmungserlebens. Und in dieser kategorischen Festschreibung durch die horizontale Reihung der Einstellungen findet auch die ontologische Wandlung der Großaufnahme des Gesichts ihren Eingang in die hier aufgefaltete Versenkung in die Register der filmischen Affektdramaturgie.

Die affektdramaturgischen Verfahren gründen ihrerseits in einer spezifischen Ordnung primärer innerfilmischer Funktionstypen. Denn diese treten in komplementärer Konstellation zusammen und errichten so systematisch zwei in wechselseitiger Resonanz agierende, affektpoetologische Komplexe: Der erste Komplex organisiert den wahrnehmungsästhetischen Bedarf einer distinkten Ansicht der Katastrophe, das stetige Empfinden dessen potentiell unendlichen Aufschubs in den narrativen Registern einer seriellen Erzählstruktur, das ostentative Spannungsverhältnis zwischen dem Objekt sinnlichen Begehrens und seiner singulären Auslassung in den pluralen Darstellungen der Naturkatastrophe sowie schließlich die Verstellung rationaler Einsicht in diegetische Handlungsakte durch die psychologische Flächigkeit des Figurensystems.

Ein zweiter affektpoetologischer Komplex organisiert die privilegierte Wahrnehmungsposition multipler Ansichten der Katastrophe, das stetige Empfinden gesteigerter Beschleunigung der linearen, potentiell unendlichen Raumerschließung in den bildlichen Registern, die Dissoziation des empirischen Leibes in eine die polysensuelle Immersion vertiefende, physische und eine die diegetischen Schmerzgehalte nur rein symbolisch erfahrende, semiotische Präsenz sowie schließlich die äußerliche Typisierung der Figuren in den Mustern der Adoleszenz.

In dieser Gegenüberstellung beider Komplexe des affektpoetologischen Systems treten die gegenüberliegenden Effektpotentiale jeweils in genuiner Paarung hervor: So steht die bildlich errichtete Bedarfsstruktur eines Blickzitats spezifischen Inhalts der polysensuellen Überwältigung durch die Vielzahl visueller Explikationen der Naturkatastrophe gegenüber, die aufgeschobene Einlösung dieses Bildbedarfs ist in der rauschhaften Beschleunigung eines artifiziellen Raumerlebens kontrastiert, zur sinnlichen Differenz vom zwischen Primärobjekt der Wunschaktivität und tatsächlicher Modalität der Darstellung fügt sich in komplementär Analogie die ästhetische Optimierung leiblichen Selbstempfindens und die psychologische Verrätselung der Figuren findet ihr formales Pendant in den Variationstypen grober Triebabfuhr als Vertiefung zentraler Muster der Adoleszenz.

So manifestiert sich im ersten affektpoetologischen Komplex eine kalkulierte Engführung tendenziell negativer Wahrnehmungsvalenzen, die als differentielle Struktur des Bedarfs die ostentative Disparität von sinnlich evidentem, ästhetischem Wunschgehalt und konkreter filmischer Wahrnehmungsrealität anlegt.

In komplementärer Fügung tritt der zweite affektpoetologische Komplex des Films als gereinigte Anordnung potentiell positiver Wahrnehmungsvalenzen hervor, die in distinkten Formationen der polysensuellen Überwältigung die Wahrnehmungsrealität als eine ostentative Übersteigerung ästhetischer Erwartungsgehalte an das individuelle, leiblich gebundene Selbstempfinden realisiert. Erst in der spezifischen Engführung beider streng gegensätzlich operierender Komplexe artifizieller Affektgestaltung erwächst die wechselseitige Vertiefung ihrer jeweils verkörperten Effekttypen. Diese Effekttypen treten schließlich in einer horizontalen Dramaturgie zusammen, die sich aus aufgeschobenem und übersteigertem Wahrnehmungserleben zu genuinen Empfindungsstadien fügt.[115]

Zusammenfassend formiert sich das filmisch aufgebrochene Sinnangebot hier daher in folgender Profilierung: TWISTER löst in den spezifischen Registern seiner Bildpraxis – der Erhebung des Räumlichen zum distinkten Regulativ des Zeitlichen sowie der Wendung melodramatisch tradierter Objektbezüge reger Wunschaktivität in einen visuellen Gehalt polysensuellen Erlebnisbedarfs – die Vorstellung festgeschrie-

---

[115] In dieser Perspektive erscheint Nessels Illustration eines qualitativen Sprungs vom klassischen Hollywoodkino zum jüngeren Blockbusterfilm am Beispiel TWISTERs nicht präzise. Nessel, die in der Verschiebung vom weiblichen Schauobjekt zu den ausgestellten Visual Effects einen spezifischen Zusammenhang von altem und neuem Kino beschreibt, liest den Film vor diesem erkenntnistheoretischen Hintergrund zunächst wie folgt: „Die erste Sequenz [...] zeigt den Mangel des Bildes pointiert als Mangel des alten Kinos. Eine Familie hat sich nach einer Tornadowarnung im Fernsehen in den unterirdischen Schutzraum gerettet. [...] Die alte Kinosituation nimmt ein jähes Ende, als der Vater [...] vom Sog des Sturms fortgerissen wird. Ohne [...] Vater und ohne Leinwand ist nun der Blick frei – nicht nur auf das Bild vom Tornado in Aktion, sondern auch auf das Kino nach dem Zeitalter des Films, das Kino der Visual Effects der 90er Jahre." (ebd. 1999, 2) Doch wie die affektpoetologische Filmanalyse hier zeigt, inszeniert TWISTER gerade nicht den „freien Blick", sondern nimmt ein komplexes Wechselspiel der visuellen Verweigerung und Überwältigung auf, welches klar an die Stelle einer entgrenzten Zurschaustellung aufwendiger Bildeffekte tritt. Diese analytische Einsicht korrigiert schließlich auch Nessels erweiterte Annahme, das Katastrophenkino der neunziger Jahre wäre – anders als seine einschlägigen Vorläufer aus den siebziger Jahren – aufgrund der technischen Möglichkeiten nicht mehr gezwungen, die Naturgewalt nur symbolisch zu umkreisen, das Katastrophenkino richte also die jeweils gewählten Modi seiner visuellen Explikation in allererster Linie an den maximalen Möglichkeiten zeitgenössischer Bildverfahren aus.

bener, also apriorisch erscheinender Wahrnehmungsvalenzen, wie etwa jene der Großaufnahme des Gesichts, ostentativ auf. Stattdessen wird unter der funktionsästhetischen Verschiebung ausgewählter Bildformeln ein genuiner Bezug des lebhaften Zuschauerbegehrens – die subjektive Ansicht des Inneren des Tornados – errichtet, den der Film seinerseits in der Perspektive seiner geschlossenen Konstruktion schließlich pointiert als ein mobiles Affektpotential vorführt: Denn bereits die formal erste Einstellung TWISTERs, seine Titelsequenz, verortet den Blick explizit an jenem Ort, wo der Zuschauer über die volle Laufzeit des Films sein ästhetisches Schlüsselbegehren ansiedeln wird, im Zentrum eines Wirbelsturms. TWISTERs ökonomischen Prinzipien stark verwandte Affektpoetologie substituiert daher insgesamt nicht nur die gegenständlichen Bezüglichkeiten des Wünschens flexibel durch die sehr lebhafte Emphase einer spezifischen Modalität des antizipierten Wahrnehmungserlebens, sondern führt letztlich vor allem deren rauschhaftes Drängen als ein artifiziell manipulierbares Kraftfeld vor.[116]

---

[116] Auch ein anderer Katastrophenfilm, VOLCANO (Mick Jackson 1997), der von einem Erdbeben in Los Angeles erzählt, das im Stadtgebiet einen Vulkanausbruch nach sich zieht, verhandelt den veränderten ontologischen Rang der Großaufnahme des Gesichts. Der Film führt zunächst die privilegierte Innenansicht des aktiven Vulkans und die Großaufnahme des Physiognomischen als Wahrnehmungsereignisse in ästhetischer Koexistenz ein, um kurz darauf das Gesicht als tradierte Oberfläche zeitlich entfalteter Ausdrucksbewegungen in der konkreten Praxis des Bildes zu überwinden: Gezeigt ist einmal das Gesicht des männlichen Protagonisten in Großaufnahme, unmittelbar gefolgt von einer ausgestellten Ansicht der brennenden Stadt, durch die sich glühende Lavamassen schieben. In einer spielerischen Kommentierung dieser ontologischen Transformation der Großaufnahme des Gesichts – auch hier explizit zu einem vorbereitenden Moment zeitlich vertiefter Ausdrucksbewegungen – bringt die unmittelbar folgende Einstellung einen paradigmatisierten Schauwert ostentativ zu Fall: Die brennende Pappnachbildung des riesigen, völlig überproportionalen Gesichts einer Erotiktänzerin kracht auf den Highway und zerfällt dort schließlich langsam zu Asche. Ein späterer Film, DEEP IMPACT (Mimi Leder 1998), der von einem drohenden Kometeneinschlag erzählt, richtet ein ähnliches ästhetisches Programm als die reflektierte Auseinandersetzung mit dem tradierten Effektpotential der Großaufnahme des Gesichts und den genuinen Möglichkeiten seiner affektpoetologischen Umarbeitung aus, indem er auffällig in zwei Hälften zerfällt. Die erste beiden Hälften organisiert inflationär die Großaufnahme des Gesichts sowie Detaileinstellungen der Augenpartie als die ästhetische Kompensation der systematischen Auslassung jedweder Ansicht des Kometen. Die zweite Hälfte hingegen entwickelt umgekehrt im unmittelbaren Anschluss an eine pluralisierte Form der Großaufnahme des Gesichts – eine Astronautengruppe erblickt durch das Fenster eines Shuttles erstmals den Kometen im All – unter Auslassung jeder Großaufnahme der physiognomischen Regung die Vervielfachung privilegierter Ansichten der Naturkatastrophe. So stiftet die horizontale Ordnung des Films eine sinnlich optimierte Chronologie affektiver Ereignisse, in der zeitlich entfaltete Ausdrucksbewegungen faktisch außerhalb der

3.5 THE DAY AFTER TOMORROW (Roland Emmerich 2002) Topographisierung und Affektemphase

Der Film THE DAY AFTER TOMORROW (2002) erzählt von einer globalen Klimakatastrophe, die die nördliche Erdhemisphäre in eine moderne Eiszeit stürzt. Im Mittelpunkt dieses Szenarios steht der Klimaforscher Jack Hall, der einerseits den Krisenstab der Regierung der Vereinigten Staaten berät sowie andererseits die Spur seines verschollenen Sohnes Sam verfolgt, um diesen sowie dessen Freunde schließlich zu bergen und gemeinsam mit anderen Überlebenden erfolgreich zu evakuieren.

Die räumliche Dimension der Erzählung nimmt ihren Ursprung in einer Forschungsstation der Antarktis, verlagert sich dann zu einer Klimakonferenz im indischen New Delhi, anschließend auf eine schottische Wetterstation, danach ins Zentrum der japanischen Hauptstadt Tokyo sowie schließlich in die Vereinigten Staaten. Diese multiplen Orte sind zum Auftakt des Films in zeitlicher Serialität gestaffelt und somit erkennbar als ein expositioneller Countdown der eigentlichen Erzählung angelegt. Mit der Ankunft der räumlichen Dimension der Erzählung auf dem nordamerikanischen Kontinent nimmt der Film seine narrative Aktivität auf und suspendiert zugleich das serielle Prinzip als Verhältnistypus seiner dynamisierten Reihung unterschiedlicher Orte, um fortan im topografischen Gestus verschiedene Schauplätze unter dem stetigen Eindruck der räumlichen Gleichzeitigkeit zu organisieren. In dieses dominante Prinzip zeitlicher Korrespondenz räumlicher Ausschnitte bettet sich zudem eine Bewegung der rhythmischen Kontraktion zwischen Mikro- und Makroperspektive. Denn die individuellen räumlichen Ausschnitte sind regelmäßig mit dem subjektiven Blick aus einer Raumstation auf die Erdatmosphäre kontrastiert. Dieser kartografische Blick beschließt als die letzte Einstellung des Films schließlich auch das Katastrophenszenario, ebenso wie er es im unmittelbaren Anschluss an die räumlich serielle Exposition zuvor auch narrativ eröffnet hatte.

In der Variante des POV eines Astronauten umklammert daher ein subjektiver, ordnender Blick formal die filmische Rede von der Naturkatastrophe.

In der zeitlichen Dimension erstreckt sich die Erzählung des Films auf neun Tage, deren differentiellere Prägungen wie Jahreszeit, Wochentag oder nächtliche Abschnitte hier stets in systematischer Unschärfe bleiben. Die Ordnung und Kohärenz des diegetischen Komplexes finden

---

Großaufnahme des Gesichts eine ästhetische Steigerung ihres vertieften Wahrnehmungserlebens erfahren.

sich daher vorrangig in räumlichen Parametern fundiert, denn es ist die beschriebene Kontraktionsbewegung zwischen Mikro- und Makroansicht, welche die Zeitlichkeit in übergeordneter Form horizontal rhythmisiert und das Verhältnisprinzip der Gleichzeitigkeit räumlicher Formationen, das diese horizontale Reihung konkreter Zeitintervalle seinerseits – ähnlich einer vertikalen Achse – individuell ausgestaltet.

So löst der Film die äußere Organisation seiner Zeitlichkeit klar von der Logik einer rekursiven Verkettung distinkter Einheiten der Dauer und überführt deren privilegierte Relationstypen wie etwa die Linearität oder Chronologie in ein Ordnungssystem topografischer Konstellationen. In dieser Perspektive fungiert die erste Einstellung des Films, ein langer, gleichmäßiger Flug der Kamera über die Oberfläche der vereisten Antarktis, nicht primär als eine Funktionsinstanz raumzeitlicher Orientierung sondern vielmehr als das Initiationsmoment eines irreversiblen Umbruchs in den Registern alltäglichen Zeiterlebens, in dessen Folge die hier artifiziell generierte Erfahrung einer differentiellen Zeitlichkeit erst erfolgreich im genuinen Prinzip synchroner Präsenz multipler, räumlicher Realitäten fundiert wird.

Diese frühe analytische Bestimmung des Topografischen als die fundamentale Grundlegung des artifiziellen Zeiterlebens erhärtet sich auch im Kontext der spezifischen Verfahren der Entfaltung der filmischen Erzählung. Auffällig ist dabei, dass Initiation, steigende Entwicklung, Höhepunkt, Wende und die versöhnliche Überwindung des Konflikts formal zu jedem Zeitpunkt dezidiert dem pyramidalen Bau des klassischen Dramas folgen: Die Serie von wechselnden Ansichten multipler Orte zu Beginn des Films ist bereits als eine verdichtete Handlungsexposition gekennzeichnet.[117]

Die Steigerung der Bedrohung vollzieht sich über die bildlich rasante Inszenierung der Episoden des Tornados in Los Angeles sowie die der Flutwelle in New York.[118] Der Höhepunkt der Handlung ist anschließend im angedeuteten Tod der drei schottischen Klimaforscher bzw.

---

[117] Die Exposition kann hier in narrativer Perspektive als Variationsserie der kausalen Verknüpfung von menschlichem Handeln einerseits und den klimatischen Prozessen andererseits aufgeschlüsselt werden: Die Episode der Bohrung in der Antarktis vermittelt diese Verknüpfung im Modus des aktiven Handlungsvollzugs, die Episode der Klimakonferenz in neu Delhi vermittelt sie im Modus des rationalen Verstehens und die Episode des Eishagels in Tokyo vermittelt sie schließlich im Modus der reinen Ansicht.

[118] Mit der topografischen Bewegung der Zerstörungswelle von Westen nach Osten ist der räumliche Verlauf der Klimakatastrophe äußerlich auffällig in formaler Umkehr der ursprünglichen Erschließung des nordamerikanischen Kontinents durch die Pilgerbewegung angelegt.

ihre dramatische Wende in Jacks empathischem Versprechen seines Fußmarsches nach Manhattan angelegt.[119] Die fallende Handlung setzt mit Jacks nahender Ankunft in New York ein bzw. ist vom retardierenden Moment des Eissturms durchbrochen und die Vereinigung von Vater und Sohn sowie die gelungene Evakuierung Überlebender besiegelt ihrerseits schließlich die finale, positive Überwindung des dramatischen Konflikts.

Somit zerfällt die filmische Erzählung äußerlich exakt in jene fünf schematischen Akte, die ursprünglich dem klassischen Drama eigen sind. Darüber hinaus finden sich die fünf Akte in Form der Ansicht der Erde aus der Raumstation, die ihrerseits bereits als äußerlich horizontale Rhythmisierung zeitlicher Parameter erfasst ist, punktgenau geschieden. Die Naturkatastrophe selbst ist im Raum der Erzählung nicht als ein einheitliches Szenario aufbereitet, sondern speist sich aus einer Vielfalt von Hagelstürmen, Tornados, Flutwellen und einem Eissturm. Pro Akt wird dabei entweder eine geschlossene Phase der Zerstörung als Ereignisreihe gegenwärtig abgeschritten oder aber projizierend vorbereitet, so dass die narrative Entfaltung der Katastrophe hier der dramaturgischen Strategie des rhythmischen Alternierens von irreversibler Zerstörung und deren vertiefter Antizipation folgt. Innerhalb eines jeden der fünf Erzählabschnitte sind zudem Rettung und Opferung des einzelnen Individuums als systematisch wiederkehrende Motive der Ereignisreihen angelegt und je ausschließlich um den Kreis der Protagonisten variiert. Seine narrativ konstituierten Wissensgefälle harmonisiert der Film in zwei Varianten: Die klimatische Bedrohung verinnerlicht der Zuschauer über kartografische Darstellungen (wie Diagramme, Simulationen oder Satellitenbilder) zeitgleich mit den Figuren und speist diese Information ebenso wie die Protagonisten im Akt des rationalen Verstehens als ein Ultimatum in die laufende Erzählung ein. Im Moment dramatischer Verdichtung projizierter Ereignisse verschiebt der Film also eine spezifische Variante des subjektiven Blickzitats und der kartografischen Darstellung ineinander.

Die Zerstörung hingegen nimmt der Zuschauer immer als eine privilegierte Ansicht vor der Gesamtheit aller Protagonisten im Modus sinn-

---

[119] Von allen Phasen dieses narrativen Verlaufs ist die dramatische Wende, also Peripetie der Handlung, in maximal möglicher Verdichtung angelegt: Jacks Fußmarsch zur versprochenen Errettung seines Sohnes koinzidiert zeitlich mit der Bergung einer Gutenberg-Bibel sowie dem ersten Kuss zwischen Laura und Sam. Jedes dieser drei Ereignisse kann prinzipiell als ein symbolischer Wendepunkt des dramatischen Verlaufs gelesen werden, in ihrem spezifischen Zusammenspiel verstärken sie insgesamt die narrative Projektion der zukünftigen Rettung.

licher Überwältigung wahr.[120] In den Momenten der dramatischen Verdichtung gegenwärtiger Ereignisse vervielfacht der Film seine Ansichten also erkennbar zu einem neuen Bildertypus, der sich weder streng kartografisch noch subjektiv formiert. Dieser Darstellungstypus konstituiert seinerseits systematische Wissensvorsprünge und vertieft so den Fokus auf die vielfältigen Register des physiognomischen Spiels im antizipierten Moment der innerdiegetischen Konfrontation.

Zusätzlich dynamisiert THE DAY AFTER TOMORROW auch die Wissensgefälle, die innerhalb des Kreises seiner Protagonisten entstehen, da Jack seine Informationen aus wissenschaftlichen Modellen sowie Experten zieht, Sams Kenntnis der Situation sich wiederum aus den Gesprächen mit seinem Vater speist und er so seinerseits zum Medium des Wissens gegenüber Freunden sowie Fremden avanciert. Einerseits finden die Wissensvorsprünge des Zuschauers hier klar erkennbar eine innerdiegetische Spiegelung, andererseits ist die Beziehung zwischen Vater und Sohn auf diese Weise ganz kalkuliert als archimedischer Punkt der gestaffelten Wissensdivergenzen des filmischen Figurensystems situiert.

Dieses Figurensystem gliedert sich zunächst in unterschiedlichste Varianten der Gemeinschaft. So sind die Forschungsgruppe, der politische Stab, die Familie und der Freundeskreis im Angesicht der Bedrohung über die narrativen Aktivitäten des Films komplex verflochten, wobei jede einzelne dieser Varianten von Sozialität eine singuläre Figur repräsentativ exponiert. Auf dem Höhepunkt der Klimakatastrophe formt sich in der Bibliothek von New York, dem Zufluchtsort der Protagonisten, aus heterogensten Elementen des gesellschaftlichen Querschnitts – den Protagonisten, einigen Angestellten, Bürgerlichen, Immigranten, einem Obdachlosen und dessen Hund – dann eine neue Gemeinschaft, deren repräsentativ exponierter Ausschnitt fortan die junge Liebesgemeinschaft von Sam und Laura darstellen wird. Zusätzlich sind vier der Protagonisten, das Ehepaar Hall und die Liebesgemeinschaft ihres Sohnes, jeweils zu einem bestimmten Zeitpunkt der filmischen Erzählung in temporärer Vereinzelung über ihr Sozialverhalten in christlicher Fundierung idealisiert und somit als ein konkretes, in sich jedoch streng deckungsgleiches Identifikationsangebot des Films, vom übrigen Figurenensemble gelöst.[121]

---

[120] Die Überwältigung meint vorläufig das Zusammenspiel von rasanter Montage, virtuosen Kamerabewegungen und Einsatz des Soundtracks.

[121] So befreit Laura eine Kleinfamilie aus einem eingeklemmten Taxi, Sam rettet Laura im letzten Moment vor der Flutwelle sowie später vor einer drohenden Blutvergiftung, Jack begibt sich auf den riskanten Fußmarsch nach Manhattan und seine Frau

In genau dieser Perspektive der singulären Überhöhung einzelner Figuren kann auch das Schauspielkonzept als ein ästhetischer Komplex dichotomer Prinzipien aufgeschlüsselt werden. Denn während die nicht individualisierten Figuren im Angesicht der Zerstörung zu Platzhaltern des Staunens werden, ihre Gesichter also zur schematisierten Fläche des Ausdrucks abstrahiert sind, treten die Gesichter der individualisierten Protagonisten als Ort der vertieften Ansicht physiognomischer Formationen ein.

Eine überraschende Beobachtung ergibt sich an dieser Stelle aus dem vergleichenden Aufkommen unterschiedlicher Einstellungsgrößen, denn der Film spart das Format der Großaufnahme über seine gesamte Laufzeit systematisch aus. Doch über den Befund deren äußerlicher Substitution durch Nahaufnahmen hinaus deutet sich in diesem formalen Ungleichgewicht erstmals nachdrücklich die finale Etappe einer ästhetischen Funktionsverschiebung innerhalb der verschiedenen kinematografischen Bildertypen an. Denn die Großaufnahme faltet unter dem Paradigma des Gesichthaften ein Spektrum der Relationen von Empfindungs- und Ausdrucksbewegung auf. Mit der kalkulierten Auslassung genau dieser Einstellungsgröße korrespondiert hier daher zwangsläufig auch eine genuin geartete Modulation tradierter Modi der affektiven Mobilisierung des Zuschauers sowie auch der Varianten der Ausgestaltung deren reflexiven Erlebens.

Denn die Großaufnahme des menschlichen Gesichts stiftet im klassischen Melodram die spezifische Medialität, in der sich die zeitlich streng choreographierte Kongruenz des Wissens zwischen Zuschauer und Figur final herstellt. Vor dem Hintergrund dieser ästhetischen Funktionsbestimmung paart der Film THE DAY AFTER TOMORROW zunächst Tradierung und Negation melodramatischer Effekttypen. Denn einerseits sind punktuelle Wissensdivergenzen zwischen Zuschauer und Protagonisten systematisch konstituiert[122] und die damit verbundene Erwartung der finalen Verschmelzung der Perspektiven zur zeitlich vertieften Ansicht einer Ausdrucksbewegung aktiviert. Andererseits aber praktiziert die filmische Bildlichkeit in programmatischer Abweichung von extrem nahen Einstellungsgrößen stets die äußerlich

---

steht selbstlos einem versehentlich zurückgelassenen, krebskranken Jungen bis zu dessen Evakuierung bei. In dieser Perspektive sind alle vier Protagonisten temporär in der Konnotation des Retters überhöht.

[122] Vor diesem Hintergrund kann bereits die erste Sequenz des Films, die lange Darstellung eines linearen Bruchs im Eis der Antarktis, als Metaphorisierung der Divergenz zweier Standpunkte gelesen werden. Mit seiner erfolgreichen Überwindung des Abgrunds ist Jack gleichsam als jene Figur angelegt, die sich aus eigener Kraft dynamisch zwischen beiden Standpunkten zu bewegen vermag.

defizitäre Darstellung des menschlichen Gesichts.[123] Doch das Gesichthafte wird hier als Paradigma der filmischen Darstellung keinesfalls völlig aufgekündigt, sondern die zeitliche Entfaltung einer Ausdrucksbewegung ist vielmehr ostentativ von ihrer tradierten Fläche, dem menschlichen Körper, gelöst und in den erweiterten Raum alternativer Bildformationen verschoben. In dieser spezifischen Engführung von narrativer Regulierung der gestaffelten Wissenshierarchie einerseits und den transformierten Bildprinzipien der Einsicht in diegetische Empfindungsräume andererseits manifestiert sich eine Grundlage der ästhetischen Funktionsbestimmung jenes Bildertypus, der eingangs als eine spezifische Ansicht der Naturgewalt zwar angeführt, jedoch weder in den Registern des kartografischen noch in denen eines streng subjektiven Darstellungsmodus näher bestimmt werden konnte.

Neben der beschriebenen Verschiebung ästhetischer Potentiale der Großaufnahme in neue Bildformationen ist die Metaphorisierung innerer Spannungszustände qua ihrer Oszillation in eine dramatisierte Mise en Scène eine weitere melodramatische Anleihe, deren tradierte Variante der Film THE DAY AFTER TOMORROW explizit ausspart und stattdessen in ein genuines ästhetisches Verfahren überführt. Denn die bildliche Dramatisierung stellt sich hier gerade nicht in jeweils singulären Einstellungen sondern erst in Form zahlreicher innerfilmischer Überblendungen her.

Denn weit über seine narrativ exponierte Parallelisierung von historischer Eiszeit und den Motiven der diegetischen Gegenwart hinaus sucht der Film die subtile Kreuzung seiner zentralen Bilder in Form einer schematisierten Mise en Scène: Vom knallgelben Zelt in der schneeweißen Antarktis über den nur vom Fernseher erhellten Innenraum der Wetterstation, vom Schummerlicht des Laptops in Jacks nächtlichem Büro über das schwache Leselicht am Krankenhausbett des Krebspatienten oder die Taschenlampen im dunklen Bug des russischen Frachtschiffs folgt eine ganze Reihe einzelner Einstellungen des Films erkennbar dem visuellen Code der Kombination von hell erleuchtetem Bildzentrum und verdunkeltem Bildrand. Doch anders als etwa im Film Noir sucht die Wiederholung dieses inszenatorischen Musters keine subversive Fragmentisierung moderner Räume oder

---

[123] So werden selbst die frontalen Kamerafahrten auf das Gesicht einer Figur über die korrigierte Bewegung der Kamera oder über die Mittel der Montage vor ihrer möglichen Werdung zur Großaufnahme immer abgebrochen. Anders als im Melodram ist daher das primäre Objekt der rezeptionsästhetischen Erfahrung der Ohnmacht hier nicht die Existenz dramatischer, innerdiegetischer Wissensgefälle, sondern vielmehr der unbestimmte Aufschub einer begehrten Ansicht.

übergeordnete Teilhabe an der ikonografischen Fortschreibung psychischer Bildchiffren des expressionistischen Kinos. Dieses visuelle Muster realisiert stattdessen die sukzessive Verdichtung des Bildes zu einem distinkten kultursemantischen Komplex: dem Gründungsmythos einer aus der Krise geborenen Zivilgemeinschaft.

Denn die genannten Einzeleinstellungen laufen schließlich im Motiv der Feuerstelle des Kaminzimmers der Bibliothek von New York bildkompositorisch zusammen, das seinerseits ostentativ als diegetischer Initiationsort der neuen Gemeinschaft fungiert und wo der Gründungsmythos seine frühe empathische Spiegelung im Auftakt der Liebesbeziehung zwischen Sam und Laura findet.

Der Bund der Liebenden steht daher – anders als im Melodram – hier nicht für eine ersehnte Verschmelzung symbolischer Prägung, sondern nimmt in einer ausgestellten zivilen Praxis, die den Ursprungsmythos hier zugleich von jeder Vorstellung staatlicher Institutionalität scheidet, vor allem die soziale Veredelung der neuen Gemeinschaft vor. In Erweiterung dieser Perspektive der Auffaltung eines kultursemantischen Feldes nehmen schließlich auch die Überlebenden auf den Dächern der Wolkenkratzer am Schluss des Films bildlich ergänzend das historische Motiv einer westwärts gerichteten Territorialerschließung durch die verstreut siedelnden Pilger auf.

Realisiert sich die filmische Bedeutungsstruktur des Gründungsmythos daher nachweislich in einer inszenatorischen Kongruenz unterschiedlicher pathetischer Bildkomplexe, so bleibt diese trotz ihrer expliziten Rückführung des gemeinschaftlichen Ursprungs auf eine existenzielle Krise im Raum der Darstellung vom Modus der leiblichen Teilhabe an diegetischen Leidensgehalten streng geschieden. So mildert der Film über eine Vielzahl ästhetischer Verfahren die körperlichen Martyrien seiner Figuren im Modus ihrer jeweiligen Ansicht[124] und auch die wenigen Darstellungen der Opfer sind gerade nicht an die materiellen Implikationen des Sterbens gebunden. Diese Dimension findet sich vielmehr stets im Dispositiv ihrer friedlichen Rückführung in den Raum der Natur aufgehoben.

---

[124] Diese Ansichten verfahren immer im Modus einer Sekundarisierung des Blicks. Dies meint hier die Varianten der Überführung einer Ansicht in ein apparatives Blickzitat. Verfolgt der Zuschauer beispielsweise die Zerstörung der Stadt Los Angelos durch mehrere Tornados und springt die Ansicht eines sterbenden Journalisten in unveränderter Bildrahmung blitzartig in die Perspektive einer Live-Fernsehübertragung, so ist die ursprüngliche Ansicht auch ohne formale Veränderung von Inhalt und Ausschnitt des Bildes zum neuen Eindruck visueller Distanz moduliert.

Doch die systematische Disparität von diegetischer Schmerzerfahrung und der physischen Realität des Zuschauers ist kein reines Artefakt distinkter Darstellungsstrategien. Vielmehr bildet das leibliche Divergenzprinzip schon die funktionale Basis der filmischen Konzeption einer spezifischen Raumerfahrung, die in einer axiomatischen Suspendierung der formalen Korrespondenz von Körper und Blick gründet. Diese Suspendierung manifestiert sich (ebenso wie die Überführung des alltäglichen Erlebens von Zeitlichkeit in topografische Kategorien) bereits in der ersten Einstellung des Films: Der lange Flug der dynamisierten Kamera über das arktische Eis nimmt die Navigation einer lebensfeindlichen Sphäre der Natur ostentativ in Form einer souveränen Blickführung vor und löst somit den ontologischen Status einer überwältigenden Ansicht früh von der Vorstellung der faktischen Gegenwart eines Körpers ab.

Diese genuine Suspendierung unterzieht der Film im Anschluss an seine erste Sequenz einer regelrechten Ritualisierung. Denn jeder privilegierten Ansicht – wie dem Blick auf die Verwüstung der Wirbelstürme, das panische Chaos der Flutwelle oder das ruhige Bild der vereisten Skyline – geht der subjektive Blick einer Figur voraus. Anschließend begibt sich die Kamera aus ihrer Bewegung heraus oder per Montage in eine hegemoniale Blickposition. Diese dynamischen Gefüge multipler Ansichten[125] der Zerstörung stellen den POV einer Figur sowie auch die mit ihm korrespondierende Erfahrung räumlicher Dissoziation ausdrücklich als nur einen singulären, ästhetisch überwindbaren Standpunkt des destruktiven Szenarios heraus. Da das Bild hier chronisch zwischen stehender Ansicht und gescheiterter Raumwahrnehmung fluktuiert, finden sich hegemoniale und immersive Darstellungen der Katastrophe erkennbar zum polysensuell fundierten Erleben[126] einer visuellen Omnipotenz ineinander verschoben.

In dieser Fluchtlinie exzessiver Vervielfältigung der Ansichten der Naturkatastrophe finden sich auch zahlreiche Blickpositionen diegetischer Entgrenzung in das Profil der filmischen Sehordnung aufge-

---

[125] Die Montage dieser alternierenden Ansichten zelebriert ostentativ die visuelle Souveränität der Kamera gegenüber dem Blick der Figuren. Dieser Gestus übersteigt partiell auch die Sicherung der konsistenten Relation innerdiegetischer Standpunkte. So vollzieht die Kamera in der Flutsequenz etwa einen Achsensprung, wenn Sams subjektivem Blick auf die Welle formal ein POV der Welle selbst folgt.

[126] Neben der breiten Vervielfältigung der Perspektive erhöht sich in den Tornado- und Flutsequenzen nicht nur die Schnittfrequenz, sondern all diese Varianten von Naturgewalt finden sich auch mit einem eigenen, wiederkehrend eingesetzten Motiv des Soundtracks unterlegt.

nommen. In ihrem spezifischen Prinzip der unmittelbaren Kopplung von souveränen Blickvarianten und der Erfahrung räumlicher Dissoziation hebt die filmische Sehordnung zunächst zwar auf jenen Moment ab, in dem – ähnlich wie im Horrorfilm – die Lust der machtvollen Ansicht und der Schrecken materieller Destruktion formal zur Deckung kommen. Doch die furchtsame Dimension dieser Engführung von hegemonialer Blickführung und gescheiterter Raumwahrnehmung erwächst gerade nicht aus den konkreten Varianten der horizontalen Bildreihung, sondern gründet vielmehr im ganz spezifischen Wechselverhältnis der innerfilmischen Funktionstypen: Die filmische Erzählung skizziert ein Szenario der räumlichen Verwüstung, während die formale Zeitlichkeit, innerhalb der sich diese Erzählung organisiert – als strenge Absage an Modalitäten alltäglichen Zeiterlebens – in ein topografisches, also explizit räumliches Ordnungssystem transzendiert. In dieser kalkulierten Konstellation der diegetischen Parameter aber sind im Motiv der Zerstörung schließlich nicht mehr nur narrative Bezüge bestimmt sondern vor allem auch die Teilschritte der Erosion der filmisch generierten Grundlegung artifiziellen Zeiterlebens.

Wo der Horrorfilm also die ästhetische Erfahrung kollabierender Zeitstrukturen über Brüche in der formalen Horizontalität seiner Erzählung konstituiert, richtet THE DAY AFTER TOMORROW abseits einer bildlich oder narrativ fundierten Zirkularität die spezifische Relation seiner Effekttypen selbst – eine kalkulierte Ordnung, die sich zunehmend gegen die ursprünglichen Schlüsselmodalitäten der eigenen Erzählung richtet – als operative Praxis der genuinen Rezeptionserfahrung kollabierender Zeitlichkeit aus.

Unter dem theoretischen Paradigma des Spektakels formieren sich bildlich gestiftete Formen der Einsicht in die artifizielle Natur der filmischen Zeitlichkeit zur distinkten Kategorie der kinematografischen Darstellung. Als konkrete Fälle dieser formalen Engführung von zeichenhafter Repräsentation und den Operationen der gesteigerten Ostentation künstlicher Gestaltungsmittel treten vier Einstellungen des Films hervor: Der Blick auf die Innenstadt von Los Angeles, über der gerade mehrere Tornados im Akt der Verwüstung zu einem gigantischen Wirbelsturm verschmelzen, die stehende Ansicht der zerstörten Stadt durch eine geöffnete Flurtür, das Bild des binnen Sekunden vereisenden Gesichts eines Helikopterpiloten sowie die Darstellung der einfrierenden Flagge Amerikas im Auge des Eissturms. Jede Einstellung repräsentiert vor dem aktuellen Handlungshorizont einerseits zeichenhaft die fortschreitende Bedrohung zivilen Lebens durch Naturgewalt und organisiert andererseits im Modus des Gesichthaften an der Bildoberfläche eine Ausdrucksbewegung, deren zeitliche Entfaltung je künstlich verlangsamt und im Stillstand zur Ansicht gebracht ist.

Der zeichenhafte Deutungsprozess der Darstellung übersteigt hier jedes streng begriffliche Verstehen, da die Verlangsamung der Bewegung zwar je handlungslogisch rationalisierbar ist,[127] deren visuelle Vertiefung aber keine eigenen semantischen Anschlüsse an narrativ entfaltete Zusammenhänge sucht. Stattdessen stiftet das Spektakel als distinkter Bildertyp hier die reflexive Öffnung der Darstellung, die eine temporäre Einsicht in die artifizielle Flexibilisierung des zeitlichen Erlebens bietet. Und diese Einsicht schlüsselt das filmische Potential der ästhetischen Ausgestaltung sinnlicher Wahrnehmung in exemplarischer Form auf.

Doch in welches übergeordnete Verhältnis treten die einzelnen Bildertypen untereinander und welchen Rang finden sie innerhalb jener Ordnung, in der die genuine Resonanzgemeinschaft aller formalen Komplexe rezeptionsästhetisch funktionalisiert ist?

Die spezifische Konstellation von Narration, dem Schauspiel und modulierter Bildlichkeit ist bereits durch die frühen Teilschritte der formalen Filmanalyse vorbereitet: Die Summe der narrativen Aktivitäten des Films konstituiert neben einer systematischen Wissensdivergenz zwischen Figuren und Zuschauer vor allem den Bedarf einer zeitlich aufgefalteten Ansicht der innerdiegetischen Konfrontation im Modus der Erwartung. Zugleich mobilisiert das Schauspiel in den Gesichtern der Protagonisten lebendige physiognomische Formationen, die als potentielle Objekte der Ansicht den narrativ aktivierten Bedarf potenzieren. Die defizitäre Ansicht dieses physiognomischen Spiels stiftet in stetiger Auslassung der Großaufnahme schließlich die tiefe Enttäuschung der gesteigerten Erwartung einer zeitlich entfalteten Relation von Empfindung und Ausdruck. In diesem kreisläufigen Muster von bildlichem Bedarf, dessen reger Potenzierung und finaler Enttäuschung manifestiert sich erkennbar ein erster affektpoetologischer Komplex, der hier in ästhetischer Perspektive als eine Zirkularität des Scheiterns gefasst werden kann.

Doch erneut ausgehend von der Narration sowie den durch sie konstituierten Wissensdivergenzen und auch korrespondierenden Erwartungsstrukturen, formiert sich eine zweite Konstellation ebenfalls

---

[127] So verlangsamen sich die Gesichtszüge des Piloten, weil sein Blut gefriert und die Nationalflagge weht im Zeitlupentempo, da ihr Material vereist. Die an der Bildoberfläche organisierte Bewegung ist daher – im Unterschied zu ihrer zeitlich ostentativen Vertiefung durch die Dauer der Einstellung – handlungslogisch rationalisierbar.

kreisläufiger Natur: Die einzelnen Spektakelbilder treten in der Variante einer selbstreflexiven Darstellung als die zeitlich entfaltete Ansicht von gesichthafter Prägung eben jenem narrativ generiertem Bildbedarf im Modus der Erfüllung gegenüber. Neben dieser Struktur bildlich verschobener Befriedigung einer potenzierten Erwartung realisieren die virtuosen Bildreihen der polysensuellen Überwältigung das Erleben visueller Omnipotenz, das die narrativ generierten Erwartungsstrukturen an die bildliche Entfaltung der Erzählung in ostentativer Übersteigung einlöst. In diesem zweiten kreisläufigen Muster von bildlichem Bedarf, dessen ästhetischer Befriedigung und dann finaler Übersteigung manifestiert sich ein weiterer affektpoetologischer Komplex, der hier in ästhetischer Perspektive als eine Zirkularität der Erfüllung gefasst werden kann.

Sind beide Kreisläufe in ihrer Grundverfassung komplementär angelegt, so gehen ihre einzelnen Komponenten im unmittelbaren Vergleich mit dem entsprechenden Äquivalent im jeweils anderen Kreislauf ein substitutives Verhältnis ein: Denn das privilegierte Medium einer spezifisch effektbezogenen Darstellung verschiebt sich vom Raum des Schauspiels in den des Spektakelbildes, hier in der Variante der physiognomisch mobilisierten Oberfläche des Urbanen (das zerstörte Los Angeles), des menschlichen Gesichts (der erfrierende Pilot) und des nationalen Symbols (die vereiste Flagge). Diese Bilder organisieren als ausgestellte Ansicht einer Relation von Innerlichkeit und Ausdruck zudem auch reflexive Einsichten in das hier artifiziell generierte Zeiterleben. An die Stelle der strengen Auslassung der Großaufnahme des Schauspiels und eine somit defizitäre Bildlichkeit tritt die virtuose Reihung multipler Ansichten der Naturkatastrophe als das polysensuelle Erleben einer übersteigerten Bildlichkeit.

Somit verdichtet sich das Verhältnis beider Kreisläufe bis in die Register des dynamischen Wechselspiels ihrer Komponenten zum System einer komplexen, ökonomisch fundierten Bildordnung. So sind Instanzen übersteigerter Bildlichkeit von sensationalistischen Aufladungen des Exzessbegriffes gelöst und als formale Gefüge in eine Vielzahl innerfilmischer Funktionsbezüge eingelassen.

Beide affektpoetologische Komplexe, die negative Zirkularität des Scheiterns sowie die positive Zirkularität der Erfüllung, lassen sich zudem in der Perspektive genuiner Konstellationen filmischer Effektvarianten auch als zwei affektive Schleifen distinkter Natur beschreiben: Der erste Kreislauf stellt im Modus scheiternder Erwartungsstrukturen – in der defizitären Ansicht des Schauspiels – die filmische Rede als Objekt des individuellen Wahrnehmungserlebens aus und scheidet die in den narrativen Aktivitäten die zeitlich entfaltete Antizipation der Typen von Innerlichkeit vom tatsächlichen Filmerleben. In der ästhetischen Ordnung des Films werden die präferierten Muster von Innerlichkeit so als reines Objekt der Projektion und gerade nicht faktische Modalität der sinnlichen Erfahrung reflexiv einsichtig.

Der zweite Kreislauf entwirft im Modus übersteigerter Erfüllung im Spektakelbild einen Darstellungstypus, der die leibliche Sphäre des Zuschauers als das privilegierte Medium filmischer Effekte vorbereitet und in den multiplen Ansichten der Naturkatastrophe anschließend komplexe Bildreihen als das Objekt synästhetischer Wahrnehmung anlegt. Die ästhetische Ordnung des Films vertieft daher das selbstgenüssliche Erleben einer präferierten Valenz von Innerlichkeit als vordergründigen Empfindungswert.

Beide kreisläufigen Effektkonstellationen sind somit als distinkte Wahrnehmungsformationen illustriert, die in der Summe ihrer subtilen Teilrelationen eine simple Horizontalreihung singulärer Empfindungsstadien übersteigen. Beide komplementären Effektschleifen konvergieren vielmehr in einem Affekterleben, das den Zuschauer über die Dauer des Films dem oszillierenden Wechselspiel von infinitem Aufschub einer projizierten Erfüllung und der gegenwärtigen Überwältigung einer überstiegenen Erwartung aussetzt. In dieser Perspektive fügt THE DAY AFTER TOMORROW seine formalen Komplexe buchstäblich zum affektökonomischen System, in dem sich Bedarf (oder die Rezession des Affekts) und Befriedigung (oder die Konjunktur des Affekts) im produktiven Verhältnis wechselseitiger Resonanz stetig neu ausbalancieren. Vor dem Hintergrund dieser Paarung von Mangel und Genuss ist schließlich die Kategorie der Subjektivität pointiert gewendet. Denn als distinkte Wahrnehmungsmodalität ist sie nachdrücklich zu einem defizitären Erleben analogisiert, während hingegen die Affektivität über die spezifische Relation ästhetischer Komplexe enthusiastisch als erlösende Überführung der subjektiven Sinnesbeschränkung in die Wahrnehmungsposition einer audiovisuellen Omnipotenz ausgestellt ist. Diese kinematografische Emphase des Affekts gründet hier also – im verblüffenden Gegensatz zu einer ganzen Reihe geistesgeschichtlicher Positionen – als artifizielle Anordnung gerade in dessen explizitem Herauslösen aus der Sphäre des Subjekthaften.[128]

---

[128] Die Vielzahl geistesgeschichtlicher Positionen zum Affektbegriff kann hier nicht in vollem Umfang dargestellt werden. Abstrahierend gesprochen zirkuliert – vor der Annahme expressiven Wirkungspotentials der Inhalte künstlerischer Darstellungen – die Vorstellung passiver, aber regungsreicher Resonanz des Individuums. Und diese Resonanz avanciert als lebendiger Erfahrungstypus zum eindeutigen

Die Aufschlüsselung dieser zwei konträren Wahrnehmungsmuster realisiert der Film als rezeptionsästhetisches Programm abseits formelhafter Veranschaulichungen: in den Registern eines selbstgenüsslichen Erlebens von Innerlichkeit. Denn die Zirkularität des Scheiterns stellt den Schrecken konzentrisch als eine negative Affektfigur her, die sich eben gerade nicht auf die Monstrosität innerdiegetischer Zerstörungsszenarien sondern vielmehr auf die defizitäre Wahrnehmungsposition visueller Subjektivität bezieht. Ergänzend stiftet die Zirkularität der Erfüllung die Faszination konzentrisch als eine positive Affektfigur, die sich nicht auf die virtuose Reihung multipler Ansichten sondern auf die überwältigende Wahrnehmungsposition des Affiziertseins selbst richtet. So ist es gerade vor dem Hintergrund der transparenten bildlichen Verschiebung des Gesichthaften – als die tradierte Medialität der Relation von Empfindung und Ausdruck – ganz explizit nicht der Empfindungshorizont einer konkreten Figur, der dem Zuschauer in einem empathischen Rekurs zur psychischen Realität wird. Vielmehr repräsentiert das Prinzip der Affektivität selbst jene diegetische Manifestation einer konkreten Daseinsweise, die sich der Zuschauer über die Dauer des Films im choreographierten Abschreiten eines Parcours aus aufgeschobener Erfüllung und überstiegener Erwartung lustvoll als inneren Zustand und sinnliche Evidenz der ästhetischen Souveränität des lebhaften Affekts über die Wahrnehmungsposition des Subjektiven aneignet.

In genau diese Perspektive eines ästhetisch vertieften Triumphes des Affekts über die Subjektivität, oder des Genusses über den Mangel, bettet sich schließlich programmatisch der kultursemantische Komplex des Ursprungsmythos einer Zivilgesellschaft in seiner zeitlichen Entfaltung: als die erste Erlebnisinstanz in die sinnlichen Register der neuen Wahrnehmungsmodalität. Das Pathos dieser distinkten Kultursemantik gründet daher nicht in den ikonografischen Mustern deren filmischer Repräsentation, sondern verdankt sich einer ästhetisch kalkuliert perpetuierenden Effektordnung, die das Initiationsmoment amerikanischer Zivilität als erstes Motiv sinnlich omnipotenten Erlebens präzise in das neu entstandene Wahrnehmungsfeld der lebendig kreuzender Affektäußerungen einlässt. Die Erwartungen des Zuschauers

---

Träger von Subjekthaftigkeit. Insgesamt dominiert die Verknüpfung von Affekt und Wahrnehmungssphäre des Subjekts, aufgenommen in unterschiedlichen Konnotationen, die neuzeitliche Rede vom Affekt bis weit ins 18. Jahrhundert, als das Aufziehen höfischen Absolutismus die tugendhafte, verstandesmäßige Überformung des Affekts einleitet. Zum geistesgeschichtlichen Abriss des Affekts siehe exemplarisch Grimm, Hartmut: Der Affekt. In: Barck et al (Hrsg.): Ästhetische Grundbegriffe. S. 16–48.

speisen sich als ein distinkter Bildbedarf aus den ästhetischen Mustern des Melodrams sowie deren genuiner Modulation. Die Erfüllung dieses Begehrens ist, ganz ähnlich dem Fluchtpunkt ästhetischer Verfahren interaktiver Medienformate, als eine optimierte Leiblichkeit angelegt. Beide dieser genreästhetischen Rückgriffe bilden (neben der Transzendierung des Zeitlichen in eine topografische Ordnung) die stabile Grundlegung der hiesigen Filmerfahrung. Dennoch ist der ästhetische Ereignistypus – die Emphase der Affektivität als eine außersubjektive Wahrnehmungsposition sowie privilegierte Modalität sinnlicher Vertiefung eines kollektiven Gründungsaktes – nicht vordergründig im Anteil rezeptionsästhetischer Anleihen angrenzender Genres fundiert. Als eine sinnliche Teilhabe an der zeitlich differentiell aufgefalteten Emergenz einer gemeinschaftlichen Identität gründet dieser ästhetische Ereignistypus vielmehr primär in den genuinen Konstellationen distinkter Bildertypen sowie auch der affektökonomischen Ordnung, die diese schließlich nachhaltig aktivieren.[129]

---

[129] Ein anderer zeitgenössischer Naturkatastrophenfilm, The Core (Jon Amiel 2003), der von den vernichtenden Klimafolgen der stoppenden Erdrotation sowie deren dramatischer Re-Animation erzählt, nimmt ebenfalls im Anschluss an eine zunächst zeitlich serielle Exposition die Umarbeitung alltäglichen Zeiterlebens vor. Das Zeitliche transzendiert dabei in die Muster der räumlichen Linearbewegung jenes Erdshuttles, das die Bohrungsreise zum Erdkern realisiert. Auch dieser Film entwirft eine differentielle Bildordnung aus subjektiven, kartografischen sowie hegemonialen Ansichten und optimiert mit seinen ästhetischen Mitteln das leibliche Selbstempfinden des Zuschauers: Die sinnliche Teilhabe am pathetischen Bedeutungskomplex der Selbstopferung – die einzelnen Mitglieder der Forschergruppe willigen schließlich bewusst in ihren Tod als zentrale Bedingung der erfolgreichen Rettung und Erhaltung zivilen Lebens ein – ist auch hier in einer axiomatisierten Trennung von innerdiegetischem Blick und faktischer Gegenwart eines leidenden Körpers fundiert. Zudem legt The Core das zeitlich vertiefte Bild der glühenden Oberfläche des schließlich wieder rotierenden Erdkerns als privilegierte Instanz der Ansichtigkeit mimischer Ausdrucksbewegungen an. Auch The Core absolviert so in der operativen Praxis seiner Darstellungen wie auch The Day after Tomorrow die Finalisierung der bildlichen Oberflächenverschiebung physiognomischer Formationen.

Vierter Teil

Der Naturkatastrophenfilm – Ein distinkter Modus kinematografischer Affizierung?

4.1 Ästhetische Anleihen des Genrekinos

Vor dem Hintergrund eines rezeptionsästhetisch dimensionierten Genrebegriffes befragte diese Untersuchung einen äußerlich nur motivisch verbundenen Filmkorpus hinsichtlich seiner inneren, affektpoetologischen Kohärenzmuster. Der Naturkatastrophenfilm Hollywoods wurde als der exemplarische Bezugspunkt dieses Erkenntnisinteresses gewählt. Seine ästhetische Explikation durch existierende Forschungsbeiträge der Filmwissenschaft ist ebenso wie das gegenwärtige Feld der Affekttheorie durch die ersten beiden Teile dieser Arbeit überblickt und systematisiert worden. Fünf Detailanalysen haben anschließend die konkreten Affektordnungen ausgewählter Filmbeispiele in enger Anlehnung an das zuvor entwickelte Analysemodell aufgeschlüsselt.

In diesem abschließenden Teil der Untersuchung sollen nun die rezeptionsästhetischen Zuschreibungen existierender Forschungsbeiträge an das Naturkatastrophenkino vergleichend ihrer filmanalytischen Verifikation unterzogen werden. Dafür werden diese mit den konkreten Ergebnissen der hier vollzogenen Filmanalysen konfrontiert, vergleichend geprüft und dann zu den Befunden der Anleihe, Negation oder strukturellen Umarbeitung genreästhetisch tradierter Modi der Filmerfahrung verdichtet.

4.1.1 Melodramatisierung

Die Tendenz der Melodramatisierung erfragte im Kontext der konkreten Filmanalysen je, inwieweit symbolische Register in die horizontale Organisation der Erzählung bzw. metaphorisierte Formen von Innerlichkeit in die bildliche Ordnung des Naturkatastrophenfilms oszillieren und ob narrativ induzierte Strukturen des Begehrens als ein zentrales Signum der Rezeptionserfahrung greifbar werden. Die horizontale Fügung des Plots im Modus psychischer Realität ist dabei durch keines der hier gewählten Filmbeispiele vorgenommen. Auch ihre narrativen

Ereignisfolgen schöpfen die äußere Plausibilität nie streng aus symbolischen Zusammenhangsstrukturen.[130]

Abseits der symbolischen Horizontalfügung einzelner Ereignisse nimmt die Mehrheit der Filmbeispiele stattdessen eine sehr starke Formalisierung ihrer jeweiligen Erzählordnung vor: Während WHEN WORLDS COLLIDE (1951) noch zwei einander in narrativer Reversion spiegelnde Hauptteile seiner Erzählung anlegt und über die Bildreihe der Naturkatastrophe ostentativ scheidet, realisiert EARTH QUAKE (1974) diese äußerliche Strukturgebung bereits in Form einer komplexen Formation schematisierter Ereignisfolgen. Mit dem späteren Film TWISTER (1996) ist diese Tendenz der formalisierten Horizontalfügung narrativer Abschnitte schließlich zur streng seriellen Ordnung der filmischen Erzählung gesteigert, die strukturell absolut identische Ereignisreihen durch das Motiv der Naturkatastrophe rhythmisch scheidet.

Den Bruch mit der rein ursächlichen Verknüpfung verschiedener Erzählteile sucht das Naturkatastrophenkino daher – anders als das Melodram – nicht in einer Referenz auf das Psychische, sondern in der hochgradigen Formalisierung der Ordnung seiner Erzählung sowie deren radikaler Steigerung zum Muster narrativer Serialität.

Das Serielle der Erzählordnung stiftet dabei die uneingeschränkte Antizipation des Horizontalverlaufs des Plots sowie transparente Einsichten in zentrale dramaturgische Prinzipien. Auch der Komplex der ikonografischen Sublimierung kann in seiner melodramatischen Reinform nur über eine Minderheit der ausgewählten Filmbeispiele verfolgt werden.[131] Die ursprüngliche Metaphorisierung innerer Spannungszu-

---

[130] Einzig der frühe Film SAN FRANCISCO (1936), der das Motiv der Naturkatastrophe in seiner diegetischen Grundlegung und den narrativen Aktivitäten melodramatisch funktionalisiert, entfaltet seine finale Naturkatastrophensequenz in weiblicher Disposition des Bildes. Dabei sind unter dem Paradigma des Hysterischen die Handlungs- und Sprechakte der Protagonisten in zeitlich geschlossener Form zum bildästhetischen Abdruck psychoanalytischer Formeln verdichtet. In dieser Perspektive suchen in SAN FRANCISCO die äußerlichen Objekte der filmischen Darstellung zwar punktuell symbolische Bezüge auf, binden jedoch den nicht den vollen Umfang des Plotverlaufs an diese. Die horizontale Plotordnung ist vielmehr in einer außerfilmischen Ordnung fundiert, da jeder der acht Akte, in den die Erzählung zerfällt, in sich – faktisch diametral zum narrativen Gehalt – eine distinkte Etappe der konventionellen Liebesbeziehung repräsentiert.

[131] Auch in diesem stilistischen Zusammenhang steht einzig der Film SAN FRANCISCO (1936) als ein Beispiel der Ausrichtung parabolischer Räume ein. Ein Teil, jedoch nicht die Gesamtheit filmischer Interieurs, nimmt über das Dekor, die Ornamentik oder spezifische Architektur den wachsenden Zustand innerer Spannung der Protagonistin metaphorisch in sich auf und realisiert so in der darstellenden Inszenierung filmischer Räume punktuell die ikonografische Sublimierung als eine spezifische Bildwerdung psychischer Konfliktlinien.

stände in dramatisierte Typen der Mise en Scène findet sich stattdessen vereinzelt durch alternative Verfahren der bildlichen Verdichtung substituiert: So nimmt EARTHQUAKE (1974) die semantische Aufladung seines gesamten filmischen Raumes in der genuinen Variante einer bildlich stringenten Kopplung von irrationaler Bannkraft des Sexuellen und abgründiger Monstrosität der Naturelemente vor und THE DAY AFTER TOMORROW (2002) artikuliert später über die bildkompositorische Überblendung zentraler Einzeleinstellungen den kultursemantischen Bedeutungskomplex einer aus der Krise geborenen Zivilgemeinschaft. Das melodramatische Verfahren einer systematischen Oszillation psychischer Konfliktlinien in die dramatisierten Formen der Darstellung ist daher insgesamt durch neuere Typen der semantischen Überhebung oder Verschränkung bildlicher Muster spezifisch substituiert.

Ganz anders als die symbolische Horizontalfügung des Plots und die ikonografische Sublimierung manifestiert sich die artifizielle Mobilisierung komplexer Strukturen des Begehrens über alle Filmbeispiele hinweg äußerlich als eine melodramatische Anleihe. Die konkreten Verfahren artifizieller Konstitution und zeitlicher Ausgestaltung lebhaften Zuschauerbegehrens lösen sich jedoch erkennbar von der ursprünglichen Disposition des Melodrams. Denn entwirft das Melodram eine hierarchische Ordnung des Wissens, welche die Ohnmachtserfahrung auf den konkreten Lauf der Erzählung richtet und die systematische Differenz zweier Wahrnehmungsperspektiven – in der Regel jene des Zuschauers und jene der weiblichen Protagonistin – zum unerschöpflichen Ursprung pathetischer Effekte funktionalisiert, so ist durch das Naturkatastrophenkino sukzessive eine genuine Umarbeitung dieser ursprünglichen Konstellation vorgenommen.

Denn bereits die frühen Filmbeispiele flexibilisieren die Effektordnung des Melodrams: SAN FRANCISCO (1936) synchronisiert die symbolische Vereinigung der Geschlechter mit einer zweiten Verschmelzungsfiguration, der Initiation der Zivilgemeinschaft im Moment deren religiöser Rückführung. WHEN WORLDS COLLIDE (1951) bezieht später die finale Konvergenz zweier systematisch verschiedener Wahrnehmungspositionen auf das bildliche Erleben eines zivilen Gründungsaktes. Richten sich noch beide dieser Ordnungen des Begehrens – als Varianten der Flexibilisierung melodramatischer Muster – partiell auf den Gehalt der filmischen Erzählung, so ist dieser Zusammenhang schließlich durch das Naturkatastrophenkino der siebziger Jahre und seine Nachfolger aufgelöst: EARTHQUAKE (1974) richtet das ästhetische Begehren des Zuschauers auf eine figürlich differentielle Aufschlüsselung innerdiegetischer Wahrnehmungsakte. Der Film TWISTER (1996) bindet das artifizielle Begehren an ein Blickzitat spezifischen Darstellungsinhalts und der Film THE DAY AFTER TOMORROW (2002) schließlich verdichtet das Begehren zum distinkten Bedarf der zeitlich vertieften Ansichtigkeit eines mimischen Ausdrucks.

In dieser vergleichenden Fluchtlinie scheint das konkrete Objekt des ästhetischen Begehrens der Zuschauer nicht nur je von seinen Anteilen des narrativen Gehalts gereinigt. Die artifiziell gestiftete Aktivität des lebendigen Wünschens scheint exakt seit dem Naturkatastrophenkino der siebziger Jahre über die obig rekapitulierten Varianten hinweg auch einen identischen Bezugspunkt zu teilen: eine distinkte Modalität des filmischen Bildes. Abseits der melodramatischen Muster einer komplexen Struktur des Begehrens – verzögerter Synchronisation zweier systematisch verschiedener Wahrnehmungsperspektiven einerseits sowie der Entfaltung einer symbolischen Verschmelzungsfiguration andererseits – wendet das jüngere Naturkatastrophenkino das rege Wünschen der Zuschauer daher in das rauschhafte Drängen eines ästhetischen Bedarfs. Dieser Bedarf nimmt sich in seinen unterschiedlichen Varianten der Antizipation einer Modalität der filmischen Bildlichkeit – von der figürlichen Differentialität der Darstellung über die subjektive Entfaltung der Naturkatastrophe bis zur privilegierten Ansicht physiognomischer Formationen – insgesamt nichts anderes zum Primärobjekt, als eine ganz bestimmte sinnliche Prägung des Wahrnehmungserlebens selbst. Es ist so weder die Ereignisfolge der filmischen Erzählung noch der gegenständliche Gehalt filmischer Darstellungen, auf die sich die rege Wunschaktivität des Zuschauers richtet. Das Begehren realisiert sich stattdessen formal als eine insistierende, sinnlich selbstgewisse Artikulation präferierter Muster kinematografisch generierten Wahrnehmungserlebens. Es ist diese Artikulation eines ästhetischen Bedarfs, die durch die Naturkatastrophenfilme seit den siebziger Jahren je ihre zeitlich differentielle Ausgestaltung zur kalkulierten Dramaturgie aus infinitem Aufschub und übersteigerter Erwartung erfährt.

Der filmanalytisch erfragte Anteil der melodramatischen Anleihen lässt sich daher wie folgt beschreiben: Die melodramatischen Verfahren der symbolischen Horizontalfügung des Plots sowie der ikonografischen Sublimierung überwindet das Naturkatastrophenkino. Beide strukturellen Tendenzen sind durch alternative Typen der äußerlichen Ordnung der Erzählung bzw. der semantischen Verdichtung der Mise en Scène substituiert. Der melodramatisch tradierte Effekttypus der artifiziellen Errichtung und zeitlichen Ausgestaltung einer komplexen Struktur des Begehrens hingegen erfährt durch das Naturkatastrophenkino eine Hinwendung und genuine Umarbeitung zum ästhetischen Bedarf. Dieser ist in der stringenten Praxis der singulären Auslassung einer konkreten Modalität des filmischen Bildes – hier beispielsweise des figürlich differentiellen Blickzitats, einer ganz spezifischen Ansicht der Naturkatastrophe und der Großaufnahme des Physiognomischen – jeweils ostentativ als distinktes Wahrnehmungsdefizit markiert. Das so rauschhafte Drängen der artifiziellen Begehrensstruktur richtet sich daher abseits gegenständlicher Bezüge streng auf die finale Einlösung des vertieften Erlebens einer distinkten Modalität des kinematografischen Bildes.

4.1.2 Ästhetisierung

Die Tendenz der Ästhetisierung erfragte im Kontext der konkreten Filmanalysen je, welche Formen hegemonialer Blickführung oder dissoziierter Raumerfahrung inszeniert werden sowie ob die audiovisuelle Ausgestaltung des fiktionalen Leidensgehalts und die leibliche Sphäre des Zuschauers in eine systematisch tradierte Verhältnisform treten. Die extremen Bildvarianten der umfassend souveränen Blickführung und der systematisch scheiternden Raumwahrnehmung finden sich durch keines der Filmbeispiele als einseitig stringente Praxis des Bildes aufgenommen. Die jeweilige Pluralität der Ansichten der Naturkatastrophe organisiert vielmehr ein fluktuierendes Wechselspiel von perspektivisch privilegierten und räumlich dissoziativen Blicktypen. Das artifizielle Erleben visueller Omnipotenz gründet dabei nicht streng in hegemonialen Blicktypen bzw. findet sich durch die Bildinszenierung räumlicher Erosion alternierend gebrochen.

Es ist stattdessen jeweils die Vielfalt der multipel oszillierenden Ansichten selbst, die den Wahrnehmungseindruck einer visuellen Omnipotenz generiert. Denn sämtliche Filmbeispiele entwerfen am Motiv der Naturkatastrophe dynamische, in sich potentiell unendliche Bildgefüge, die die äußerlich defizitären Perspektiven zunehmend als je singulär bzw. ästhetisch spielerisch überwindbar ausstellen. Das polysensuelle Erleben einer visuellen Souveränität scheint in dieser Fluchtlinie weniger an die Akte unerschöpflicher Entfaltung und steter Aktualisierung perspektivisch privilegierter Ansichten als vielmehr an das pathetische Ritual der bildlichen Überwindung von defizitären Blickpositionen bzw. Mustern der kollabierten Raumwahrnehmung selbst gebunden zu sein.

Doch neben dieser bildlich nicht einheitlichen Verschachtelung der Typen hegemonialer Blickführung und jener der dissoziierten Raumerfahrung treten die visuelle Ausgestaltung des fiktionalen Leidensgehalts und die leibliche Sphäre des Zuschauers über die Summe der

Filmbeispiele tatsächlich in eine systematisch tradierte Verhältnisform. Denn während bereits SAN FRANCISCO (1936) seine Darstellungen innerdiegetischen Leidens mildert und WHEN WORLDS COLLIDE (1951) sowie auch EARTHQUAKE (1974) jede Schmerzerfahrung streng ihrer bildlichen Exklusion unterziehen, erweitern jüngere Filmbeispiele dieses Prinzip der Entkoppelung der fiktionalen Leidensgehalte von der körperlichen Realität des Zuschauers zur ästhetischen Operation leiblicher Optimierung.

Aktuelle Naturkatastrophenfilme wie etwa TWISTER (1996) oder auch THE DAY AFTER TOMORROW (2002) dissoziieren die leibliche Sphäre des Zuschauers künstlich in zwei distinkte Präsenzen: eine physische einerseits, die als zentrales Medium sinnlicher Teilhabe an ausgewählten Komponenten des ästhetischen Gefüges wie dem lebendigen Wechsel der Ansichten der Zerstörung oder der rauschhaften Entfaltung des filmischen Raumes fungiert, sowie eine semiotische andererseits, die ihre nur rein symbolische Abbildung auf einen anderen Teil des ästhetischen Gefüges wie den materiellen Implikationen physischer Schmerzerfahrung oder der atmosphärischen Bedrängung erfährt. Diese Vermittlung der ostentativen Differenz zwischen dem realweltlichen Körper und der fiktionalen Schmerzerfahrung legt den Leib der Filmwahrnehmung daher nicht ganzheitlich als Medium des Bildes an. Das verkörperte Erleben findet sich in den ästhetischen Operationen der kinematografischen Darstellung – etwa ihrer kalkulierten Kadrierung, perspektivischen Verrätselung oder transzendentaler Überhebung gegenständlicher Bildbezüge – punktuell gelockert. In dieser strukturellen Fluchtlinie entwirft das Naturkatastrophenkino die Position des Zuschauers als genuine Wahrnehmungssphäre, in der neben den Prinzipien einer intensiven Potenzierung der verkörperten Teilhabe zugleich explizit auch jene einer leiblichen Suspendierung ihre ästhetische Vertiefung finden. Der gesteigerte sinnliche Genuss des Filmerlebens gründet so in der konzeptualisierten Engführung beider komplementärer Wahrnehmungsmodi im Dispositiv einer optimierten leiblichen Selbstwahrnehmung.

Die filmanalytisch erfragte Tendenz der Ästhetisierung lässt sich daher wie folgt beschreiben: Sowohl das Verfahren der umfassend souveränen Blickführung als auch jenes systematisch scheiternder Raumwahrnehmung verneint das Naturkatastrophenkino als seine stringente Darstellungspraxis. Stattdessen ist die oppositionelle Ordnung beider Varianten des filmischen Bildes im dynamischen Wechselspiel aus hegemonialem Blick und räumlicher Erosion aufgelöst. Audiovisuelle Ausgestaltung des fiktionalen Leidens und die leibliche Sphäre des Zuschauers hingegen organisieren tatsächlich sämtliche Filmbeispiele als identische Verhältnisform einer systematischen Entkopplung. Diese ist in den bildlichen Operationen des aktuellen Naturkatastrophenkinos schließlich zur sehr genussreichen Erfahrungsform der leiblichen Optimierung gesteigert, welche die axiomatische Divergenz von diegetischer Schmerzerfahrung und körperlichem Selbstempfinden einerseits tradiert und sie andererseits in ästhetisch kalkulierter Form auch mit ausgewählten Varianten der leiblichen Vertiefung lustvoller Komponenten des audiovisuellen Gefüges verbindet.

4.1.3 Filmischer Terror

Die Tendenz des filmischen Terrors erfragte im Kontext der konkreten Filmanalysen je, ob ein Filmbeispiel Formen narrativer Zirkularität zur ästhetischen Erfahrung kollabierender Zeitstrukturen organisiert, Variationsformen der Angstlust stiftet und diese erkennbar zum filmischen Entwurf einer furchtsamen Ordnung des Sehens verdichtet. Weder Varianten der Angstlust noch ihre Erweiterung zu konkreten Entwürfen einer furchtsamen Ordnung des Sehens finden sich in das strukturelle Gefüge der analytisch vertieften Filmbeispiele aufgenommen.

Denn während noch SAN FRANCISCO (1936) den Schrecken der architektonischen Verwüstung melodramatisch funktionalisiert, d.h. als eine Projektion des Todes der Protagonistin und somit des Scheiterns der symbolischen Verschmelzung der Geschlechter vitalisiert, löst sich bereits WHEN WORLDS COLLIDE (1951) ostentativ vom Wahrnehmungsmodus der Furcht, indem er diesen in einer reflexiven Wandlung des Bildes in den filmischen Effekt des Staunens transformiert. Seit EARTHQUAKE (1974) entwirft das Naturkatastrophenkino anschließend dynamische Bildgefüge, in denen der Schrecken der materiellen Zerstörung und der Genuss der machtvollen Ansicht zwar formal, also bildkompositorisch, nicht jedoch in den Registern deren sinnlich vertieften Erlebens zur Deckung kommen. Denn zeitgenössische Naturkatastrophenfilme wie TWISTER (1996) oder THE DAY AFTER TOMORROW (2002) stiften eigene, von den bildlichen Operationen des Horrorkinos verschiedene optische Szenarien. Im Entwurf dynamischer Ansichten des Schreckens der materiellen Zerstörung suchen diese gerade nicht mehr das Moment der Erschütterung außerfilmischer Wahrnehmungssouveränität. Sie zielen stattdessen – als äußerliche Negation der tradierten Effekttypen des Horrorkinos – auf das genussreiche Ereignis einer ästhetischen Veredelung des audio-visuellen Wahrnehmungs- und Erlebnisvermögens des einzelnen Zuschauers.

Anders jedoch als die Variationsformen der Angstlust oder einer furchtsamen Ordnung des Sehens finden sich verschiedene Typen narrativer Zirkularität tatsächlich in eine Reihe der analytisch vertieften Filmbeispiele aufgenommen und genuin umgearbeitet: Der frühe Film SAN FRANCISCO (1936) aktiviert eine Zirkularität diegetischer Konstellationen im melodramatischen Mittel des Gesangs, der schließlich die filmische Erzählung insgesamt zu einem Bogen der retrospektiven Ereignisspiegelung fügt. Bereits WHEN WORLDS COLLIDE (1951) stiftet die narrative Zirkularität nur noch in der Dimension seiner zum Muster der Alternation formalisierten Reihung von Trennungs- und Verschmelzungsfigurationen. Ähnlich tradiert später auch EARTHQUAKE (1974) den Entwurf narrativer Zirkularität einzig über die motivische Grundlegung seiner Erzählung. Mit den jüngeren Beispielen des Naturkatastrophenkinos aber lösen sich Formen der Zirkularität zunehmend von den jeweiligen Mustern der narrativen Ordnung eines Films und verschieben sich schließlich ganz in den Raum der kinematografischen Bildlichkeit: So vertieft zum Beispiel TWISTER (1996) die narrative Zirkularität seiner seriell angelegten Erzählung in einer konkreten Erfahrung des filmischen Bildes, dem Wiederholungsakt der ostentativen Exklusion einer distinkten Ansicht der Naturkatastrophe. THE DAY AFTER TOMORROW (2002) schließlich kündigt jegliche Formen narrativer Zirkularität auf und mobilisiert den Erfahrungstyp kollabierender linearer Zeitlichkeit allein in einem distinkten Bildverfahren: der stetig scheiternden Ansichtigkeit physiognomischer Formationen in der stringenten Auslassung der Großaufnahme des Gesichts.

In dieser vergleichenden Fluchtlinie entkoppelt das Naturkatastrophenkino insgesamt die filmische Konstitution eines spezifischen Zeiterlebens erkennbar von den narrativen Ordnungstypen. Sowohl artifizielle Generierung als auch ästhetisch differentielle Modulation zirkulärer Wahrnehmungseindrücke gründen mit den konkreten Effektordnungen der gegenwärtigen Filmbeispiele stattdessen primär in der Rahmenkonzeption der operativen Verfahren des Bildes: seinen axiomatischen Festschreibungen ästhetischer Möglichkeiten sowie ausgestellten, künstlichen Beschränkungen einer sinnlichen Teilhabe an audiovisuellen Formationen.

Der filmanalytisch erfragte Anteil der Anleihen des Horrorkinos lässt sich daher wie folgt konkret beschreiben: Variationsformen der Angstlust sowie auch filmische Entwürfe einer furchtsamen Ordnung des Sehens erfahren durch die Gesamtheit der Analysebeispiele eine Absage. Muster der narrativen Zirkularität hingegen finden in den frühen Filmen eine explizite Tradierung und im gegenwärtigen Naturkatastrophenkino schließlich ihre genuine Umarbeitung zu einem streng in den axiomatisierten Formeln des Bildes generierten Eindruck der zirkulären Prägung des sinnlichen Wahrnehmungserlebens.

Dieser vorgenommene Versuch der filmanalytischen Verifikation rezeptionsästhetischer Postulate erarbeitet zunächst die übergeordnete Erkenntnis, dass das Naturkatastrophenkino keine statischen Anleihen der formalen und bildlichen Ordnung angrenzender Genres vornimmt. Die durch angrenzende Genres tradierten Varianten der sinnlichen Erfahrung werden stattdessen stets klar negiert oder aber zu genuinen Effekttypen umarbeitet.

Vor dem Hintergrund dieser allgemeinen Konstellation können als zweite Erkenntnis die Tendenzen der Melodramatisierung, der Ästhetisierung und des filmischen Terrors, die als terminologisch unscharfe Zuschreibungen in der gegenwärtigen Theoriebildung zum Naturkatastrophenfilm zirkulieren, hier nun in jene konkreten rezeptionsästhetischen Muster übersetzt werden, auf die sie nach eingehender Prüfung der Filmbeispiele auch tatsächlich abheben: In der Linie filmanalytischer Einsichten bezeichnet dabei die Tendenz der Melodramatisierung eine distinkte Ordnung des ästhetischen Begehrens, die als rauschhaft drängende Bedarfsstruktur dezidiert auf einen spezifischen Modus des filmischen Bildes sowie die an ihn geknüpfte Prägung sinnlichen Erlebens gerichtet ist. Die Zuschreibung der Ästhetisierung hingegen meint das ästhetische Prinzip leiblicher Optimierung, in dem die sinnlich komplementären Verfahren einer verkörperten Wahrnehmung genussreicher Komponenten des strukturellen Gefüges und des leiblich suspensiven Erlebens diegetischer Schmerzerfahrung zur ästhetischen Vertiefung einer distinkten Empfindungskomposition zusammen treten. Der Bedeutungskomplex des filmischen Terrors schließlich erfasst eine artifizielle Zirkularisierung individuellen Zeiterlebens, die ihrerseits abseits narrativer Muster ausschließlich in den axiomatischen Festschreibungen der Operationen des filmischen Bildes gründet.

Zwischen diesen durch das Naturkatastrophenkino Hollywoods genuin umgearbeiteten Effekttypen zeichnet sich hier zusätzlich ein erstes funktionsästhetisches Verhältnis ab: Denn einerseits tritt die strenge Auslassung singulärer Darstellungsvarianten in ihrer horizontalen Rhythmik als der formale Ursprung zirkularisierten Zeitempfindens hervor. Diese bildliche Auslassung bildet gleichzeitig jeweils die Kehrseite des ästhetischen Begehrens, nämlich präzise dessen Bedarfgehalt. Andererseits erscheint ergänzend das Wahrnehmungsprinzip optimierter Leiblichkeit langsam als die konkrete Schlüsselmodalität des sinnlich vertieften Erlebens einer affektiven Resonanzgemeinschaft von Zirkularität und Begehren.

Mit der filmanalytischen Verifikation theoretisch postulierter Anleihen dreier angrenzender Genres, ihrer strukturellen Konkretisierung sowie groben relationalen Funktionsbestimmung ist ein erster Einstieg in die rezeptionsästhetischen Muster des Naturkatastrophenkinos Hollywoods gelungen.

Die drei hier skizzierten Kategorien der Melodramatisierung, Ästhetisierung und des filmischen Terrors ermöglichen aber in ihrer perspektivisch engen Ausrichtung auf tradierte, genrehistorisch entwickelte Varianten der Filmwahrnehmung im Anschluss an ihre analytische Verifikation nur eine begrenzte Beschreibung in sich genuiner, kinematografischer Effektordnungen. Eben diese Beschreibung kann daher an dieser Stelle insgesamt noch nicht als ein umfassender Abdruck der affektpoetologischen Kohärenzen des Naturkatastrophenkinos Hollywoods einstehen.

4.2 Affektpoetologischer Definitionsversuch

Außerhalb des stilgeschichtlich reglementierten Fragefeldes nach den genreästhetischen Anleihen erwächst aus dem vergleichenden Zugriff auf die analytisch vertieften Filme eine zweite Variante rezeptionsästhetischer Typisierung des Naturkatastrophenkinos, die im Raum der Theoriebildung schließlich auch in eine genuine Relation zu den genreästhetisch tradierten Effekttypen tritt. Dieser alternative Beschreibungsversuch der rezeptionsästhetischen Muster entfaltet ausgehend von den hier konkret erarbeiteten filmanalytischen Ergebnissen zunächst drei affektpoetologische Kohärenzfelder des Naturkatastrophenkinos: den sukzessiven Akt der ästhetischen Funktionsverschiebung der Großaufnahme des Gesichts, die Emergenz eines nicht streng figürlich fundierten Erlebens von Empathie sowie schließlich die Praxis der bildlichen Reflexion kinematografischer Typen affektiver Mobilisierung.

4.2.1 Genuine Umarbeitung der Großaufnahme

Schon das erste affektpoetologische Kohärenzfeld, die ästhetische Funktionsverschiebung der Großaufnahme des menschlichen Gesichts, erscheint vergleichend als ein Prozess der stilistischen Selbstbespiegelung, an dem sämtliche der vertieften Filmbeispiele partizipieren: Der Film SAN FRANCISCO (1936) realisiert jede seiner bildlichen Entfaltungen komplexer Ausdrucksfigurationen im Raum der menschlichen Physiognomie, um die äußerlich bereits geringe Zahl an Großaufnahmen des Gesichts noch an ihre melodramatisch tradierte Funktion einer privilegierten Einsicht in diegetische Empfindungshorizonte zu binden. Die Emergenz der Großaufnahme des Protagonisten fällt dabei erkennbar mit der narrativen Klimax seiner christlichen Rückführung in einander, so dass die sukzessive Bildwerdung der vereinzelten Großaufnahme die spezifische Medialität einer religiösen Erfahrung stellt. Diese ästhetische Kopplung situiert die Großaufnahme des Gesichts primär als einen semantischen Träger, der über die bildliche Entfaltung figürlich differentieller Empfindungsakte hinaus in erster Linie den Diskurs der gesellschaftlichen Läuterung zu einer spezifischen Ansichtigkeit bringt.

Schon der Film WHEN WORLDS COLLIDE (1951) löst dann das Bildformat der Großaufnahme in axiomatischer Strenge aus dem Raum des Mimischen, um unter der systematischen Auslassung privilegierter Ansichten des menschlichen Gesichts allein wenige symbolische Objekte der Bedrohung in der bildlichen Variante der Großaufnahme aufzuschlüsseln.

Der Film EARTHQUAKE (1974) nimmt später in den vielfältigen Registern der kinematografischen Bildlichkeit die systematische Verstellung jeder figürlich differentiellen Binnenperspektive des Diegetischen vor. Die Großaufnahme ist in diesem formalen Kontext nur noch auf eine kalkulierte Auswahl symbolischer Objekte bezogen, die das typisierte Figurensystem als ein Gefüge diskursiver Relationen dimensioniert. Ist das menschliche Gesicht hier noch einmalig als formale Bezüglichkeit der Großaufnahme organisiert, so erscheint es ostentativ als ein schematisierter Reiz. Dieser Reiz ist in bildlicher Radikalität von seiner ästhetischen Urfunktion – der privilegierten Ansicht und zeitlichen Vertiefung mimischer Regungen – umfassend gereinigt.

Stellt EARTHQUAKE in dieser Perspektive eine Verschiebung des affektiven Potentials der Großaufnahme in den Raum neuer Bildformationen erkennbar zur Disposition, so konkretisieren schon wenig später andere Filme dieses Entstehungszeitraums in der operativen Praxis ihrer Darstellungen erste alternative Oberflächen als die neuen Träger physiognomischer Effekte.

Im Naturkatastrophenkino der Gegenwart schließlich scheint der ästhetische Eigenwert der Großaufnahme des Gesichts ebenso wie die prozessuale Verschiebung deren affektiven Potentials in neue Bildräume finalisiert: Das Filmbeispiel TWISTER (1996) nimmt in seiner stringenten Montage von Großaufnahme des Gesichts und überwältigender Ansicht der Katastrophe die konkrete Wendung der ästhetischen Funktion der Großaufnahme als axiomatische Festschreibung vor. Diese arbeitet ihrerseits jede privilegierte Ansicht des menschlichen Gesichts vom einst genuinen Träger einer prozessualen Ausdrucksbewegung zur spezifischen Instanz deren zeitlich vertiefter Antizipation um.

Der Film The DAY AFTER TOMORROW (2002) vitalisiert unter systematischer Auslassung der Großaufnahme des menschlichen Gesichts schließlich die dynamischen Bildgefüge der Katastrophe selbst als konkrete Träger physiognomischer Formationen. Im Erleben eben dieser Formationen ist die ostentative Exklusion des Gesichts gerade nicht mehr defizitär als bildlicher Bedarf sondern euphorisch als dessen ästhetische Überwindung exponiert.

Über diese vergleichende Anordnung der Naturkatastrophenfilme wird der Prozess der Umarbeitung der Großaufnahme des Gesichts – die genuine Wendung ihres ästhetischen Eigenwertes[132] und die sukzessive Verschiebung ihres affektiven Potentials[133] in den Raum der jeweiligen Oberflächen alternativer Bildbezüge – einerseits filmanalytisch evident und andererseits auch in fünf distinkten Etappen greifbar:

Die frühen Filmbeispiele nehmen eine quantitative Reduktion der Großaufnahme des Gesichts vor, die dann im Kino der fünfziger Jahre zur formalen Tendenz der radikalen Auslassung gesteigert ist. Die Naturkatastrophenfilme der siebziger Jahre realisieren in ihrer Bildpraxis die affektive Reinigung der Großaufnahme von melodramatischen Funktionstypen und so die Vorbereitung der Verschiebung ihres ästhetischen Effektpotentials. Die Filme der neunziger Jahre nehmen im Blockbusterformat die transparente Wendung des affektiven Ranges

---

[132] In der filmtheoretischen Auseinandersetzung mit dem Gesicht, die in perspektivischer Breite stattfindet, ist dessen ästhetischer Eigenwert zumeist anhand des dominanten Dispositivs seiner Emergenz, dem Einstellungsformat der Großaufnahme, konsensuell darin gefasst, dass Gesichter „Medien von Affekten sind" (Koch 2001, 140). In der extremen Variante ihrer Sichtbarkeit organisieren diese immer auch eine genuine Fläche der stetigen Ambivalenz von verstellter Signifikation und ausgestellter Lesbarkeit (Barck und Löffler 2005, 3ff.).

[133] Das affektive Potential der Großaufnahme des Gesichts gründet, so filmanalytisch fundierte Positionen, in einer paradoxen Doppelstruktur ihres Effekts, der Kreuzung von entgrenzter Intimität und unberührbarer Epiphanie (Koebner 2001, 195ff.). In der Auflösung räumlicher Bezüge wendet die Großaufnahme des Gesichts das filmische Bild in eine monologische Rede und stellt zugleich die Keimform „der Entfaltung eines kinematografischen Empfindungsbildes" (Kappelhoff 2004, 44), in dem die Bewegung als Kategorie des Zeitlichen „die Veränderung [...] affektiver Konstellationen" betrifft (2006, 187ff.).

der Großaufnahme des Gesichts als eine Reformulierung deren ästhetischer Valenz vor. Das gegenwärtige Kino schließlich vollzieht im konkreten Entwurf ganz neuer Träger einer zeitlichen Vertiefung mimischer Effekte ostentativ die bildliche Überwindung der Großaufnahme.

Doch nicht allein die fünf distinkten Etappen der funktionsästhetischen Umarbeitung der Großaufnahme des menschlichen Gesichts manifestieren sich in dieser analytischen Perspektive. In einer ersten Beschreibung der konkreten Oberflächen physiognomischer Ausdrucksformationen wird auch die enge Kopplung der ästhetischen Funktionsverschiebung der Großaufnahme an eine genuine Umarbeitung melodramatischer Typen des Begehrens als komplexer Zusammenhang einsichtig.

Die folgenden Oberflächen materieller Bildbezüge legt das Naturkatastrophenkino zunächst als Spielflächen mimischer Effekte an: Frühe Filmbeispiele situieren noch das menschliche Gesicht als privilegierten Träger physiognomischer Regungen. Im Kino der fünfziger Jahre bereits treten die fein fragmentierten Bildfelder der Darstellung der Gemeinschaft zum Äquivalent des Mimischen zusammen. Die einschlägigen Beispiele der siebziger Jahre stellen vereinzelt die Oberfläche der Darstellung eines Naturelements als den Träger gesichthafter Formationen zur Disposition. In seiner mimischen Vitalisierung spezifischer Einzelansichten der Naturkatastrophe vertieft das Blockbusterkino der neunziger Jahre das Potential exakt dieser Bezüglichkeit. Der Naturkatastrophenfilm der Gegenwart schließlich finalisiert die ästhetische Verschiebung in der Konzeptualisierung komplexer Bildreihen der Katastrophe zur explizit alleinigen Spielfläche physiognomischer Effekte.

Diese vergleichende Hinwendung zu den exakten Trägern gesichthafter Formationen konkretisiert neben den Etappen der formalen Überwindung einer tradierten Bildformel vor allem eine ganz zentrale ästhetische Relation: Seit dem Naturkatastrophenkino der siebziger Jahre konvergieren jeweils das Objekt des ästhetischen Begehrens und die ganz konkrete Oberfläche mimischer Effekte. EARTHQUAKE (1974) beispielsweise errichtet den ästhetischen Bedarf einer figürlich differentiellen Aufschlüsselung diegetischer Empfindungsakte, lässt diesen aber in der strengen Auslassung des menschlichen Gesichts bildlich ins Leere laufen. Ist die Verschiebung des affektiven Potentials der Großaufnahme des Gesichts hier daher noch unabgeschlossen, so nimmt sich das artifizielle Begehren der Zuschauer doch bereits die bildliche Einlösung physiognomischer Formationen auf alternativen Oberflächen zum Bezugsobjekt. Mit dem Film METEOR (1977), vor allem seiner Vitalisierung der Oberfläche eines Himmelskörpers als neuen Träger mimischer Effekte, erscheint die Verschiebung der Großaufnahme erstmals als eine geschlossene Konzeption, die die neue Oberfläche physiognomischer Ausdrucksprinzipien mit der bildlichen Einlösung der ästhetischen Bedarfsstruktur formal zur Deckung bringt.

Vor allem das junge Naturkatastrophenkino tradiert diese formale Konvergenz in ausgestellter Form: TWISTER (1996) wendet die Großaufnahme des Gesichts zur privilegierten Instanz der zeitlich vertieften Antizipation einer nach physiognomischen Prinzipien komponierten Ausdrucksbewegung. Diese Bewegung wird auf einen alternativen Träger übertragen, nämlich die Bildoberfläche jener singulären Ansicht der Naturkatastrophe, deren finale Emergenz zugleich die primäre Bezüglichkeit des ästhetischen Bedarfs der Zuschauer stellt. In der bildlichen Überwindung der Großaufnahme des Gesichts flexibilisiert der Film THE DAY AFTER TOMORROW (2002) schließlich ebenfalls deren Eigenwert und verschiebt ihr affektives Potential transparent in die dynamischen Bildgefüge der Katastrophe. Diese lösen den parallel errichteten Erlebnisbedarf privilegierter Ansicht und zeitlicher Vertiefung mimischer Effekte in den Operationen der filmischen Darstellung euphorisch ein.

Insgesamt also wendet das Naturkatastrophenkino das ästhetische Begehren der Zuschauer in einen Bildbedarf und richtet diesen zunehmend auf die jeweils konkrete alternative Oberfläche seiner mimischen Formationen. Diese Synchronisation von konkretem Objekt des ästhetischen Begehrens und der gegenständlich verschobenen Oberfläche mimischer Ausdrücke zeigt folgendes: Die Flexibilisierung eines melodramatisch tradierten Effekttypus – hier die Wendung einer artifiziellen errichteten Ordnung des Begehrens in den ästhetischen Bedarf eines distinkten Modus des filmischen Bildes – ist integral in ein erstes affektpoetologisches Kohärenzfeld des Naturkatastrophenkinos eingelassen. Denn die Flexibilisierung des Melodramatischen bildet hier den Kern der funktionsästhetischen Umarbeitung und Oberflächenverschiebung des affektiven Potentials der Großaufnahme des Gesichts.

Andererseits stellt die bildästhetische Konvergenz von konkretem Objekt ästhetischer Bedarfsstrukturen und der gegenständlich verschobenen Oberfläche des physiognomischen Ausdrucks auch eine weiterführende Frage der rezeptionsästhetischen Typisierung des Naturkatastrophenkinos dringend zur Disposition: Wenn die Ordnung und zeitliche Ausgestaltung des ästhetischen Begehrens einerseits die zentrale Prägung des Filmerlebens bilden und die Oberflächenverschiebung des affektiven Potentials der Großaufnahme andererseits die Operationen des Bildes konzeptionell festschreibt, so manifestiert sich an dieser

Stelle der ästhetische Fluchtpunkt der Erosion figürlicher Einsichten in die diegetischen Empfindungsakte. Und der Befund dieser Erosion hebt seinerseits in letzter Konsequenz auf nichts Geringeres ab, als einen neuen, gerade nicht streng figürlich fundierten Typus des Erlebens von Empathie.

Doch was genau tritt an die formale Stelle einer figürlichen Logik der sinnlichen Teilhabe an filmischen Bedeutungsformationen? Oder anders, wie sind die diegetischen Objektbezüge des zeitlich differentiellen Prozesses der psycho-sensorischen Ausrichtung des Zuschauers alternativ organisiert? Die Vertiefung dieser Frage fällt mit der Erschließung eines zweiten affektpoetologischen Kohärenzfeldes des Naturkatastrophenkinos Hollywoods, nämlich der ästhetischen Flexibilisierung figürlich gebundener Empathiemodelle, in einander.

4.2.2 Flexibilisierung der figürlichen Empathie

Diese sukzessive Flexibilisierung gründet zunächst darin, dass sämtliche analytisch vertieften Filmbeispiele affektpoetologische Ordnungen entwerfen, die jeweils trennscharf in zwei ästhetisch komplementär verfahrende Komplexe zerfallen. Deren formales Zusammenspiel stiftet in der operativen Errichtung artifizieller Zeitstrukturen distinkte Konstellationen des Sinnlichen: Der frühe Film SAN FRANCISCO (1936) paart in seiner Affektdramaturgie Projektionen materieller Schmerzerfahrung und Antizipationen der symbolischen Verschmelzung, später nimmt WHEN WORLDS COLLIDE (1951) eine Engführung der Diskurse des Raumverlustes und der Raumerschließung vor. Der Film EARTHQUAKE (1974) koppelt die Komplexe abstrakter gesellschaftlicher Schuld und der individuell-leiblichen Erlösung. TWISTER (1996) verbindet die artifizielle Reglementierung sinnlichen Wahrnehmungserlebens mit dessen ästhetischer Entfesselung und der Film THE DAY AFTER TOMORROW (2002) schließlich kontrastiert die als streng defizitär entworfene Wahrnehmungsposition der Subjektivität mit dem Zustand reger Affektivität.

Die Formation der Schmerzerfahrung, des Raumverlustes, der gesellschaftlichen Schuld, der sinnlichen Reglementierung und der Subjektivität reiht anfänglich gegenständliche Inszenierungen der Zerstörung, die sich sukzessive in konkrete Typen sinnlich destruktiver Prägung des Filmerlebens umformen. Andererseits reiht die horizontale Formation der Verschmelzung, der Raumerschließung, der Erlösung, der sinnlichen Entfesselung und der Affektivität erst gegenständliche Inszenierungen der Initiation, die sich sukzessive in konkrete Typen einer sinnlich genussreichen Prägung des Filmerlebens umformen.

Die gebildeten Formationen lassen in ihrer horizontalen Reihung auch zwei Prozesse der ästhetischen Vertiefung einsichtig werden: Einerseits die Vertiefung zunächst bildlicher Repräsentationsformen der Zerstörung zu Konstellationen sinnlichen Scheiterns affektiver Bedarfsstrukturen sowie andererseits die Vertiefung zunächst bildlicher Repräsentationsformen der Initiation zu Konstellationen der sinnlichen Erfüllung affektiver Bedarfsstrukturen. Die prozessuale Verschränkung beider ästhetischer Vertiefungen stellt in dieser Fluchtlinie klar die gemeinsame Grundkomposition der unterschiedlichen Ausformungen der komplementären Affektordnungen des Naturkatastrophenkinos Hollywoods.

Die analytische Versenkung in die konkreten Affektordnungen einzelner Filme vermittelt die sukzessive Vertiefung gegenständlicher Objekte der Darstellung zu spezifischen Konstellationen der Filmwahrnehmung als eine klare Grenzziehung zwischen frühen und jüngeren Beispielen des Naturkatastrophenkinos. Zudem wird die an diese Vertiefung gebundene Emergenz einer distinkten sinnlichen Ordnung auch in ihrer groben Genealogie einsichtig: Denn der frühe Film SAN FRANCISCO (1936), der als einziger noch klar eine singuläre Figur zum privilegierten Objekt empathischer Regungen formt, lässt die Bedeutungsformationen des Dialoges und narrativen Operationen mit einer geschlechtlich dichotomen Ordnung des Figurensystems und pathetischen Verdichtungen des filmischen Bildes kollidieren. Somit tritt die tiefe Intensität der lebendigen Empfindung stetig der drückenden Faktizität einer irreversiblen Zeitlichkeit entgegen. WHEN WORLDS COLLIDE (1951) kontrastiert später Elemente des Dialoges ebenfalls in den Registern der Bildlichkeit, um den ästhetischen Modus der Furcht streng in sprachlichen Semantiken zu generieren und jenen des Staunens hingegen allein über bildliche Verfahren zu stiften. Beide Filme also, San Francisco und WHEN WORLDS COLLIDE, stellen daher innerhalb ihres audiovisuellen Gefüges insgesamt eine ästhetische Diametralität zwischen begrifflichen Bedeutungsformationen und der affektiven Valenz des filmischen Bildes her.

EARTHQUAKE (1974) sucht die Opposition eines psychologisch flächigen Figurensystems und leiblich räsonierender Abschnitte der auditiven Filmgestaltung. In seiner Variante einer radikalen Reinigung diskursiver Linien von Spuren der Verkörperung und semantischen Neutralisierung leiblicher Zugriffe wird die formale Disparität von semiotischen und affektiven Operationen auch zur sinnlichen Realität. Diese Realität des Filmerlebens scheidet Akte des Verstehens und des Empfindens in strenger Systematik.

TWISTER (1996) entwickelt die diametralen Effektpotentiale von serieller Erzählung, verstellter Bildlichkeit und opakem Figurensystem einerseits sowie übersteigerter Bildlichkeit, rauschhaft linearer Raumerschließung und einschlägigen Handlungsmustern der Adoleszenz andererseits zur kalkulierten Horizontalordnung: der regen Alternation von infinitem Aufschub und euphorischer Übersteigung einer wahrnehmungsästhetischen Bedarfsstruktur.

In ähnlicher Perspektive schließlich verdichtet der jüngste Film THE DAY AFTER TOMORROW (2002) hierarchische Wissensgefälle der Erzählung, das physiognomisch differentielle Schauspiel und dessen defizitäre Ansicht in reglementierter Bildlichkeit einerseits zu einer Zirkulärordnung des sinnlichen Scheiterns. Andererseits organisieren die lineare Erzählung, physiognomisch komponierte Spektakelbilder und dynamischen Bilder der Naturkatastrophe eine Zirkulärordnung sinnlicher Erfüllung. Beide Ordnungen sind auch hier zu einer horizontalen Dramaturgie aus Aufschub und Einlösung ästhetischer Bedarfsstrukturen verdichtet. Zusätzlich ist diese künstliche Opposition aus Aufschub und Einlösung reflexiv zu zwei stark komplementären Positionen der Wahrnehmung, Subjektivität und Affektivität, abstrahiert. Beide Beispiele des jüngeren Kinos also, TWISTER und THE DAY AFTER TOMORROW, nehmen in ihrer audiovisuellen Ordnung daher jeweils komplexe Formen der Überblendung von semiotischen und leiblich responsiven Operationen vor.

Die frühen Filmbeispiele also legen die konkreten Objekte diskursiver Einsichten einerseits und des leiblich responsiven Erlebens andererseits in der strukturellen Ordnung der Filme zwar als komplementär an, überblenden diese aber in der zeitlichen Ausgestaltung der Akte der Filmwahrnehmung zu distinkten psycho-physischen Konstellationen. Die auf struktureller Ebene evidente Opposition begrifflicher Bedeutungsformationen und affektiver Valenz des Bildes vermittelt sich so in ihrer sinnlichen Erschließung gerade nicht als jene separierte Ordnung, in die sie strukturell zerfällt. Denn San Francisco und WHEN WORLDS COLLIDE fundieren das Empfinden des Zuschauers stetig in einem artifiziellen Widerstreit, genauer, der synchronen Präsenz zweier ästhetisch divergenter Wahrnehmungsrealitäten: Der materiellen Explikation des individuellen Todes in sprachlichen Semantiken und der pathetischen Emphase gemeinschaftlicher Verschmelzung in den Registern des Bildes.

Mit den jüngeren Beispielen des Naturkatastrophenkinos kehrt sich diese Relation exakt um. Denn auf der strukturellen Ebene der Filme sind die konkreten Objekte diskursiver Einsichten und des leiblich responsiven Erlebens zu audiovisuellen Formationen verdichtet, in denen sich narrative Akte, Muster des Schauspiels und kalkulierte Operationen des filmischen Bildes zu komplexen Einheiten einer kinematografischen Ordnung verbinden. Diese lebhafte Überblendung von begrifflichen Bedeutungsformationen und der affektiven Valenz des Bildes scheint aber auf der strukturellen Ebene der Filme streng eingezogen.

Denn in den Prozessen ihrer sinnlichen Erschließung setzt sie sich nicht als jene Ordnung gekreuzter Wahrnehmungsrealitäten fort, als die sie kompositorisch angelegt ist. Denn TWISTER wie auch THE DAY AFTER TOMORROW organisieren das Filmerleben artifiziell als horizontale Dramaturgie sinnlicher Phasenräume, genauer, die alternierende Reihe zweier ästhetisch divergierender Empfindungsrealitäten. Beide Realitäten konsumieren einander als geschlossene, trennscharfe Abschnitte der Filmwahrnehmung wechselseitig: die sinnliche Vertiefung des potentiell infiniten Aufschubs einer ästhetischen Erwartung und die selbstgenüssliche Versenkung in die übersteigerte Erfüllung des affektiven Bedarfs.

Im filmischen Entwurf exakt dieser wahrnehmungsästhetischen Konstellation sinnlicher Phasenräume, einer zeitlich aufgefalteten Sukzession zweier trennscharf alternierender Affektzustände, tritt das aktuelle Naturkatastrophenkino gängigen Konzeptionen des empathischen Filmerlebens entschieden entgegen. Denn die ersten Theoriekonzeptionen empathischen Filmerlebens veranschlagen noch streng die singuläre Figur als privilegierte Bezüglichkeit der identifikatorischen Rezeptionsprozesse.[134]

In jüngster Zeit werden das theoretische Aufbrechen überholter Modelle der Empathie sowie auch deren Öffnung für nicht streng figürli-

---

[134] Murray Smith expliziert eine kongruente Adaption figürlich repräsentierter Emotionen (1995, 95ff.), Tan entwirft die kognitive Induktion, also die illusionistische, im Akt des rationalen Verstehens fundierte Stimulation symmetrischer Nachbildung emotionaler Implikationen des narrativen Gehalts durch den Zuschauer (1996, 196ff.) und Grodal stellt die ästhetische Orchestrierung figürlich repräsentierter kognitiver und emotionaler Horizonte ähnlich einer Simulation in der Wahrnehmungs- und Empfindungssphäre des Zuschauers zur Disposition (1999, 129ff.). In ästhetisch geschärften Modellen empathischen Filmerlebens bleiben narrative Akte und filmische Entfaltung einer Figur zentraler Ursprung der Mobilisierung eines affektiven Reservoirs. So skizziert Paech die komplexe Form halluzinatorischer Einfühlung am Vorgang der affektiven Versenkung in das Schauspiel (1997) und Noll-Brinckmann entwirft ihr Konzept somatischer Empathie als Konkretisierung einer leiblichen Einfühlung in diegetische Entitäten in Ausrichtung auf Formen analoger Spiegelung der figürlich repräsentierten Empfindungshorizonte (1999).

che Bezüglichkeiten zunehmend erkennbar.[135] Dennoch hebt die Mehrzahl rezeptionsästhetischer Auseinandersetzungen auch gegenwärtig auf Typen artifizieller Innerlichkeit ab, die sich diegetische Einheiten je als geschlossenen Werte-, Handlungs- und Gefühlsraum zum Objekt nehmen. Im Aktualisierungsprozess der kognitiven Nachbildung intentionaler Horizonte und einer leiblichen Realität der körperlichen Anverwandlung skizzieren diese Ansätze empathisches Erleben somit als folgenden Akt der sinnlichen Ausrichtung: eine psychomotorische Evaluation der fiktionalen Handlungs- und Empfindungsgehalte, die filmisch entfaltete Erfahrungsformen mit der Vorstellung einer zeitlich differentiellen Bewegung der Reduktion leiblicher und kognitiver Differenz zwischen jeweiligem Illusionsgehalt einer audiovisuellen Formation und dem empirischen Selbst des individuellen Zuschauers synchronisiert.

Mit den hier filmanalytisch einsichtigen Prinzipien formalisierter Erzählordnungen, typisierter, psychologisch opaker Figurensysteme und der bildlichen Erosion einer figürlich differentiellen Aufschlüsselung diegetischer Empfindungshorizonte, wie sie das Naturkatastrophenkino seit den siebziger Jahren tradiert, scheint das theoretisch verbreitete Empathieverständnis herausgefordert. Denn das zirkulierende Modell einer ästhetisch ausgestalteten, zeitlich sukzessiven Konvergenz der kognitiven Verstehens- und leiblichen Empfindungshorizonte zwischen diegetischer Instanz einerseits und Zuschauer andererseits scheint durch die Summe der hiesigen Analyseergebnisse stark problematisiert.

Die vergleichende Analyse der ausgewählten Filmbeispiele des Naturkatastrophenkinos stellt eher eine Variante des empathischen Erlebens zur Disposition, die figürliche Bezüge des Filmerlebens stetig lockert und schließlich ganz auflöst: Die kinematografische Praxis des Analysekorpus verschiebt hier jenes Moment leiblich-kognitiver Divergenz, das die Theoriebildung noch zwischen diegetischer Entität und empirischem Selbst des Filmerlebens ansiedelt, als ein Potential der genuinen

---

[135] Tröhler erweitert das überholte Verständnis figürlicher, identifikatorischer Prozesse zu einem Modell polyphoner Ausrichtung auf breitere Figurenensembles (2006), Platinga entwirft im Bedeutungskomplex der affektiven Kongruenz – ähnlich wie bereits angelegt bei Wulff (2002, 121) – ganze synästhetische Komplexe des formalen Gefüges als Bezüge innerer Aneignungsprozesse des Zuschauers (2004, 24ff.), Morari zeigt für Beispiele nicht-narrativer Strukturen einzelne Varianten des empathischen Erlebens filmischer Räume (2008) und Robin Curtis schließlich modelliert den Prozess empathischen Filmerlebens in ersten Schritten als eine viszerale Orientierung auf die ästhetischen und auch materiellen Eigenschaften des kinematografischen Bildes (2008, 58ff.).

Selbstspaltung explizit in den Wahrnehmungsraum des Zuschauers. Denn die sinnliche Konstellation zweier ästhetisch komplementärer, trennscharf alternierender Affektzustände, die im Erleben vor allem jüngerer Naturkatastrophenfilme durchschritten wird, internalisiert die leiblich-kognitiven Aneignungsprozesse äußerer Empfindungshorizonte zum genuinen Akt einer umfassenden Ausrichtung auf lustvolle Modalitäten vergangenen Selbstempfindens. Die in der Filmtheoriebildung zirkulierende Empathievorstellung von den wahrnehmungsästhetischen Prozessen der sinnlichen Affirmation fiktionaler Wissens- und vor allem Empfindungsgehalte weicht daher im zeitgenössischen Naturkatastrophenkino Hollywoods einem neuen Akt der nachbildenden Errichtung von Innerlichkeit: der retrospektiven Affirmation sinnlichen Selbstwahrnehmungserlebens. Nicht diegetische, mir leiblich äußerliche Empfindungswelten werden also dabei als artifizielle Objekte auf einen Status empirischer Innerlichkeit abgebildet.

Es ist stattdessen das sinnlich evident werdende Aufrufen einer soeben verstrichenen Affektivität selbst, das in zwei distinkten Konstellationen die jeweils aktuellen Register des leiblichen Selbstempfindens überblendet: Einerseits die selbstgenüssliche Vertiefung einer gegenwärtigen Wahrnehmung der audiovisuellen Übersteigung affektiver Bedarfsstrukturen unter dem Aufrufen des verstrichenen Erlebens einer defizitären Sinnlichkeit sowie andererseits die selbstgewisse Versenkung in die gegenwärtige Wahrnehmung des artifiziellen Aufschubs einer ästhetischen Erwartung unter sinnlicher Aneignung verstrichener, in Erfüllung entgrenzter Affektivität. In beiden dieser Varianten erscheint der Leib des Zuschauers deutlich als ein spezifischer Resonanzraum angelegt, der die äußerliche Chronologie der je durchschrittenen affektiven Phasenräume sinnlich überblendet sowie zu einem ästhetischen Selbstverhältnis verdichtet.

Das sinnliche Prinzip der leiblichen Optimierung konnte die analytische Deskription der Umarbeitung einer genreästhetischen Tendenz zuvor als die körperlich disparate Teilhabe an Varianten der bildlichen Explikation des fiktionalen Leidensgehaltes fassen. Diese erscheint vor dem Hintergrund der analytischen Erkenntnis eines künstlichen Entwurfs affektiver Phasenräume im aktuellen Naturkatastrophenkino schließlich als die strukturelle Seite der strengen Nivellierung somatischer Konvergenz von diegetischer Entität und dem empirischen Selbst. Der distinkte Typus der Ästhetisierung, wie er analytisch als leibliche Optimierung gefasst ist, bildet so die operative Grundlage der genuinen Verschiebung einst figürlich fundierter Akte der psychophysischen Ausrichtung in den artifiziell gespaltenen Raum individuellen Wahrnehmungserlebens. In genau dieser Perspektive zeigt sich das filmische Verfahren leiblicher Optimierung – also die rezeptionsästhetisch kalkulierte Engführung von sinnlich evidenter Teilhabe an den lustvollen Komponenten des formalen Gefüges und dem leiblich disparaten Erleben fiktionaler Schmerzgehalte – insgesamt als konzentrisch eingelassen in folgenden Prozess, den das Naturkatastrophenkino Hollywoods erkennbar durchläuft: die sukzessive Flexibilisierung streng figürlich fundierten Erlebens von Empathie zum distinkten Typus eines ästhetischen Selbstverhältnisses des individuellen Zuschauers.

4.2.3 Bildliche Ostentation der Affektordnung

Ein drittes affektpoetologisches Kohärenzfeld des Naturkatastrophenkinos Hollywoods schließlich, die Praxis der bildlichen Ostentation kinematografischer Affizierungsmuster, macht einen Teil der rezeptionsästhetischen Prinzipien über reflexive Formen der Darstellung auch Akten der zeitlichen Versenkung durch den Zuschauer zugänglich. Sämtliche der hier analytisch vertieften Filmbeispiele partizipieren an dieser Bildpraxis: SAN FRANCISCO (1936) legt in zwei Einstellungen, einer Großaufnahme des Gesichts des blutenden Priesters und dem Bild der berstenden Erdoberfläche zu Beginn des Bebens, eine reflexive Spiegelung der systematischen Disparität seiner raumzeitlichen Parameter an. Der Film WHEN WORLDS COLLIDE (1951) organisiert später in der letzten Einstellung der komplexen Bildreihe der Naturkatastrophe, der langen Frontalbewegung einer riesigen Flutwelle in Richtung Kamera, eine Einsicht in die irreversible Transformation der Wahrnehmungsrealität des Schreckens in den distinkten Effekt des Staunens. EARTHQUAKE (1974) trägt in zwei Einstellungen der rauchenden Skyline asynchrone Bewegungsmaße als eine visuelle Spreizung des Zeitlichen ins Bild. TWISTER (1996) stiftet in einer Einstellung, nämlich der sukzessiven Verlangsamung und finalen Auflösung des Tornados, eine reflexiv darstellende Rede von der konkreten Bezüglichkeit des verstrichenen Begehrens. Der Film THE DAY AFTER TOMORROW (2002) schließlich aktiviert in vier Einstellungen, dem Verschmelzen zweier Tornados, dem langen Blick auf die zerstörte Innenstadt, einem einfrierenden Gesicht sowie der vereisenden Nationalflagge, die zeitliche Dehnung einer komplexen Ausdrucksbewegung im Modus des Gesichthaften.

In der vergleichenden Anordnung dieser selbstbezüglichen Operationen der filmischen Darstellung zeigt sich deutlich, dass die jeweils mit der bildlich reflexiven Rede korrespondierenden Objekte einer zeitlichen Versenkung des Zuschauers mit den gegenwärtigen Beispielen des Naturkatastrophenkinos zunehmend komplexer werden. Denn frühe Filme wie SAN FRANCISCO oder WHEN WORLDS COLLIDE richten die konkreten Formen bildlicher Selbstbezüge noch auf die Spezifika ihres Repräsentationssystems bzw. die bivalente Typisierung der Effektpotentiale in streng formalisierten Erzählordnungen. EARTHQUAKE legt in seinen punktuellen Instanzen der bildlichen Selbstbespiegelung schon eine etwas breitere Reflexion der axiomatischen Grundlegung des filmischen Bildes an, nämlich der trennscharfen Disparität von kognitiven Verstehensakten und der verkörperten Wahrnehmung. Zeitgenössische Filmbeispiele wie TWISTER oder THE DAY AFTER TOMORROW schließlich organisieren komplexe Varianten bildlich selbstbezüglicher Reden, die den vollen Umfang der Ordnungsprinzipien affektiver Phasenräume sowie die ästhetisch vollzogene Wandlung des Ranges der Großaufnahme des Gesichts als die reflexiven Bezüglichkeiten der zeitlichen Versenkungsakte des Zuschauers situieren. In der horizontalen Anordnung der ganz unterschiedlichen Spektakelbilder verschiebt sich daher das in den selbstbezüglichen Operationen der filmischen Darstellung jeweils situierte Objekt der sinnlich selbstgewissen Vergegenwärtigung des Zuschauers klar weg von den singulären Mustern narrativer Prinzipien oder bildlicher Verfahren hin zu einer umfassenden reflexiven Bespiegelung affektpoetologischer Zusammenhänge. Als äußerliche Formel aller Varianten bildlicher Selbstreflexivität zeigt sich an dieser Stelle die geschlossene Einstellung.[136] Diese sichert ihre Ostentation über die bildkompositorisch komplementären Anschlüsse zu den jeweils angrenzenden Einstellungen. Die geschlossenen Einstellungen einer bildlichen Bespiegelung legen stets ein Szenario materieller Zerstörung als das gegenständliche Darstellungsobjekt an, dessen Oberfläche je die Einsichten in die kinematografischen Register affektiver Mobilisierung auffaltet.

Dieser Prozess der reflexiven Versenkung des Zuschauers in die filmischen Muster der Affektlenkung gründet also in distinkten Operationen des Bildes, die über die Gesamtheit der zunächst nur motivisch verbundenen Hollywoodfilme als stringentes Verfahren erscheinen. Nimmt man exakt diesen analytischen Befund auf der Ebene der Theoriebildung ernst, so disqualifiziert an dieser Stelle die beschriebene Praxis des filmischen Bildes die Kategorie der Reflexivität radikal als geeignete Grenzziehung zwischen Kunst und Unterhaltung.

---

[136] Auffällig wird zusätzlich, dass sich reflexive Operationen des Bildes über alle Analysebeispiele hinweg vor einer fixierten Kamera entfalten, die jede Bewegung auf die Objekte der Darstellung selbst reduziert.

Die selbstbezügliche Rede der kinematografischen Darstellungen scheint hier – selbst in all ihren ganz unterschiedlichen Varianten – vielmehr nachdrücklich als ästhetischer Grund der Filme, in dem sich kalkulierte Bildgebung und komplex verschlüsseltes Zeichenreservoir zum stehenden Vexierbild der Affektordnung verbinden. Und dieses Vexierbild vermittelt sich dem Subjekt der Filmwahrnehmung als das genussreiche Schauereignis intensiver sinnlicher Selbstbezüglichkeit. Dieses Schauereignis hebt für die Dauer der konkreten Einstellung die distinkten Einsichten in die künstliche Struktur der Darstellung gegen gegenständliche Repräsentationsformen des Handlungshorizontes ab und spannt punktuell den vollen Umfang des verstrichenen Filmerlebens in einer reflexiven Zugänglichkeit auf.

In der äußerlichen Bildform der singulären Einstellung, die sich über alle Varianten selbstbezüglicher Operationen der filmischen Darstellung zeigt, vollzieht sich die zeitliche Versenkung des Zuschauers über einen ganz distinkten Illusionismus: Die bildliche Ordnung konstruiert die formale Selbstevidenz der audiovisuellen Wahrnehmung, eine Erfahrung des geschlossenen Blicks oder sinnliche Mikrodramaturgie, welche die Intensität und Endlichkeit ihrer Dauer in sich selbst anzulegen scheint und diese gerade nicht, so der zutiefst illusionistische Selbstentwurf, als apparative Festschreibung in den Formen der technischen Aktualisierung des Bildes findet.

Das primär in den bildlichen und eben nicht narrativen Registern gestiftete Empfinden einer Zirkulärprägung des Wahrnehmungserlebens konkretisierte der Bedeutungskomplex des filmischen Terrors bereits analytisch als ästhetische Umarbeitung tradierter Verfahren des Horrorkinos. Der Eindruck bildlicher Zirkularität, den das formale Wechselspiel von Aufschub und Einlösung einer ästhetischen Bedarfsstruktur erst konstituiert, zeigt sich hier schließlich als die vorreflexive Modalität, in der die audiovisuelle Ordnung abgeschritten wird. Das Zirkularitätsempfinden bildet somit die individuell sinnliche Seite der formalen Affektpoetik. Die komplementären Affektphasen bereiteten also ihrerseits das spätere Objekt der selbstgewissen, zeitlichen Versenkung in die affektpoetologischen Ordnungsmuster vor. Insgesamt zeigt sich die Umarbeitung tradierter Verfahren des Horrorkinos daher als konzentrisch eingelassen in ein drittes affektpoetologisches Kohärenzfeld des Filmkorpus: die bildliche Organisation einer zeitlich-reflexiven Versenkung des Zuschauers in die Prinzipien der kinematografischen Affizierung.

Zusammenfassend lässt sich daher feststellen, dass das Naturkatastrophenkino Hollywoods ein Filmkorpus ist, der über seine erzählmotivische Geschlossenheit hinaus eine zweite schlüssige Verbundenheit birgt. Denn die vergleichende Zusammenführung analytischer Erkenntnisse ergab drei Felder affektpoetologischer Kohärenz und diese perspektivieren den Naturkatastrophenfilm Hollywoods als ein konvergentes Sinnangebot: Die ästhetische Flexibilisierung der Großaufnahme des Gesichts in Verbindung mit der gegenständlichen Verschiebung ihres affektiven Potentials in alternative Bildräume, der filmische Entwurf eines nicht streng figürlich fundierten Erlebens von Empathie sowie die stringente Praxis einer bildlichen Ostentation konkreter Muster der kinematografischen Affizierung. Und exakt diese affektpoetologischen Kohärenzfelder falten das Naturkatastrophenkino Hollywoods in seiner rezeptionsästhetisch schlüssigen Verbundenheit auf. Der Genrestatus dieses Filmkorpus, der in dieser Untersuchung hypothetisch zur Disposition gestellt war, findet hier schließlich seine breite filmanalytische Verifikation. Diese Verifikation bildet zudem einen konkreten Anschluss an jene kritischen Revisionen des Genrebegriffs in der gegenwärtigen Filmtheoriebildung, die eine affektpoetologische Neudimensionierung des Genrebegriffes vor allem auch für die jeweils korrespondierenden Praktiken der Filmanalyse nachdrücklich einfordern.[137] Die Anleihen genreästhetisch tradierter Verfahren der affektiven Mobilisierung, wie sie in der zeitgenössischen Theoriebildung zum Naturkatastrophenkino als eher intuitive Zuschreibungen zirkulieren, sind hier filmanalytisch einerseits zu distinkten Prozessen der ästhetischen Umarbeitung konkretisiert sowie andererseits auch zu integralen Funktionszusammenhängen der drei affektpoetologischen Kohärenzfelder verbunden. Sie erscheinen daher gerade nicht als isolierte Anleihen, die das Naturkatastrophenkino Hollywoods auf struktureller Ebene je als eine Form der starren Anverwandlung trifft.

---

[137] Explizit herausgearbeitet findet sich dieser Punkt unter anderem bei Knuth Hickethier. In: Felix, Jürgen (Hrsg.). Moderne Film Theorie. Eine Einführung. Mainz 2002, S. 84ff. Zudem kann bereits Linda Williams vergleichender Zugriff auf die Bodygenres – das Melodram, den Pornofilm und das Horrorkino – als ein frühes Plädoyer gelten, das den Begriff des Genre in Form einer konkreten Praxis der Filmanalyse als distinkte Profilierung des sinnlichen Angebots bzw. Variante der Modulation der leiblichen Realität des Zuschauers fasst. Siehe Williams, Linda: Gender, Genre and Excess. In: Film Quaterly, 44/4, 1991, S. 2–13. Auch Robniks Ansatz, der das ästhetische Programm des amerikanischen Kriegsfilms im Rückgriff auf Elsaessers Traumakonzeption modelliert, stellt eine in sich geschlossene Variante filmanalytischer Praxis und Theoriebildung, die im affektpoetologischer Verständnis des Genrebegriffs gründet. Siehe Robnik, Drehli: Körper-Erfahrung und Film-Phänomenologie. In: Felix, Jürgen (Hrsg.). Moderne Film Theorie. Eine Einführung. Mainz 2002, S. 246–280 und Kino, Krieg, Gedächtnis. Nachträglichkeit, Affekt und Geschichtspolitik im deutschen und amerikanischen Gegenwartskino zum Zweiten Weltkrieg. Amsterdam 2008.

Vielmehr eröffnet sich nun, dass die drei genreästhetischen Anleihen – erstens, die genuine Vertiefung melodramatischer Typen des Begehrens zu einem ästhetischen Bedarf, der unter Lockerung gegenständlicher Bezüge einen distinkten Modus der filmischen Darstellung sowie die korrespondierende Prägung dessen sinnlichen Erlebens zum Objekt nimmt, zweitens, die ästhetische Umarbeitung konkreter Bildverfahren des Kriegsfilms zu einer leiblichen Optimierung, die physisch suspensives Erleben fiktionaler Schmerzerfahrung und verkörperte Wahrnehmung lustvoller Komponenten zu einem genussreichen Selbstempfinden verkoppelt und drittens, die ästhetische Transformation narrativer Verfahren des Horrorkinos zu einem streng in den Registern des Bildes generierten Eindruck zirkulärer Prägung des Wahrnehmungserlebens – die Oberfläche einer affektpoetologischen Tiefenstruktur bilden. Schien diese Oberfläche im Raum der Theoriebildung des Naturkatastrophenfilms noch opak, da erste Modellierungen seiner Affektordnung spekulativ blieben, so sind diese dominanten affektpoetologischen Muster hier nun dargelegt und in filmanalytischer Evidenz zu drei ästhetisch distinkten Kohärenzfeldern verbunden.

Vor dem Hintergrund dieser Erkenntnisse schließlich wird auch auf der strukturellen Ebene der Filme einsichtig, warum sich der Ursprung des Genres – häufig im Rückgriff auf quantitative Befunde zum Korpuswachstum des (Natur-) Katastrophenkinos – einträchtig auf die siebziger Jahre datiert findet. Denn Filme wie EARTHQUAKE (1974), METEOR (1977) oder auch noch ST. HELENS (1981), so konnte die hiesige Analyse zeigen, finalisieren in ihren Praktiken des kinematografischen Bildes die Genealogie der drei affektpoetologischen Kohärenzfelder zu distinkten ästhetischen Funktionstypen: Mit den einschlägigen Beispielen des Naturkatastrophenkinos Hollywoods der siebziger Jahre wird die zuvor rein formale Auslassung der Großaufnahme des Gesichts erstmals produktiv in eine physiognomische Ausdrucksmobilisierung durch neue, alternative Bildformationen gewendet. Zugleich arbeitet das Naturkatastrophenkino Hollywoods der Siebziger die radikale Erosion sämtlicher Möglichkeiten figürlicher Objektbezüge einer psycho-physischen Ausrichtung des Publikums in eine Variante des ästhetischen Selbstverhältnisses des individuellen Zuschauers um. Die Akte der bildlichen Ostentation singulärer Spezifika des strukturellen Gefüges finden sich durch die Filmbeispiele der Siebziger Jahre schließlich in ersten Schritten zu reflexiven, zeitlich aufgefalteten Operationen einer umfassenden Spiegelung affektpoetologischer Ordnungsprinzipien vertieft.

Die affektpoetologische Konstitution des zeitgenössischen Naturkatastrophenkinos gründet somit – fernab jenes argumentativ so oft bemühten eruptiven Wachstums des Filmkorpus innerhalb eines bestimmten Jahrzehnts – in erster Linie qualitativ, nämlich in der ästhetischen Ordnung der einschlägigen Filmbeispielen der siebziger Jahre. Dennoch findet diese bis in die gegenwärtigen Filmbeispiele des Naturkatastrophenkinos hinein noch zutreffende affektpoetologische Konstitution ihre sukzessive Vorbereitung schon erkennbar in den distinkten ästhetischen Operationen früher Filme wie SAN FRANCISCO (1936) und THE HURRICANE (1937) sowie in jenen strukturellen Bauformen späterer Beispiele wie WHEN WORLDS COLLIDE (1951) und THE DEVIL AT FOUR O' CLOCK (1960). Es ist daher ausdrücklich die volle Gesamtheit dieser Filme, die in der analytisch evidenten Verbundenheit ihrer Repräsentationssysteme, narrativen Ordnungen, Figurensysteme, reflexiven Bildverfahren sowie der vielfältigen Varianten psychomotorischer Zugriffe geschlossen den faktischen Ursprung und hier exemplarisch repräsentierten Umfang eines ganz bestimmten Genrekorpus bildet: des Naturkatastrophenfilms Hollywoods.

4.3 Kulturanthropologische Kontextualisierung

4.3.1 Frühe Fiktionen: Künstliche Verzeitlichung

Diese affektpoetologische Qualifizierung des Naturkatastrophenkinos Hollywoods als ein Genre tritt schließlich in ein konkretes Verhältnis zu den frühsten Varianten der kinematografischen Aufbereitung des Motivs der Naturkatastrophe in Nordamerika. Zu Beginn des 20. Jahrhunderts entstehen eine Reihe zumeist einminütiger Filme fiktionaler sowie dokumentarischer Natur, die empirische Katastrophen wie die große Flut in Galveston oder etwa das Erdbeben von San Francisco aufgreifen. Die fiktionalen dieser frühen Filme inszenieren dabei in der Regel eine künstliche Miniaturnachbildung des Szenarios. Viele der dokumentarischen Projekte hingegen bereisen im unmittelbaren Anschluss an ein Ereignis oft unter schwersten technischen Bedingungen den tatsächlichen Schauplatz, um diesen filmisch abzubilden.[138] Als fiktionale Beispiele der frühsten kinematografischen Aufbereitung von Naturkatastrophen zählen hierbei VOLCANO ERUPTION "HIS MAJESTY" (Edison 1902) sowie auch SAN FRANCISCO DISASTER (Biograph 1906), als

---

[138] So trifft Edison im September 1900 nur drei Tage nach der Flut in Galveston (Texas) ein, um das überschwemmte Katastrophengebiet mit seiner Kamera zu erschließen. Auch ein Team der Biograph Company filmt im Mai 1906 bereits nur knapp zwei Wochen nach dem Erdbeben die Stadt San Francisco.

erste dokumentarische Filmbeispiele stehen der Zyklus GALVESTON (Edison 1900) und die Reihe SAN FRANCISCO (Biograph 1906).

VOLCANO ERUPTION "HIS MAJESTY" (Edison 1902) ist ein anderthalbminütiger Film, der sich in zwei Einstellungen teilt. Die erste Einstellung zeigt eine Vulkanminiatur des Vesuvs vor einer bewegten Wolkenfront, die langsam von einem sich stark verdunkelnden Hintergrund überblendet wird. Die anschließende Einstellung zeigt den rauchenden Vulkan, dessen Lavaströme sich in mehrere kleine Explosionen und Stichflammen ergehen.

Der spätere fiktionale Film, SAN FRANCISCO DISASTER (Biograph 1906), besteht aus nur einer einzigen Einstellung von rund dreiminütiger Dauer. Diese zeigt als Aufsicht der Kamera die Skyline der brennenden Stadt, deren Rauch sich langsam zu einer schwarzen Abblende verdichtet. Beide der frühen fiktionalen Beispiele, VOLCANO ERUPTION "HIS MAJESTY" wie auch SAN FRANCISCO DISASTER, stellen als konkrete strukturelle Gebilde den ästhetischen Diskurs der Verzeitlichung, also die kalkulierte Ausgestaltung und Reihung spezifischer Einheiten der Dauer, in den Vordergrund ihrer formalen Gestaltung. Dabei realisieren bildimmanente Äquivalente der Blende (Wolken, Rauch etc.) die zeitliche Segmentierung und Dehnung des formal eruptiven Charakters eines Ereignisses wie etwa dem Erdeben oder Vulkanausbruch.

4.3.2 Frühe Dokumente: Optische Immersion

Anders als die frühen fiktionalen Formate fügen sich die ersten dokumentarischen Filme zu Zyklen. So fertigt Edison bereits 1900, unmittelbar nach der Flut in GALVSTON eine Reihe kleinerer Filme, die mehrheitlich je aus nur einer Einstellung von rund einminütiger Dauer bestehen. BIRD'S-EYE VIEW OF DOCK FRONT, GALVESTON etwa zeigt den verwüsteten Hafen der Kleinstadt, PANORAMA OF GALVESTON POWER HOUSE das in sich zusammengestürzte Regierungsgebäude und PANORAMA OF ORPHANS' HOME, GALVESTON die übrigen Trümmer eines Waisenhauses. Jedes dieser Beispiele vollzieht einen 360-Grad-Schwenk der Kamera, der je mit einem identischen Bildausschnitt beginnt und endet.

Der spätere Film SAN FRANCISCO I hingegen, erster Teil einer Reihe, die die Biograf Company 1906 wenige Wochen nach dem Erdbeben in San Francisco schafft, gliedert sich in exakt neun Einstellungen von insgesamt zweiminütiger Dauer. Die ersten acht Einstellungen zeigen Passanten, Kutschen oder den Hergang der Aufräumarbeiten. Die neunte und letzte Einstellung führt als großer sowie in sich geschlossener Schwenk die gegenständlichen Elemente aller vorherigen Einstellungen zusammen und endet auf einem besonderen Bildausschnitt: der Ansicht eines filmenden Kamerateams.

Viele Beispiele der frühen dokumentarischen Formate stellen als konkrete strukturelle Gebilde erkennbar den ästhetischen Diskurs der optischen Immersion, also die Verdichtung von Bildrahmung und Kamerabewegung zur konzentrischen Komposition, in den Vordergrund ihrer formalen Gestaltung. Singuläre Einstellungen einer komplexen, stets in sich geschlossenen Schwenkbewegung der Kamera realisieren dabei eine äußere Verräumlichung sowie immersive Aufgliederung des ursprünglich frontalen Charakters eines Ereignisses wie etwa der Flut oder dem Erdbeben.

Während die frühen fiktionalen Beispiele daher dem ästhetischen Diskurs der künstlichen Aufgliederung der Rezeptionserfahrung in zeitliche Phasenräume verhaftet sind, suchen die dokumentarischen Filme eine bildliche Reflexion der Möglichkeiten des artifiziellen Entwurfs von sinnlichen Binnenperspektiven eines optischen Szenarios. In dieser Perspektive übersteigen bereits die ersten Ausprägungen des fiktionalen sowie dokumentarischen Materials den Gestus des rein illustrativen Abbilds empirischer Naturkatastrophen. Sie treten vielmehr nachdrücklich als frühe Varianten kinematografischer Entfaltung ästhetisch differentieller Kompositionen des visuellen Erlebens hervor.

Diese historische, filmanalytisch evidente Verschränkung der Verzeitlichung und der optischen Immersion sucht einerseits erkennbare Anschlüsse an die dominanten ästhetischen Muster der nordamerikanischen Malerei des 19. Jahrhunderts.[139] Andererseits knüpft sie

---

[139] Der ästhetische Diskurs der Verzeitlichung visueller Erfahrungsformen reicht mit Blick auf unterschiedliche Formate der darstellenden Kunst im nordamerikanischen Raum weit in die Landschaftsmalerei des 19. Jahrhunderts. Diese ist in Kulturwissenschaft und Kunstgeschichte längst abseits der Frage darstellender Repräsentation als spezifischer Modus sinnlicher Partizipation an einem kulturellen Programm gefasst: Farrar-Hyde legt zunächst den Aufstieg und die Rolle des Motivs der Landschaft in der nordamerikanischen Malerei des 19. Jahrhunderts als historisch präzise Beschreibung dar, die im Rückgriff auf Burkes Kategorie des Sublimen und Primärschriften des Transzendentalismus bereits eng an einen Begriff von Erfahrung gebunden scheint (1990). Genau diesen elastischen Erfahrungsbegriff synchronisiert Miller mit konkreten Hypothesen der nationalen Identitätsbildung Obgleich diese Hypothesen ähnlich schon in Sears' kulturtheoretischen Überlegungen zur Genealogie des Tourismus (1989) zirkulieren, dimensioniert Miller die Motive der Landschaft als Raum symbolischer Praktiken (1994, 12) und das kontemplative Betrachten vor ihnen als jene ästhetische Erfahrungsform, die die Grundlage der Konvergenz eines organischen Gemeinschaftssinns, also des „nationalen Sentiments" (1994, 8) bildet. Später konkretisiert Casey den Erfahrungsbegriff nationaler Identitätsbildung in der sinnlichen Sphäre des Betrachters zusätzlich zum Erleben der Reihung spezifisch ausgestalteter Einheiten der Dauer (2006,

auch Verbindungen zu populären Aufführungsformaten der anschließenden Jahrhundertwende.[140] In dieser filmanalytisch evidenten Verschränkung der Verzeitlichung und der optischen Immersion, die als Konstellation der formalen Parameter ihrerseits medienhistorische Bezüglichkeiten herstellt, findet Hollywoods Naturkatastrophenkino des 20. Jahrhunderts jedoch gerade nicht seinen fixen stilgeschichtlichen Ursprung. Vielmehr bilden die Bildmuster und reflexiven Bezüge der frühsten Filmbeispiele eine distinkte Urkonstellation zweier ästhetischer Diskurse. Genau diese ist anschließend durch den späteren Naturkatastrophenfilm Hollywoods aufgegriffen und – unter dem sich exakt von dieser Urkonstellation aus aufspannenden genealogischen Bogen des Genres – kontinuierlich zu drei genuinen affektpoetologischen Kohärenzfeldern vertieft.

28f.). In der Auseinandersetzung mit dem Werk Thomas Coles manifestieren sich die Überlegungen zur motivischen Dominanz der Landschaft und zu Modi deren sinnlichen Erlebens modellhaft und treten zum Diskurs artifizieller Verzeitlichung zusammen (Fluck 2007). Coles Landschaftsmalerei, die Anleihen in Großformen des Theaters – wie etwa den Erzählabschnitten der Tragödie – sucht, nimmt sich das Sequentielle des Dramatischen zum Paradigma der Darstellung: So zeigt der Zyklus THE COURSE OF EMPIRE (1836) Aufstieg sowie Untergang einer Zivilisation und organisiert formal die horizontale Ordnung einer narrativen, sich kreisläufig schließenden Verbundenheit der einzelnen Bilder. Die bis ins feinste Detail festgelegte Anordnung der fünf Bilder im Raum ihrer Ausstellung schließlich zielt auf eine Kontemplation des Betrachters, die als Wahrnehmungserleben in sinnliche Phasenräume gegliedert ist. In Coles Spätwerk THE OXBOW (1838) findet sich dieses Prinzip der zeitlichen Segmentierung im Entwurf zweier gegenläufiger narrativer Leserichtungen sogar in ein einziges Panorama integriert und erneut zur zyklischen Ordnung des Dramatischen verdichtet.

[140] Der ästhetische Diskurs der optischen Immersion speist sich mit Blick auf die audiovisuellen Unterhaltungsformate der Wende zum 20. Jahrhundert aus Aufführungen empirischer Naturkatastrophen durch die Freizeitparks wie Dreamland oder Coney Island, wie man sie in ganz Nordamerika an den Rändern urbaner Räume fand. Stanton faltet die Genese dieser Aufführungsformate als einen historischen Dreischritt von zunächst ausgestellten Miniaturmodelle, dann elaborierten Bühnenstücken und schließlich den Zykloramas – einer räumlich geschlossenen Darstellungsform, die den Betrachter exakt in ihrem architektonischen Zentrum einschließt – auf (1998). Dieser formalen Beglaubigung der mit technischem Aufwand der Darstellung auch wachsenden Immersion schließt Sally die Frage nach dem kinästhetischen und performativen Gehalt dieser Formate an (2006). Die Phantasmagorie der Naturkatastrophe (61) wird dabei als effektivstes Motiv somatisch intensiver Rezeptionserfahrungen ausgelotet (65). Die so beglaubigte optisch wie leiblich immersive Qualität früher Aufführungsformen von Naturkatastrophen bindet schließlich Nye als eine offene Hypothese an die apparative Disposition des zeitgenössischen Kinofilms (1997, 22).

4.4 Schlusswort

4.4.1 Rückblick und methodische Reflexion

Zentrale Zielsetzung der vorliegenden Untersuchung war es, vor dem Hintergrund einer rezeptionsästhetischen Perspektivierung des Genrebegriffs in einer geeigneten Praxis der vergleichenden Filmanalyse nach den affektpoetologische Kohärenzen des Naturkatastrophenkinos Hollywoods zu fragen. Der vorbereitende Rückgriff auf existierende Schriften zum Naturkatastrophenfilm einerseits sowie die breite Aufarbeitung ganz unterschiedlicher emotionstheoretischer Positionen zur Filmrezeption andererseits stifteten schließlich ein Modell affektpoetologischer Filmanalyse. Dieses Modell nahm wiederkehrend zirkulierende Zuschreibungen an das Naturkatastrophenkino als analytisch operationalisierbare Fragefelder in sich auf und verband eine Auswahl kognitiv fundierter Entwürfe des Filmerlebens mit zentralen Positionen des leiblichen Selbstempfindens zum integrativen Affektbegriff.

Die Praxis der vergleichenden Filmanalyse offenbarte abseits gegenständlicher Einsichten, dass vor allem die begrifflichen Komplexe gegenwärtiger Entwürfe der emotionalen Anteile des Filmerlebens für die präzise Beschreibung affektpoetologischer Ordnungsmuster geeignet sind.

Denn es sind eben diese jüngeren Auszüge aus der kognitiv fundierten sowie auch leiblich ausgerichteten Affekttheoriebildung,[141] die schon in ihrer Begriffs- und Hypothesenbildung darauf zielen, die zeitlich differentiellen Prozesse des Verstehens und Empfindens integrativ zu einem sinnlich komplexen Entwurf der Filmwahrnehmung zu verbinden.

Die mit einer knappen Annäherung an die Reflexionen Walter Benjamins und Alexander Kluges vorangegangene Aufarbeitung zweier medientheoretischer Positionen, welche das integrative Verständnis der Prozesse begrifflichen Verstehens und jenen leiblicher Teilhabe an ästhetischen Formationen im Entwurf einer konkreten Modellvariante

---

[141] Gemeint sind hier vor allem die eingangs vorgestellten Überlegungen Greg M. Smiths und Carl Platingas zur ästhetischen Konstitution sinnlicher Verstehensformen im Raum der kognitiv fundierten Theoriebildung sowie Thomas Elsaessers, Christiane Voss' und Hermann Kappelhoffs Entwürfe eines selbstgewissen Empfindungserlebens im Bereich eher leiblich ausgerichteter Emotionsforschung. Vor allem diese fünf Ansätze erscheinen im Rückblick trotz der breiten Aufarbeitung emotionstheoretischer Positionen als das produktive Feld begrifflicher Anleihen für den filmanalytischen Teil dieser Untersuchung.

schärfen, konnte ihren analytischen Wert nicht in ursprünglich kalkulierten Form einlösen. Denn zeigten sich zentrale Überlegungen Benjamins und Kluges im Rahmen der theoretischen Reflexion einer medienvermittelten Emotionsgenese noch als hochgradig anschaulich, so erlangten sie im filmanalytischen Versuch einer sehr systematischen Abbildung dominanter Ordnungsmuster künstlicher Affizierung nicht den Rang privilegierter Beschreibungsformeln der Affektpoetologien.

Doch dieser Befund unterwandert nicht etwa die Güte beider Modellvarianten medienphilosophisch fundierter Theoriebildung. Er unterstreicht vielmehr die Erkenntnis, dass stets der einzelne Film ein genuines, apriorisch weder präzise noch paradigmatisch modellierbares Wechselverhältnis von semiotischen Operationen und leiblichen Zugriffen herstellt. Diese einmaligen Wechselverhältnisse, die in Akten artifizieller Ausgestaltung von Zeiterleben zum konkreten Typus der ästhetischen Erfahrung verdichtet sind, scheinen daher, so zeigt es diese Untersuchung, nur begrenzt durch apriorische Modellbildung oder theoretische Abstraktion vorgängig bestimmbar. Die Muster filmischer Emotionalisierung können nur durch die fortwährende analytische Nachschärfung der begrifflichen Formeln ambitionierter Affekttheoriebildung – wie sie gerade durch die fünf obig herausgehobenen Beiträge der jüngeren Emotionstheorie repräsentiert ist – abgebildet werden.[142]

Die vergleichende Anordnung der analytischen Abbildung fünf filmisch genuiner Ausprägungen des Wechselverhältnisses von semiotischen Operationen und leiblichen Zugriffen ließ im Anschluss drei wiederkehrende Funktionszusammenhänge als die affektpoetologischen Kohärenzfelder des Naturkatastrophenkinos Hollywoods anschaulich werden: Erstens, die Umarbeitung der ästhetischen Wertigkeit der Großaufnahme des Gesichts in der Verbindung mit einer ostentativen Verschiebung deren affektiven Potentials in den Raum bildlicher Repräsentation der Naturkatastrophe, zweitens, eine Flexibilisierung figürlich fundierter Typen empathischen Erlebens zum ästhetischen Selbstverhältnis des einzelnen Zuschauers sowie drittens, das Verfahren einer reflexiven Selbstbespiegelung des filmischen Bildes, das dem individuellen Subjekt der Wahrnehmung punktuell eine zeitliche Versenkung in Register der künstlichen Affizierung ermöglicht.

Diese drei ästhetischen Funktionszusammenhänge sind somit im horizontalen Vergleich der filmanalytischen Einzelergebnisse als jene af-

---

[142] Folgt man diesem Befund, so tritt neben den Akten terminologischer Schärfung schließlich jede kinematografische Praxis selbst auch als eine signifikante Instanz der Affekttheoriebildung hervor.

fektpoetologische Grundordnung des Naturkatastrophenkinos Hollywoods abgebildet, die den gewählten Filmkorpus über seine motivische Kohärenz hinaus auch in einer gänzlich neuen Form schlüssiger, analytisch evidenter Verbundenheit organisiert. Diese Verbundenheit qualifiziert den Korpus in der Perspektive rezeptionsästhetischer Homogenität schließlich zum Genre.

Begreift man diese Form der ästhetischen Verbundenheit als eine spezifische Ordnung filmischer Konstruktionsprinzipien, so wird an diesem Punkt auffällig, wie einheitlich sich alle drei affektpoetologischen Kohärenzfelder an einem Modus des Sozialen ausrichten: Bildliche Repräsentationsformen der Naturkatastrophe inszenieren ein gesichthaftes Gegenüber, die empathische Teilhabe an narrativen Formationen realisiert sich als Selbstverhältnis zu den eigenen Empfindungsakten und die punktuellen Einsichten in die künstlichen Muster einer kinematografischen Darstellung stiften dem Zuschauer eine reflexive Begegnung mit konstitutiven Ordnungsprinzipien seines sinnlichen Erlebens.

Diese drei Prinzipien – gesichthaftes Gegenüber, ästhetisches Selbstverhältnis und retrospektive Begegnung – lassen sich hier schließlich abstrahieren: das Schlüsselprinzip der bildlichen Repräsentationen, der Primärmodus sinnlicher Teilhabe und auch die Valenz reflexiven Empfindungserlebens konvergieren im Verweis auf Muster einer sozialen Praxis. Diese distinkten Muster bilden in ihrer Summe daher jene ästhetische Folie, unter der sich das Naturkatastrophenkino Hollywoods über die konkrete Gegenständlichkeit seiner narrativen Szenarien hinaus immer auch als artifizieller Erfahrungsraum des Gemeinschaftlichen imaginiert.

4.4.2 Ausblick und theoretische Anschlussfelder

Die eindeutige Grenze der vorliegenden Untersuchung bildet das Dispositiv des Kinos,[143] durch das die sinnliche Überwältigung, regressive Grundhaltung und der Vorgang der Ich-Spiegelung im verdunkelten Wahrnehmungsraum ähnlich rezeptionsästhetischer Setzungen veranschlagt ist. Diese bilden als geteilte Basis des Filmerlebens im Kino erst die Grundlage sämtlicher Prozesse der affektiven Versenkung des Zuschauers. Im Verbund audio-visueller Medien beanspruchen die Ergebnisse dieser Arbeit daher keinesfalls automatisch eine allgemeine Gültigkeit. Die durch diese Untersuchung erarbeiteten Ergebnisse bilden vielmehr in einem geschlossenen Entwurf die affektpoetologische

---

[143] Vgl. hierzu exemplarisch Hickethier 1995, 80f.

Ordnung kinematografischer Repräsentationsformen der Naturkatastrophe ab. Diese Repräsentationsformen und ihre jeweils affektorientierte Wertigkeit stehen der Theoriebildung zu jenem Medienformat, in dem die Omnipräsenz des Bildmotivs der Naturkatastrophe erst seine schlagende Evidenz erlangt – der televisuellen Nachricht – zum jetzigen Zeitpunkt aber noch weitestgehend zusammenhangslos gegenüber.

Ein fruchtbarer Anschluss zukünftiger Forschungsperspektiven ergibt sich so vor allem mit Blick auf angrenzende akademische Disziplinen und eine erste knappe Bestandsaufnahme ihres Erkenntnisstandes zu den emotionalen Anteilen der audiovisuellen Medienrezeption. Denn auch Ansätze der empirischen Medienforschung erfragen in unterschiedlichen Varianten audiovisuelle Repräsentationsformen der Naturkatastrophe. Das ausgerufene Erkenntnisinteresse dieser empirisch fundierten Studien nimmt die Wahrnehmung audiovisueller Gefüge dabei in der Regel ohne breite ästhetische Vorüberlegungen in den Blick.[144]

Ihre wachsende Forschungsgrundlage bilden erst langsam eine Reihe von Untersuchungen, welche sich des jüngst ausgerufenen Desiderats der Frage nach den emotionalen Erlebnismodi des Fernsehens (Bonfadelli 2004, 61f.) produktiv annehmen. So ermittelt beispielsweise Hertha Sturm, dass apparative Disposition und konkrete audiovisuelle Darbietungsform des Fernsehens es dem individuellen Rezipienten häufig gar nicht ermöglichen, Ausprägungen dessen emotionaler Erregung je auch mit einer kognitiven Bewertung zu synchronisieren (1984 und 1998). Andere Studien nähern sich in einem ersten explorativen Schritt festen, stetig wiederkehrenden Wahrnehmungsmustern (Zillmann, Bryant 1985) und arbeiten diese zu televisuellen Rezepti-

---

[144] Im konkreten Untersuchungskontext audiovisueller Repräsentationsformen der Naturkatastrophe entstammen die jeweiligen Paradigmen stattdessen dem Theoriekomplex der Nachrichtenforschung oder aber der Risikokommunikation. Während die Nachrichtenforschung die strukturelle Prägung von Medieninhalten quantitativ abbildet, um vor allem Fragen der präkommunikativen Selektion, der Themenrotation (Agenda-Setting) sowie der postkommunikativen Meinungsbildung zu modellieren, erfasst das Feld der Risikokommunikationsforschung die Valenz der Berichterstattung im Abgleich zu empirischen Eigenschaften eines Ereignisses, um die Frage nach der medialen Repräsentation von Naturkatastrophen mit normativen Überlegungen der journalistischen Berufsethik und Risikowahrnehmung zu verbinden. Zur Übersicht der Paradigmen empirischer Kommunikations- und Medienforschung und einer Vertiefung der hier angeführten Felder siehe Bonfadelli Heinz. Medienwirkungsforschung. Band I und II. Konstanz 2004 sowie exemplarisch auch Maletzke, Gerhard. Kommunikationswissenschaft im Überblick. Grundlagen, Probleme, Perspektiven. Wiesbaden 1998.

onstypen aus (Staab, Hocker 1994). Diese abstrahierten Rezeptionsmuster stimulieren in der Summe ihrerseits erste komplexe Formen der Theoriebildung zu emotionalen Anteilen des Fernseherlebens.[145]

In der empirischen Forschungsperspektive ist die nicht motivisch gebundene Fernsehrezeption jüngst zu distinkten Erlebnistypen konkretisiert (Dehm, Storll 2003; Dehm, Storll, Beeske 2004). Diese distinkten Typen der televisuellen Wahrnehmung situieren die Emotionalität für strukturell und motivisch unterschiedlichste Sendungsformate jeweils als den stärksten Erlebnisfaktor, der sich zudem über sämtliche demographische Segmente und Bildungsmilieus in stabiler Ausprägung zeigt.

Die forschungsthematische Subkategorie des Erlebens televisueller Repräsentationsformen der Naturkatastrophe ist jedoch derzeit nur vereinzelt durch emotionstheoretisch fundierte Studien besetzt. Diese zeigen, dass die bildliche Vermittlung empirischer Katastrophen vorrangig in den Modi der Angst und Trauer erlebt werden, die sich zudem nachweislich sehr stark auf die affektive Färbung zeitlich je angrenzender Wahrnehmungsakte auswirken (Unz et al 2002).

Ergänzt werden diese empirischen Untersuchungen zur Fernsehwahrnehmung schließlich durch erste ästhetisch perspektivierte Auseinandersetzungen mit dem televisuellen Bild. Diese Überlegungen suchen neben einer Vertiefung der ästhetischen Disposition des Fernsehens (Hickethier 1995; Odin 2002) auch eine Beschreibung der sozialen Wirklichkeitsentwürfe, die durch Nachrichtenbilder entstehen (Hickethier 1997) sowie eine erste Skizzierung sinnlicher Implikationen des stetigen Zuwachses deren virtueller Darstellungsanteile (Meckel 2001).

Insgesamt steht die kommunikationswissenschaftliche Medienforschung daher an einem Punkt, an dem sich erste Ansätze der komplexen Theoriebildung und konkrete empirische Operationen zu dem folgenden Entwurf der Fernsehwahrnehmung miteinander verbinden: Das jeweilige Erleben televisueller Formate gründet neben der apparativen Verfasstheit des Mediums stets auch in den artifiziellen Konstruktionsprozessen sprachlicher und bildlicher Formationen, deren formale Darbietungsmuster oft die graduelle Lockerung kognitiver Leistung unter gleichzeitiger Potenzierung emotionaler Erregungsver-

---

[145] So stellt Werner Früh eine Modellvariante der Fernsehrezeption zur Disposition, die das prozessuale Erleben als jenen Begriff anlegt, der die Komplexe der Kognition und der Emotion ihrer Dichotomie enthebt (2002) und es erlaubt die Ordnungen des Stimulusprofils, der personalen Disposition sowie der sozialen Rahmung integrativ zur geschlossenen Wahrnehmung zu modellieren.

läufe stiften. Dieses distinkte Wechselspiel der Akte des Verstehens und des Empfindens im Prozess sinnlich differentiellen Erlebens wiederum lässt sich gerade nicht durch starre rezeptionsästhetische Setzungen sondern allein in Form zeitgebundener Wahrnehmungsmodelle abbilden.

In dieser Fluchtlinie findet die empirische Fernsehforschung gegenwärtig sukzessive zum spezifischen Erkenntnisinteresse der medienvermittelten Emotionsgenese, das in den gegenwärtigen Versuchen einer integrativen Beschreibung des prozesshaften Wahrnehmungs- und Gratifikationserlebens immer seltener in die strenge Opposition von Unterhaltung und Information bzw. Zerstreuung und Kontemplation zurück fällt.

Dennoch werden empirische Forschung und ästhetische Zugriffe auf televisuelle Formate als disparate Diskursräume einsichtig, die ihre Verschaltung weder im inhaltlichen noch im methodischen Bereich initiativ suchen, obgleich beide Disziplinen ungefragt längst in eine erkenntnistheoretische Konstellation getreten sind: Die ästhetische Verfasstheit bewegter Bilder ist durch die einschlägigen Methoden empirischer Medienforschung ebenso schwer abzubilden wie sich geisteswissenschaftliche Modelle des affektiven Filmerlebens im Kino ihrerseits nur begrenzt auf apparative und soziale Rahmung der häuslichen Fernsehrezeption, hier vor allem die Wahrnehmung audiovisueller Nachrichtenformate, übertragen lassen.

Die affektpoetologischen Kohärenzfelder, die diese Untersuchung in filmanalytischer Vergleichsarbeit für das Naturkatastrophenkino Hollywoods abbilden konnte, lassen sich zukünftig als drei ganz konkrete Hypothesen an televisuelle Repräsentationsformen des Motivs richten[146] und im Anschluss an den systematischen Versuch ihrer analytischen Verifikation mit den konsistenten Befunden empirischer Fernseh- und Medienwirkungsforschung synchronisieren.

Vor allem audiovisuelle Nachrichtenformate ließen sich angeleitet durch die Ergebnisse dieser Analyse hinsichtlich jener Medialität befragen, in welcher der dokumentarische und phantasmatische Gehalt des audiovisuellen Bildes zu beschreibbaren Ordnungen des pathetischen Erlebens zusammen treten. Das Verhältnis von Informations-

---

[146] Denkbar wäre ebenso ein analytischer Versuch, der die drei hier erarbeiteten affektpoetologischen Kohärenzfelder in Hypothesen wendet und diese an dokumentarische Formen kinematografischer Repräsentation der Naturkatastrophe oder aber audiovisuelle Erzählformate richtet, die explizit nicht der westlichen Unterhaltungskultur – wie Hollywood sie als eine Kulturindustrie in deutlich transnationaler Perspektive konstituiert – entspringen.

kommunikation einerseits und Unterhaltungskultur andererseits ließe sich dabei fern grober Bestimmungen ihrer strukturellen Opposition als ein komplexer Prozess kultureller Sinnproduktion und Weltauslegung modellieren, in den explizit die ästhetischen Operationen und affektiven Strategien unterschiedlichster audiovisueller Ordnungen ergänzend diffundieren.

In dieser Fluchtlinie versteht sich diese Untersuchung weniger als ein energisches Plädoyer für integrative Formen der Medienforschung, sondern vielmehr als ein inhaltlicher Entwurf der Hypothesenbildung sowie auch eine methodische Vorarbeit der Analysepraxis für zukünftige Studien, die ihrerseits produktive Schnittstellen zwischen quantitativen Abdrücken der strukturellen Disposition audiovisueller Medieninhalte und deren rezeptionsästhetischen Implikationen bilden wollen. Denn ausschließlich an der beschriebenen Schnittstelle von empirischer und ästhetischer Forschung kann die vergleichende, explizit affektpoetologisch dimensionierte Analyse verschiedener Inszenierungsformen der Naturkatastrophe im breiten Verbund audiovisueller Medien zu wiederkehrenden Mustern medienvermittelter Typen affektiven Erlebens qualifiziert werden. Erst diese im breiten Medienverbund analytisch evidenten Muster der künstlichen Affizierung ließen sich dann schließlich – ähnlich der gedanklicher Schrittfolge dieser Arbeit – im Raum der Theoriebildung umfangreich als die potentiellen Modi einer ästhetischen Praxis kultureller Identitäts- und Gemeinschaftsbildung befragen.

Literaturverzeichnis

Annan, David. Catastrophe. The End of Cinema? London 1975.

Arnheim, Rudolf. Film als Kunst. [1932] Baden-Baden 2002.

Arnheim, Rudolf. Neue Beiträge. Köln 1991.

Balázs, Bela. Der Film. Wesen und Werden einer Kunst. Wien 1961.

Balázs, Bela. Schriften zum Film. Band I. Der sichtbare Mensch. [1923] Kritiken und Aufsätze 1922–1926. Herausgegeben von Helmut H. Diederichs. Berlin 1982.

Barck, Joanna; Löffler, Petra (Hrsg.). Gesichter des Films. Bielefeld 2005.

Barthes, Roland. Elemente der Semiologie. Frankfurt am Main 1979.

Barthes, Roland. Schriften zum Theater. Berlin 2002.

Baudry, Jean-Louis. Das Dispositiv: Metapsychologische Betrachtungen des Realitätseindrucks [1975]. In: Pias, Claus; Vogl, Joseph; Engell, Lorenz, Fahle, Oliver; Neitzel, Britta (Hrsg.): Kursbuch Medienkultur. Die maßgeblichen Theorien von Brecht bis Baudrillard. Stuttgart 2004.

Bechtold, Gerhard. Sinnliche Wahrnehmung von sozialer Wirklichkeit. Die multimedialen Montage-Texte Alexander Kluges. Tübingen 1983.

Bedell, Rebecca. The Anatomy of Nature. Geology and American Landscape Painting,1825–1875. Oxford [u.a.] 2001.

Beiküfner, Uta. Blick, Figuration und Gestalt. Elemente einer aisthesis materialis im Werk von Walter Benjamin, Siegfried Kracauer und Rudolf Arnheim. Bielefeld 2003.

Benjamin, Walter. Charles Baudelaire. [1974] Herausgegeben von Rolf Tiedemann. Frankfurt am Main 1997.

Benjamin, Walter. Gesammelte Schriften. Band I–VII. [1974] Herausgegeben von Rolf Tiedemann und Hermann Schweppenhäuser. Frankfurt am Main 1990.

Blanchet, Robert. Blockbuster. Ästhetik, Ökonomie und Geschichte des Postklassischen Hollywoodkinos. Marburg 2003.

Blümlinger, Christa. Rededispositiv und Filmbegriff in Kluges Kulturmagazinen. In: Schulte, Christian; Siebers, Winfried (Hrsg.): Kluges Fernsehen. Alexander Kluges Kulturmagazine. Frankfurt am Main 2002, S. 105–117.

Bonfadelli, Heinz. Medienwirkungsforschung I. Konstanz 2004.

Bordwell, David. Narration in the Fiction Film. Madison 1985.

Bellour, Raymond. Das Entfalten der Emotionen. In: Brütsch, Matthias; Hediger, Vinzenz u.a. (Hrsg.): Kinogefühle. Emotionalität und Film. Marburg 2005, S. 51–102.

Brauerhoch, Annette. Die gute und die böse Mutter. Kino zwischen Melodrama und Horror. Marburg 1996.

Brenez, Nicole. Die Anti-Körper. Abenteuer des klassischen Körpers bei Genet, Fassbinder und Van Sant. In: Felix, Jürgen (Hrsg.): Unter die Haut. Signaturen des Selbst im Kino der Körper. St. Augustin 1998, S. 73–92.

Browne, Nick. Griffith's Family Discourse: Griffith and Freud [1987]. In: Gledhill, Christine (Hrsg.): Home is where the Heart is. Studies in Melodrama and the Woman's Film. London 1992, S. 223–234.

Bulgakowa, Oksana. Sergej Eisenstein – Drei Utopien. Architekturentwürfe zur Filmtheorie. Berlin 1996.

Carroll, Noel. The Philosophy of Horror or Paradoxes of the heart. London. NY 1988.

Casetti, Francesco. Inside the Gaze. The Fiction Film and its Spectator. Bloomington 1998.

Casetti, Francesco. Die Sinne und der Sinn oder Wie der Film zwischen Emotionen vermittelt. In: Brütsch, Matthias; Hediger, Vinzenz u.a. (Hrsg.): Kinogefühle. Emotionalität und Film. Marburg 2005.

Casey, Edward. Ortsbeschreibungen: Landschaftsmalerei und Kartographie. München 2006, S. 21–43.

Choi, Seong Man. Mimesis und historische Erfahrung. Untersuchungen zur Mimesistheorie Walter Benjamins. Frankfurt am Main [u.a.] 1997.

Clover, Carol J. Men, Women and Chainsaws. Gender in the Modern Horror Film. Princeton 1992.

Curtis, Robin (2003) Embedded Images: Der Kriegsfilm als viszerale Erfahrung, Nach dem Film, No. 7. Online unter http://www.nachdemfilm.de

Curtis, Robin. Erweiterte Empathie. Bewegung, Spiegelneuronen und Einfühlung. In: Schick, Thomas/Ebbrecht, Tobias (Hrsg.): Emotion – Empathie – Figur: Spielformen der Filmwahrnehmung. Schriftenreihe der HFF, Band 62, Jahrgang 44, Potsdam 2008, S. 49–69.

Decker, Christof. Hollywoods kritischer Blick. Das soziale Melodrama in der amerikanischen Kultur 1840–1950. Frankfurt [u.a.] 2003.

Dehm, Ursula; Storll, Dieter (2003) TV-Erlebnisfaktoren. Ein ganzheitlicher Forschungsansatz zur Rezeption unterhaltender und informierender Fernsehangebote, Media Perspektiven, Nr. 9, S. 425–434.

Dehm, Ursula; Storll, Dieter; Beeske, Sigrid (2004) TV-Erlebnisfaktoren und ihre Charakteristika, Media Perspektiven, Nr. 5, S. 217–225.

Deleuze, Gilles. Das Bewegungs-Bild. Kino I. Frankfurt am Main 1989.

Deleuze, Gilles. Das Zeit-Bild. Kino II. Frankfurt am Main 1991.

Dickstein, Morris. The Aesthetics of Fright. In: Grant, Barry Keith; Sharrett, Christopher (Hrsg.): Planks of Reason. Essays on the Horror Film. Oxford 2004, S. 50–62.

Dixon, Wheeler Winston. Visions of the Apokalypse. Spectacles of Destruction in American Cinema. London and New York 2003.

Eisenstein, Sergej. Schriften I Streik. Herausgegeben von Hans-Joachim Schlegel. München 1974.

Eisenstein, Sergej. Das Alte und das Neue. Herausgegeben von Hans-Joachim Schlegel. München 1984.

Elsaesser, Thomas. Early Cinema. Space Frame Narrative. London 1990.

Elsaesser, Thomas. Tales of Sound and Fury. Observations on the Family Melodrama [1987]. In: Gledhill, Christine (Hrsg.): Home is where the Heart is. Studies in Melodrama and the Woman's Film. London 1992, S. 43–69.

Elsaesser, Thomas (2001) Postmodernism as Mourning Work, Screen, 42:2, S. 193–201.

Elsaesser, Thomas. „Zu spät, zu früh": Körper, Zeit und Aktionsraum in der Kinoerfahrung. In: Brütsch, Matthias; Hediger, Vinzenz u.a. (Hrsg.): Kinogefühle. Emotionalität und Film. Marburg 2005, S. 415–440.

Farrar Hyde, Anne. An American Vision. Far Western Landscape and National Culture. London [u.a.] 1990, S. 1–52.

Fischer-Lichte, Erika; Horn Christian; Umathum, Sandra; Warstat, Matthias (Hrsg.). Wahrnehmung und Medialität. Tübingen und Basel 2001.

Fischer-Lichte, Erika. Ästhetik des Performativen. Frankfurt am Main 2004.

Fluck, Winfried. Theatricality and Excess. A European Look at American Landscape Painting. In: Kornhauser, Elizabeth (Hrsg.): New World. Creating an American Art. München 2007, S. 90–101.

Forrest, Tara. The Politics of Imagination. Benjamin, Kracauer, Kluge. Bielefeld 2007.

Früh, Werner. Unterhaltung durch das Fernsehen. Eine molare Theorie. Konstanz 2002.

Funken, Christiane; Löw, Martina. Ego-Shooters Container. Raumkonstruktionen im elektronischen Netz. In: Maresch, Rudolf; Werber, Niels (Hrsg.): Raum – Wissen – Macht. Frankfurt am Main 202, S. 69–91.

Gates, Philippa (2005) „Fighting the Good Fight:" The Real and the Moral in the Contemporary Hollywood Combat Film, Quaterly Review of Film and Video, 22:4, S.297–310.

Giles, Dennis. Conditions of Pleasure in Horror Cinema. In: Grant, B. Keith; Sharrett, C. (Hrsg.): Planks of Reason. Essays on the Horror Film. Oxford [u.a.] 2004, S. 36–49.

Grau, Oliver. Immersion und Emotion. Zwei bildwissenschaftliche Schlüsselbegriffe. In: Grau, Oliver; Keil Andreas (Hrsg.): Mediale Emotionen. Zur Lenkung von Gefühlen durch Bild und Sound. Frankfurt am Main 2005, S. 171–193.

Grodal, Torben. Moving Pictures. A new Theory of Film Genres, Feelings, and Cognition. New York [u.a.] 1997.

Hamker, Anne. Der emotionale K(l)ick. Motivation und Vergnügen im Online-Spiel America's Army. In: Grau, Oliver; Keil Andreas (Hrsg.): Mediale Emotionen. Zur Lenkung von Gefühlen durch Bild und Sound. Frankfurt am Main 2005, S. 70–106.

Hammond, Michael. Some Smothering Dreams: The Combat Film in Contemporary Hollywood. In: Neale, S. (Hrsg.): Genre and Contemporary Hollywood. London 2006, S. 62–76.

Hickethier, Knut (1995) Dispositiv Fernsehen – Skizze eines Modells, Montage/AV, Vol. 4, Nr. 1, S. 63–83.

Hickethier, Knut. Das Erzählen der Welt in den Fernsehnachrichten. Baden-Baden 1997.

Hickethier, Knut. Von anderen Erfahrungen in der Fernsehöffentlichkeit. Alexander Kluges Kulturmagazine und die Fernsehgeschichte. In: Schulte, Christian; Siebers, Winfried (Hrsg.): Kluges Fernsehen. Alexander Kluges Kulturmagazine. Frankfurt am Main 2002, S. 195–219.

Jancovich, Mark. Horror. The Film Reader. London, New York 2002.

Kakoudaki, Despina (2002) Spectacles of History: Race Relations, Melodrama, and the Science Fiction/Disaster Film, Camera Obscura, Volume 17, Nr. 50, S. 109–153.

Kappelhoff, Hermann (2004) Unerreichbar, unberührbar, zu spät, montage av, 13/2, S. 28–53.

Kappelhoff, Hermann. Matrix der Gefühle. Das Kino, das Melodrama und das Theater der Empfindsamkeit. Berlin 2004.

Kappelhoff, Hermann. Tränenseligkeit. Das sentimentale Genießen und das melodramatische Kino. In: Brütsch, Matthias; Hediger, Vinzenz u.a. (Hrsg.): Kinogefühle. Emotionalität und Film. Marburg 2005, S. 33–50.

Kappelhoff, Hermann. Urszenen des Mitgefühls. Zur Mediengeschichte der Emotionen. In: Bösch, Frank; Borutta, Manuela (Hrsg.): Die Massen bewegen. Medien und Emotionen in der Moderne. Frankfurt am Main [u.a.] 2006, S. 94–118.

Kappelhoff, Hermann. Realismus: Das Kino und die Politik des Ästhetischen. Berlin 2008.

Keane, Steaphen. Disaster Movies. The Cinema of Catastrophe. London [u.a.] 2001.

Kermode, Frank. The Sense of an Ending. Studies in the Theory of Fiction. New York and Oxford 1967.

Kirchner, Thomas. Paradigma der Gegenwärtigkeit. Schlachtenmalerei als Gattung ohne Darstellungskonventionen. In: Germer, Stefan; Zimmermann, Michael F. (Hrsg.): Bilder der Macht – Macht der Bilder. Zeitgeschichte in Darstellungen des 19. Jahrhunderts. München 1997.

Kluge, Alexander; Negt, Oskar. Öffentlichkeit und Erfahrung. Zur Organisationsanalyse von bürgerlicher und proletarischer Öffentlichkeit. Frankfurt am Main 1972.

Kluge, Alexander. Das Politische als Intensität alltäglicher Gefühle. Rede bei der Verleihung des Fontane-Preises für Literatur. In: Böhm-Christl, Thomas (Hrsg.): Alexander Kluge. Frankfurt am Main 1983, S.310–319.

Kluge, Alexander. In Gefahr und größter Not bringt der Mittelweg den Tod. Texte zu Kino, Film, Politik. Hrsg. v. Christian Schulte. Hamburg und Berlin 1999.

Koch, Gertrud. Kosmos im Film. Zum Raumkonzept von Benjamins „Kunstwerk"-Essay. In: Weigel, Sigrid (Hrsg.): Leib- und Bildraum. Lektüren nach Benjamin. Köln [u.a.] 1992, S. 35–48.

Koch, Gertrud. Die Rückseite des Gesichts. Ein Gespräch. In: Gläser, Helga/Groß, Bernhard/Kappelhoff, Hermann (Hrsg.): Blick Macht Gesicht. Berlin 2001, S. 137–151.

Koch, Gertrud. Müssen wir glauben, was wir sehen? Zur filmischen Illusionsästhetik. In: Dies.; Voss, Christiane (Hrsg.): ... kraft der Illusion. München 2006, S. 53–70.

Koebner, Thomas. Gesichter, ganz nahe. In: Gläser, Helga/Groß, Bernhard/Kappelhoff, Hermann (Hrsg.): Blick Macht Gesicht. Berlin 2001, S. 175–205.

Koebner, Thomas. Schlachtinszenierung. In: Heller, Heinz-B.; Röwekamp, Burkhard; Steinle, Matthias (Hrsg.): All Quiet on the Genre Front? Zur Praxis und Theorie des Kriegsfilms. Marburg 2007, S. 113–131.

Kolesch, Doris. Roland Barthes. Frankfurt am Main [u.a.] 1997.

Koppenfels, Martin von. Immune Erzähler. Flaubert und die Affektpolitik des modernen Romans. München 2007.

Kötz, Michael; Höhne, Petra (Hrsg.). Die Sinnlichkeit des Zusammenhangs. Zur Filmarbeit Von Alexander Kluge. Köln 1981.

Kracauer, Siegrfried. Von Caligari zu Hitler. Eine psychologische Geschichte des deutschen Films. Frankfurt a.M. 1999.

Kramer, Sven. Walter Benjamin zur Einführung. Hamburg 2003.

Krämer, Sybille. Verschwindet der Körper? Ein Kommentar zu computererzeugten Räumen. In: Maresch, R.; Werber, N. (Hrsg.): Raum – Wissen – Macht. Frankfurt 2002, S. 49–68.

Lipps, Theodor. Das Wissen von fremden Ichen. In: Psychologische Untersuchungen. Leipzig 1907, S.694–722

Lowry, Stephen (1992) Film – Wahrnehmung – Subjekt. Theorien des Filmzuschauers, Montage/AV, Vol 1, Nr. 1, S. 113–128.

Maltby, Richard. Hollywood Cinema. Cornwall 2003.

Meckel, Miriam (2001) Die Produktion von Wirklichkeit. Zur Virtualisierung von Fernsehanachrichten, Montage/AV, Vol 10, Nr. 1, S. 125–139.

Menke, Bettine; Menke, Christoph. Tragödie, Trauerspiel und Spektakel. Berlin 2007.

Menninghaus, Winfried. Walter Benjamins Theorie der Sprachmagie. Frankfurt am Main 1995.

Merleau-Ponty, Maurice. Phänomenologie der Wahrnehmung. Aus dem Französischen von Rudolf Boehm. Berlin 1966.

Merleau-Ponty, Maurice. Das Sichtbare und das Unsichtbare. München 1986.

Merleau-Ponty. Das Auge und der Geist. Philosophische Essays. Herausgegeben von Christian Bermes. Hamburg 2003.

Metz, Christian. Film Language. A Semiotics of the Cinema. Chicago [u.a.] 1974.

Metz, Christian. Der imaginäre Signifikant. Psychoanalyse und Kino. Münster 2000.

Meyen, Michael; Pfaff, Senta (2006) Rezeption von Geschichte im Fernsehen. Eine qualitative Studie zu Nutzungsmotiven, Zuschauererwartungen und zur Bewertung einzelner Darstellungsformen, Media Perspektiven, Nr. 2, S. 102–106.

Mieth, Corinna. Das Utopische in Literatur und Philosophie. Zur Ästhetik Heiner Müllers und Alexander Kluges. Tübingen 2003.

Miller, Angela. The Empire of the Eye: Landscape Representations and American Cultural Politics, 1825–1875. London [u.a.] 1994.

Morari, Elena-Codruta. Formen, die Gefühle spiegeln. Ikonizität und Empathie bei visuellen Metaphern und nicht-narativen Strukturen. In: Schick, Thomas/Ebbrecht, Tobias (Hrsg.): Emotion – Empathie – Figur: Spielformen der Filmwahrnehmung. Schriftenreihe der HFF, Band 62, Jahrgang 44, Potsdam 2008, S. 61–74.

Moretti, Franco. Dialectic of Fear. In: Gelder, Ken (Hrsg.): The Horror Reader. London, New York 2000, S. 148–160.

Mulvey, Laura. Visual and Other Pleasures. [1975] Bloomington 989.

Mulvey, Laura. Fetishism and Curiosity. London 1996.

Münsterberg, Hugo. Das Lichtspiel. Eine psychologische Studie und andere Schriften zum Kino. [1916] Herausgegeben von Jörg Schweinitz. Wien 1996.

Nägele, Rainer. Literarische Vexierbilder. Drei Versuche zu einer Figur. Eggingen 2001.

Neale, Steve. HALLOWEEN: Suspense, Aggression and the Look. In: Grant, B. K.; Sharrett, C. (Hrsg.): Planks of Reason. Essays on the Horror Film. Oxford 2004, S. 356–369.

Neale, Steve. Melodram und Tränen. In: Cargnelli, C.; Palm, M. (Hrsg.): Und immer wieder geht die Sonne auf. Texte zum Melodramatischen im Film. Wien 1994, S. 146–166.

Nessel, Sabine (2000) Zurschaustellung und Performanz. Visual Effects als Stars der Katastrophenfilme der 90er Jahre, nachdemfilm.de, Nr. 1

Newhagen, John (1998) TV News Images that induce Anger, Fear and Disgust: Effects on Approach Avoidance and Memory, Journal of Broadcasting and Electronic Media, Vol. 42, Nr. 2, S. 265–276.

Noll-Brinckmann, Christine. Somatische Empathie bei Hitchcock: Eine Skizze, in: Heller, Heinz-B./Prümm, K./Peulings, B. (Hrsg.): Der Körper im Bild: Schauspielen – Darstellen – Erscheinen. Marburg 1999, S.111–121.

Nye, David E. Narratives and Space: Technology and the Construction of American Culture. Exeter 1997.

Odin, Roger (2002) Kunst und Ästhetik bei Film und Fernsehen. Elemente zu einem semio-pragmatischen Ansatz, Montage/AV, Vol. 11, Nr. 2, S. 42–57.

Paech, Joachim. Dispositionen der Einfühlung. In: Hickethier, Knut u.a. (Hrsg.): Der Film in der Geschichte. Berlin 1997, S.106–121.

Platinga, Carl (2004) Die Szene der Empathie und das menschliche Gesicht im Film, Montage/AV, Vol 13, Nr. 2, S. 6–27.

Reisch, Heiko. Das Archiv und die Erfahrung. Walter Benjamins Essays im medientheoretischen Kontext. Würzburg 1992.

Robnik, Drehli (2002a) Remember Pearl Harbor! America under Attack – Ein Blockbuster als Medienkulturelles Gedächtnis, nachdemfilm.de, Nr. 10

Robnik, Drehli (2002b) Körper-Gedächtnis und nachträgliche Wunder. Der Zweite Weltkrieg im „traumakulturellen Kino", Zeitgeschichte, Vol 29, Nr. 6, S. 298–312.

Robnik, Drehli: Kino, Krieg, Gedächtnis. Nachträglichkeit, Affekt und Geschichtspolitik im deutschen und amerikanischen Gegenwartskino zum Zweiten Weltkrieg. Amsterdam 2008.

Rodowick, David. Madness, Authority, and Ideology in the Domestic Melodrama of the 1950s. In: Landy, Marcia (Hrsg.): Imitations of Life. A Reader on Film and Television Melodrama. Detroit 1991, S. 237–247.

Röggla, Kathrin. Disaster Awareness Fair. Zum Katastrophischen in Stadt, Land und Film. Wien 2006.

Ryan, M.; Kellner D. Camera Politica: The Politics and Ideology of Contemporary Hollywood Film. Bloomington 1988.

Sally, Lynn Kathleen. Fighting the Flames. The Spectacular Performance of Fire at Coney Island. New York 2006.

Schatz, Thomas. The Family Melodrama. In: Landy, Marcia (Hrsg.): Imitations of Life. A Reader on Film and Television Melodrama. Detroit 1991, S. 148–167.

Schaub, Mirjam. Gilles Deleuze im Kino: Das Sichtbare und das Sagbare. München 2003.

Schnell, Ralf. Der produktive Widerspruch. Sergej Eisenstein und die Grenzen des revolutionären Films. In: Paffenholz, Alfred (Hrsg.): Spurensicherung. Band I. Kunsttheoretische Nachforschungen über Max Raphael, Raoul Hausmann, Sergej Eisenstein, Viktor Schklowskij. Hamburg 1988, S. 55–110.

Schulte, Christian. Konstruktionen des Zusammenhangs. Motiv, Zeugenschaft und Wiedererkennung bei Alexander Kluge. In: Ders. (Hrsg.): Die Schrift an der Wand. Alexander Kluge: Rohstoffe und Materialien. Osnabrück 2000, S. 45–67.

Schulte, Christian. Fernsehen und Eigensinn. In: Ders.; Siebers Winfried (Hrsg.). Kluges Fernsehen. Alexander Kluges Kulturmagazine. Frankfurt am Main 2002, S. 65–81.

Sears, John F. Sacred Places: American Tourist Attractions in the Nineteenth Century. Oxford [u.a.] 1989.

Seeßlen, Georg. Von Stahlgewittern zur Dschungelkampfmaschine. Veränderungen des Krieges und des Kriegsfilms. In: Evangelische Akademie Arnoldshain und das Gemeinschaftswerk der Evangelischen Publizistik (Hrsg.): Kino und Krieg. Von der Faszination eines tödlichen Genres. Frankfurt am Main 1989.

Seeßlen, Georg. Der Aufklärer im Kino und die Bilder des Krieges. In: Reinecke, Stefan (Hrsg.): Hollywood Goes Vietnam. Der Vietnamkrieg im US-amerikanischen Film. Marburg 1993, S. 144–159.

Seeßlen, Georg; Jung, Fernand. Stanley Kubrick und seine Filme. Marburg 1999.

Seeßlen, Georg (2001) Das Kino und die Katastrophe. Filmische Schreckensphantasien und die mediale Wirklichkeit, Epd Film, Volume 18, Nr. 11, S. 10–27.

Seeßlen, Georg; Metz, Markus. Krieg der Bilder. Bilder des Krieges. Abhandlung über die Katastrophe und die mediale Wirklichkeit. Berlin 2002.

Seeßlen, Georg. Interview/technik oder Archäologie des zukünftigen Wissens. Anmerkungen zu den TV-Interviews Alexander Kluges. In: Schulte, Christian; Siebers, Winfried (Hrsg.): Kluges Fernsehen. Alexander Kluges Kulturmagazine. Frankfurt am Main 2002, S. 128–137.

Seiter, Ellen. Men, Sex and Money in Recent Family Melodramas. In: Landy, Marcia (Hrsg.): Imitations of Life. A Reader on Film and Television Melodrama. Detroit 1991, S 525–537.

Sharrett, Christopher. The Idea of Apocalypse in THE TEXAS CHAINSAW MASSACRE. In: Grant, Barry Keith; Sharrett, Christopher (Hrsg.): Planks of Reason. Essays on the Horror Film. Oxford [u.a.] 2004, S. 300–320.

Shatzkin, Roger. Disaster Epics: Cashing in on Vicarious Experience. In: Asa Berger, Arthur (Hg.): Film in Society. New Brunswick and London 1980, S. 137–142.

Shaviro, Steven. The Cinematic Body. Minneapolis 1993.

Shaviro, Steven (2008) Cinematic Body Redux, Parallax; Vol. 14, No. 1.

Smith, Greg M. Local Emotions, Global Moods and Film Structure. In: Ders./Platinga, Carl (Hrsg.): Passionate Views. Film, Cognition and Emotion. Baltimore [u.a.] 1999, S. 103-126.

Smith, Greg M. Film Structure and the Emotion System. Cambridge 2003.

Smith, Greg M. (2004) Moving Explosions: Metaphors of Emotion Sergei Eisenstein's Writings, Quaterly Review of Film and Video, 21:4, S. 303-315.

Smith, Murray. Engaging Characters: Fiction, Emotion and the Cinema. Oxford 1995.

Sobchack, Vivian [1980]. Screening Space. The American Science Fiction Film. New Brunswick [u.a.] 1999.

Sobchack, Vivian. The Address of the Eye. A Phenomenology of Film Experience. New Jersey 1992.

Sombroek, Andreas. Eine Poetik des Dazwischen. Zur Intermedialität und Intertextualität bei Alexander Kluge. Bielefeld 2005.

Sontag, Susan. The Imagination of Disaster. In: dies. (Hg.): Against Interpretation and Other Essays. New York 1966, S. 211-225.

Staab, Joachim Friedrich; Hocker, Ursula (1994) Fernsehen im Blick der Zuschauer. Ergebnisse einer qualitativen Pilotstudie zur Analyse von Rezeptionsmustern, Publizistik, Vol. 39, Nr. 2, S. 160-174.

Stansell, Christine; Wilentz, Sean. Cole's America. In: Truettner, Wiliam H.; Wallach, Alan. (Hrsg.): Thomas Cole. Landscape into History. New Haven [u.a.] 1994, S. 3-21.

Stanton, Jeffrey (1998) Coney Island – Disasters, Spectacles and Cycloramas. Im Internet als vollständiger Artikel einsehbar unter http://www.westland.net/coneyisland/articles/shows.htm

Stiglegger, Marcus. Ritual und Verführung. Schaulust, Spektakel und Sinnlichkeit im Film. Berlin 2006.

Stiglegger, Marcus (2007) Das lustvolle Schlachten. Wie gemein darf das Kino sein? Über neue Tendenzen im Horrorfilm, epd Film, No 3, S. 8-9.

Stollmann, R. Alexander Kluge zur Einführung. Hamburg 1998.

Stulman Dennett, Andrea; Warnke, Nina (1990) Disaster Spectacles at the Turn of the Century, Film History. An International Journal, Vol. 4, No. 2, S. 101-111.

Sturm, Hertha (1984) Wahrnehmung und Fernsehen: Die fehlende Halbsekunde. Plädoyer für eine zuschauerfreundliche Mediendramaturgie, Media Perspektiven Nr. 1, S. 58–65.

Tan, Ed. Emotion and the Structure of Narrative Film. Film as an Emotion Machine. Mahwah 1996.

Tasker, Yvonne. Spectacular Bodies. Gender, Genre and the Action Cinema. London [u.a.] 1993.

Taylor, Mark C. The Picture in Question. Mark Tansey and the End of Representation. Chicago 1999.

Telotte, J.P. Through a Pumpkin's Eye: The Reflexive Nature of Horror. [1982] In: Waller, Gregory A. (Hrsg.): American Horrors. Essays on the Modern American Horror Film. Urbana und Chicago 1987, S. 114–127.

Telotte, J.P. Faith and Idolatry in the Horror Film. In: Grant, Barry Keith; Sharrett, Christopher (Hrsg.): Planks of Reason. Essays on the Horror Film. Oxford [u.a.] 2004, S. 20–35.

Thompson, Kristin. Neoformalistische Filmanalyse. In: Albersmaier, Franz-Josef (Hrsg.): Texte zur Theorie des Films. Stuttgart 2003, 427–464.

Thürnau, Donatus. Der Sinn von Kunstwerken und die Negativität des Leibes. In: Ders.; Barkhaus, Annette; Mayer, Matthias; Roughley, Neil (Hrsg.): Identität Leiblichkeit. Normativität. Neue Horizonte anthropologischen Denkens. Frankfurt am Main 1996, S. 176–196.

Tröhler, Margrit (2006) Plurale Figurenkonstellationen. Die offene Logik der wahrnehmbaren Möglichkeiten, Montage av, 15/2, S. 95–114.

Uecker, Matthias. Anti-Fernsehen? Alexander Kluges Fernsehproduktionen. Marburg 2000.

Unz, Dagmar; Schwab, Frank; Winterhoff-Spurk, Peter. Der alltägliche Schrecken? Emotionale Prozesse bei der Rezeption gewaltdarstellender Mediennachrichten. In: Rössler, P.; Kubisch, S.; Gehrau, V. (Hrsg.): Empirische Perspektiven der Rezeptionsforschung. München 2002, S. 97–116.

Visarius, Karsten. Wegtauchen oder Eintauchen? Schreckbild, Lockbild, Feindbild: Der inszenierte Krieg. In: Gemeinschaft der Evangelischen Publizistik (Hrsg.): Arnoldshainer Filmgespräche. Band 6. Frankfurt am Main 1989, S. 9–13.

Voss, Christiane. Narrative Emotionen. Eine Untersuchung über Möglichkeiten und Grenzen philosophischer Emotionstheorien. Berlin [u.a.] 2004.

Voss, Christiane. Filmerfahrung und Illusionsbildung. Der Zuschauer als Leihkörper des Kinos. In: Dies.; Koch, Gertrud (Hrsg.): ... kraft der Illusion. München 2006, S. 71–86.

Waldenfels, Bernhard. Sinnesschwellen. Studien zur Phänomenologie des Fremden III. Frankfurt am Main 1999.

Walsh, Maria (2004) Intervals of Inner Flight: Chantal Akerman's NEWS FROM HOME, Screen, 45:3, S. 190–205.

Williams, Linda. Melodrama Revised. In: Browne, Nick (Hrsg.): Refiguring American Film Genres. Theory and History. Los Angeles 1998, S. 42–82.

Williams, Linda. When the Woman looks. In: Jancovich, Mark (Hrsg.): Horror. The Film Reader. London, New York 2002, S. 61–66.

Williams, Tony. Narrative Patterns and Mythic Trajectories in Mid-1980s Vietnam Movies. In: Anderegg, Michael (Hrsg.): Inventing Vietnam. The War in Film and Television. Philadelphia 1991, S. 114–137.

Wills Foote, Thelma. Natural Disaster, the Uncanny and Audre Lorde's Afterimages. In: Stock, Angela/Stott, Cornelia (Hrsg.): Representing the Unimaginable. Narratives of Disaster. Frankfurt am Main [u.a.] 2007, S. 133–146.

Wood, Robin. An Introduction to the American Horror Film. In: Grant, B.K.; Sharrett, C. (Hrsg.): Planks of Reason. Essays on the Horror Film. Oxford [u.a.] 2004, S. 107–141.

Wulff, Hans-Jürgen. Darstellen und Mitteilen. Elemente der Pragmasemiotik des Films. Tübingen 1999.

Wulff, Hans J. Das empathische Feld. In: Ders.; Sellmer, Jan (Hrsg.): Film und Psychologie – nach der kognitiven Phase? Marburg 2002, S. 109–121.

Wulff, Hans J. Affektivität als Element der Filmrezeption. In: Marschall, Susanne/Liptay, Fabienne (Hrsg.): Mit allen Sinnen. Gefühl und Empfindung im Kino. Marburg 2006, S. 17–31.

Yacowar, Maurice. The Bug in the Rug: Notes on the Disaster Genre. [1977] In: Grant, Barry Keith (Hrsg.): Film Genre Reader II. Austin 1995, S. 261–279.

Zielinski, Siegfried. Audiovisionen. Kino und Fernsehen als Zwischenspiele in der Geschichte. Reinbek 1989.

Zillmann, Dolf; Bryant, Jennings. Affect, Mood, and Emotions as Determinants of Selective Exposure. In: Dies. (Hrsg.): Selective Exposure to Communication. Hillsdale. New Jersey 1985, S. 157–190.

Zillmann, Dolf; Gan, Su-li (1996) Effects of threatening Images in News Programs on the Perception of Risk to Others and Self, Medienpsychologie, Vol. 8, Nr. 4, S. 288–305.